河南省中等职业学校对口升学考试复习指导

计算机类专业（下册）
数据库技术——Access 2003
计算机网络技术

河南省职业技术教育教学研究室　编

电子工业出版社
Publishing House of Electronics Industry
北京·BEIJING

内 容 简 介

本书为《河南省中等职业学校对口升学考试复习指导》丛书之一，主要内容包括数据库技术——Access 2003、计算机网络技术的知识及综合训练题。

本书适合参加计算机类专业对口升学考试的学生作为复习参考资料使用。

未经许可，不得以任何方式复制或抄袭本书之部分或全部内容。
版权所有，侵权必究。

图书在版编目（CIP）数据

计算机类专业. 下册，数据库技术：Access 2003　计算机网络技术 / 河南省职业技术教育教学研究室编. —北京：电子工业出版社，2021.3

河南省中等职业学校对口升学考试复习指导

ISBN 978-7-121-40737-6

Ⅰ. ①计… Ⅱ. ①河… Ⅲ. ①关系数据库系统－中等专业学校－升学参考资料②计算机网络－中等专业学校－升学参考资料 Ⅳ. ①TP3

中国版本图书馆 CIP 数据核字（2021）第 042364 号

责任编辑：罗美娜　　　　特约编辑：田学清
印　　刷：北京虎彩文化传播有限公司
装　　订：北京虎彩文化传播有限公司
出版发行：电子工业出版社
　　　　　北京市海淀区万寿路 173 信箱　　邮编　100036
开　　本：787×1092　1/16　印张：12.5　字数：384 千字　插页：20
版　　次：2021 年 3 月第 1 版
印　　次：2021 年 4 月第 2 次印刷
定　　价：39.00 元

凡所购买电子工业出版社图书有缺损问题，请向购书店调换。若书店售缺，请与本社发行部联系，联系及邮购电话：(010) 88254888，88258888。

质量投诉请发邮件至 zlts@phei.com.cn，盗版侵权举报请发邮件至 dbqq@phei.com.cn。

本书咨询联系方式：(010) 88254617，luomn@phei.com.cn。

前 言

普通高等学校对口招收中等职业学校应届毕业生，是拓宽中等职业学校毕业生继续学习的重要渠道，是构建现代职业教育体系、促进中等职业教育科学发展的重要举措。为了做好河南省中等职业学校毕业生对口升学考试指导工作，帮助学生有针对性地复习备考，我们组织专家编写了这套"河南省中等职业学校对口升学考试复习指导"丛书。这套丛书以教育部于 2009 年颁布的教学大纲和河南省中等职业学校专业教学标准为依据，以国家和河南省中等职业教育规划教材为参考编写而成。

在编写过程中，我们认真贯彻落实教育部《关于深化职业教育教学改革 全面提高人才培养质量的若干意见》（教职成〔2015〕6 号）和河南省人民政府《关于实施职业教育攻坚二期工程的意见》（豫政〔2014〕48 号）精神，坚持"以服务为宗旨，以就业为导向"的职业教育办学方针，以基础性、科学性、适应性、指导性为原则，着重反映了各专业(学科)的基础知识和基本技能，注重培养和考查学生分析问题和解决问题的能力。这套丛书对考试所涉及的知识点做了进一步梳理，力求内容精练、重点突出、深入浅出。该套丛书在题型设计上，既有典型性和实用性，又有系统性和综合性；在内容选择上，既适应了选拔性能力考试的需要，又注意了对中等职业学校教学工作的引导，充分体现了职业教育的特色。

本套丛书适合参加中等职业学校对口升学考试的学生和辅导教师使用。在复习时，建议以教材为基础，以复习指导为参考，帮助考生提高高考成绩。

本书的参考答案请登录华信教育资源网（www.hxedu.com.cn）下载。

本书是这套书中的一册，其中"数据库技术—Access 2003"部分由李向伟担任主编，李静担任副主编，郭节、王玉立担任参编；"计算机网络技术"部分由张凌杰担任主编，张军锋担任副主编，麻悦担任参编。

由于经验不足，时间仓促，书中瑕疵在所难免，恳请广大师生及时提出修改意见和建议，使之不断完善和提高。

河南省职业技术教育教学研究室

目 录

第一部分　数据库技术——Access 2003

复习指导 1
 项目一　初识 Access 数据库 1
 项目二　创建数据库和表 8
 项目三　查询的创建与应用 19
 项目四　窗体的创建与应用 31
 项目五　报表的创建与应用 39
 项目六　宏的使用 48
 项目七　数据安全与数据交换 51
 项目八　"进销存管理系统"的实现 54
 数据库技术——Access 题型示例 56

第二部分　计算机网络技术

复习指导 89
 项目一　认识计算机网络 89
 项目二　认识局域网 93
 项目三　网络操作系统 Windows Server 2008 R2 的安装和配置 105
 项目四　交换机与路由器 112
 项目五　接入 Internet 127
 项目六　计算机网络安全与管理 131
 项目七　局域网络的综合布线 137
 项目八　模拟实训环境的搭建 140
 计算机网络技术题型示例 143

第三部分　综合训练题

 计算机类专业课模拟卷（A 卷）.. 183
 计算机类专业课模拟卷（B 卷）.. 190

第一部分

数据库技术——Access 2003

复习指导

项目一 初识 Access 数据库

复习要求

1. 熟悉 Access 2003 的启动和退出；
2. 熟悉 Access 2003 的用户界面；
3. 熟练掌握数据库及数据库基本对象的概念、功能和作用；
4. 理解数据库设计的一般步骤。

复习内容

一、认识数据库

1. 数据库的基本概念

（1）数据（Data）。数据是描述客观事物特征的抽象化符号，不仅包括数字、字母、文字及其他特殊字符组成的文本形式的数据，还包括图形、图像、声音等形式的数据。实际上，能够由计算机处理的对象都可以称为数据。

（2）数据库（DB Database）。数据库是存储在计算机存储设备上有组织、可共享、结构化的相关数据的集合，是数据库系统的核心和主要管理对象。在 Access 数据库中，数据是以二维表的形式存放的，其中的行称为记录，列称为字段，表中的数据相互之间有一定联系，如"产品销售管理"数据库中存储产品的编号、名称、价格、数量等关联信息。一个数据库中可能有一个表或多个表及其他数据库对象。数据库是计算机中存储数据的仓库，其中包含字符、数字、声音及图像等各种形式的数据信息，是数据库管理系统的基础。有了数据库，数据库管理系统就有了管理的对象，用户可以对数据库中的数据进行查询、修改、计算和数据输出等操作，从而为用户提供便捷的数据处理服务。

（3）数据库管理系统（Database Management System，DBMS）。数据库管理系统是对数据库进行管理的系统，是用户和数据库之间的软件接口，其主要作用是统一管理，控制数据库的建立、使用和维护。用户可以通过数据库管理系统对数据库中的数据进行使用、管理和维护等操作。常用的数据库管理系统有 Access、SQL Server、Oracle 和 MySQL 等，而 Access 是最简单、最容易掌握的一种数据库管理系统。

（4）数据库系统（DBS）。数据库系统主要由计算机的软件和硬件组成，数据库系统就是通过对数据进行合理设计后，将数据输入计算机中，然后在数据库管理员的操作下对数据进行处理，并根据用户的要求将处理后的数据从计算机中提取出来，最终满足用户对数据的需求。总之，数据库系统就是引入了计算机数据库技术的计算机系统。

数据库系统由五部分组成：数据库、数据库管理系统、计算机硬件系统、数据库管理员（DBA）和用户。

2. 数据模型

数据模型是指数据库中数据与数据之间的关系。任何一种数据库系统都基于某种模型。数据库管理系统常用的数据模型有层次模型、网状模型和关系模型。

层次模型：以树形结构表示数据及其关系的数据模型。

网状模型：以网状结构表示数据及其关系的数据模型。

关系模型：以二维表来表示数据及其关系的数据模型。关系模型中数据的逻辑结构是由行和列构成的二维表，二维表中既可以存放数据，又可以存放数据间的联系。目前所使用的包括 Access 在内的数据库管理系统基本上都属于关系模型数据库管理系统，其管理的数据库也称为关系数据库。

3. 关系的相关概念

按照关系模型建立的数据库称为关系数据库。关系数据库中的所有数据均组织成一个个二维表，这些表之间的联系也用二维表来表示。

（1）关系：一个关系就是一个二维表。一个数据库是由若干个数据表组成的。

（2）属性：一个关系（二维表）中的每一列称为属性。一个关系中不允许有相同的属性名称，在 Access 中，属性就是表中的字段。因此，每一个字段均有一个唯一的名字，称为字段名，字段包含字段名、字段类型、字段宽度等。

（3）元组：一个关系中的每一行都称为一个元组，一个关系中可以包含多个元组，但不允许有完全相同的元组。在 Access 中，一个元组就是表中的一个记录。

（4）域：属性的取值范围。例如，"出生日期"字段的值只能为日期，"单价"字段的值一般为数字等。

（5）键：键也称关键字，键是唯一标识一个元组的属性或属性集合。一个关系中可能存在多个关键字。在 Access 中，关键字由一个或多个字段组成，用于标识记录的关键字称为主关键字。

4．关系的特点

关系具备以下特点。

（1）关系必须规范化，关系模型中的每个属性必须是不可分割的数据单元，即表中不能再包含表。

（2）在同一个关系中不能出现相同的属性名，即字段名，相同属性的数据类型都是相同的。

（3）关系中不允许有完全相同的元组，即不能有重复的记录。

（4）在一个关系中，元组的顺序可以是任意的。

（5）在一个关系中，字段的顺序可以是任意的。

二、Access 2003 的基本操作

1．启动 Access 2003

启动 Access 2003 通常有 2 种方法。

（1）通过"开始"菜单启动。

单击"开始"→"所有程序"→"Microsoft Office"→"Microsoft Office Access 2003"命令，即可启动 Access 2003。

（2）通过桌面快捷方式启动。

如果在桌面上创建了 Access 2003 的快捷方式，则在桌面上双击 Access 2003 的快捷方式图标，即可启动 Access 2003。

2．退出 Access 2003

退出 Access 2003 通常有 5 种方法。

（1）单击 Access 2003 用户界面主窗口的"关闭"按钮。

（2）双击 Access 2003 标题栏左边的"控制菜单"图标。

（3）单击 Access 2003 的"控制菜单"图标，在弹出的下拉菜单中单击"关闭"命令。

（4）在菜单栏中单击"文件"→"退出"命令。

（5）按快捷键"Alt+F4"。

3．Access 2003 的用户界面

Access 2003 的用户界面由标题栏、菜单栏、工具栏、工作区、状态栏和任务窗格组成。

（1）标题栏。

标题栏在 Access 主窗口的最上面，依次显示"控制菜单"图标、窗口的标题"Microsoft Access"和控制按钮。

（2）菜单栏。

菜单栏默认位于标题栏的下面，基本包含"文件""编辑""视图""插入""工具""窗

口""帮助"7个菜单，根据当前操作对象的不同，菜单栏中的菜单内容也不同。

单击菜单栏中的菜单名称可以弹出下拉子菜单，下拉子菜单中的命令项有以下几种含义。

① 命令项的右侧带有三角符号（▶）：表示单击该命令时将打开相应的子菜单。
② 命令项的左侧带有图标：表示该命令已经被设置为工具栏中的按钮。
③ 命令项的右侧带有字母：表示打开该命令的快捷方式。
④ 命令项的右侧带有省略号（…）：表示执行该命令后会出现对话框。
⑤ 命令项显示为浅灰色：表示在当前状态下该命令无效。
⑥ 命令项的右侧显示有快捷键，表示在不打开菜单的情况下，可以直接使用该快捷键打开相应的命令。
⑦ 下拉菜单的下方显示 ≈ 图标，表示 Access 自动隐藏了不常用的命令，单击该图标即可显示隐藏的命令。

（3）工具栏。

工具栏位于菜单栏的下面，常用的命令以工具按钮的形式放在工具栏里。通过对工具按钮的操作，可以快速执行命令。可以使用"视图"菜单中的"工具栏"选项添加或删除工具栏中的按钮。

（4）工作区。

主窗口中左侧的大部分位置就是工作区，对数据库的所有操作及操作结果都显示在工作区中。

（5）状态栏。

显示当前工作的状态和相关信息。

（6）任务窗格。

任务窗格是 Microsoft Office 2003 所有组件中都具有的功能。当打开 Access 2003 的主窗口时，标题为"开始工作"的任务窗格会自动显示在窗口的右侧，可以通过"视图"菜单中的"任务窗格"命令打开或关闭任务窗格。

Access 2003 中有"开始工作""帮助""搜索文件"等7个任务窗格，在对数据库进行操作时，单击任务窗格右上角的"其他任务窗格"按钮▼，弹出"其他任务窗格"下拉菜单，单击所选的任务窗格标题，即可打开相应的任务窗格。

4．Access 2003 的帮助系统

Access 2003 提供了方便、功能完善的帮助系统，可以帮助用户更快地掌握 Access 2003。有3种方法可使用帮助系统。

（1）使用"帮助"任务窗格。

单击工具栏上的"帮助"按钮，或者单击"帮助"→"Microsoft Office Access 帮助"菜单命令，或者按"F1"键，都会在 Access 2003 用户界面的右侧出现"Access 帮助"任务窗格。在该任务窗格的搜索栏中输入相关的主题信息，可以在本机或网上查找相应主题的帮助内容。

（2）使用"Office 助手"。

单击"帮助"→"Office 助手"命令，可以显示"Office 助手"的动画图像和对话框，在对话框中输入需要帮助的关键词，再单击"搜索"按钮，即可在"搜索结果"任务窗格

中得到相应的帮助信息。右击"Office 助手"动画图像，即可对"Office 助手"进行相关的设置。

（3）使用上下文帮助。

Access 2003 在很多地方提供上下文即时帮助，在某个对话框或窗口中按"F1"键，即可打开与该对话框或窗口有关的上下文帮助信息。

三、Access 2003 的数据库对象

Access 2003 把要处理的数据及主要操作内容都看成数据库的对象，通过对这些对象的操作来实现对数据库的管理，数据库对象的所有操作都是通过数据库窗口开始的。

1. 数据库窗口

当创建一个新的数据库文件或打开一个已有的数据库文件时，在 Access 2003 工作区上就会自动打开数据库窗口。数据库窗口是 Access 2003 数据库的命令中心，从这里可以创建和使用 Access 2003 数据库的任何对象。

数据库窗口包括标题栏、工具栏、数据库对象栏和对象列表窗口。

（1）标题栏。

标题栏显示数据库的名称和文件格式。

（2）工具栏。

工具栏列出了操作数据库对象中的一些常用工具按钮，包含"打开""设计""新建"等常用工具按钮。

① "打开"按钮：用于打开所选择的数据库对象。
② "设计"按钮：用于在设计视图中打开数据库对象。
③ "新建"按钮：用于创建一个新的数据库对象。

（3）数据库对象栏。

数据库对象栏中给出了 7 个数据库对象及"组"与"收藏夹"2 个特殊对象。在数据库对象栏中选择一种对象，在右侧的对象列表窗口中显示相应的对象列表，从而可以对选择的对象进行操作。

（4）对象列表窗口。

对象列表窗口的上半部分显示的是新建对象的快捷方式列表，使用快捷方式可以方便、高效地创建数据库对象，创建不同的数据库对象时其列表也不同。对象列表窗口的下半部分显示的是所选对象的列表。

2. 数据库对象

在数据库窗口中可以看到数据库对象有 7 种，分别是表、查询、窗体、报表、数据页、宏和模块。

（1）表。

表是 Access 2003 数据库的核心和基础，主要用于存储数据信息，其他数据库对象的操作都是在表的基础上进行的。

在一个数据库中可以包含多个表，表中的数据是以行和列来组织的，每一行称为一个

记录，每一列称为一个字段，每个表中通常有多个记录和多个字段。每个表对应一个主题，便于对数据进行管理。这些表之间可以通过相关的数据建立关系，表之间的关系有一对一、一对多和多对多等。

(2) 查询。

建立数据库系统的目的不是简单存储数据，而是要在存储数据的基础上对数据进行分析和研究。在 Access 2003 中，用户不仅可以按照一定的条件从表中查询出所需要的符合要求的数据，还可以通过查询按照不同的方式查看、分析和更改数据，查询的结果又可以作为数据库中窗体、报表等其他对象的数据来源。

(3) 窗体。

窗体是数据库和用户之间的主要接口，使用窗体可以设计出各种显示、输入或修改表内容的用户界面，方便快捷地输入、编辑、查询和显示数据。窗体是 Access 中十分灵活的一个对象，窗体的数据源可以是表或查询。在数据库应用系统中，用户都是通过窗体对数据库中的数据进行各种操作的，而不是直接对表、查询等进行操作的。

(4) 报表。

在 Access 2003 中，报表的功能是分析和打印数据，使用报表不仅能够以格式化的形式显示和输出数据，还可以利用报表对数据进行分类、汇总、计算等，从而获得更有用的数据。报表的数据来源可以是一个或多个表或查询。

(5) 页。

页也称为数据访问页，使用它不仅可以在网络上显示、修改、删除和增加数据库的数据，还可以在网络上对数据进行交互式的操作等。

(6) 宏。

宏是 Access 2003 数据库中一个或多个操作命令组成的集合，每个操作都实现一个特定的功能。一般在用户操作数据库时，一次只能执行一个命令，而通过宏对象，可以先将要执行的多个命令保存在一起，变成一组宏命令，当需要的时候，再执行这个宏命令，即一次自动执行宏中的所有命令。

宏可以是单个宏，也可以是多个宏组成的一个相关宏的宏组。与其他数据库对象不同的是，宏并不直接处理数据库中的数据，而是组织其他表、查询、窗体、报表和页等数据库对象的工具。

(7) 模块。

模块是 Access 2003 中用于进行 Visual Basic（Visual Basic for Applications，VBA）程序设计的对象，当需要完成更复杂的操作或更强功能的开发而无法通过宏或其他操作来完成时，可以通过 VBA 编写的程序段来实现，VBA 以 Visual Basic 语言为基础，应用 VBA 可以极大地增强数据库的应用功能。

四、数据库的设计

1. 数据库设计的步骤

数据库设计的一般流程如下：规划数据库中的表、确定表中需要的字段、确定表的主键、确定表间关系及优化设计。

（1）规划数据库中的表。

规划数据库中的表是数据库设计的基础，也是数据库设计过程中最难处理的步骤。工作过程中经常用的表格、资料等原始数据与数据库中表的需求有一定的差异，因此需要将工作中的数据按照数据库中表的属性要求进行重新分类和整理，以规划出合理的表。一般应遵循以下原则。

① 表中尽量不要有重复的信息，要注意数据库中的表与常规文件应用中的数据表格是不尽相同的。

② 每条信息只保存在一个表中，便于数据更新及保持数据的一致性。

③ 每个表应该只包含关于一个主题的信息，以便于数据的维护。例如，将客户的详细信息与客户订单保存在不同的表中，这样就可以在操作某个订单时不影响客户的信息。

（2）确定表中需要的字段。

表确定后就需要确定表中需要的字段，每个表中都包含关于同一主题的信息，因此每个表中的字段就应包含关于该主题的各个事件。例如，员工表中可以包含员工的姓名、性别、出生日期、学历等个人信息字段。除此之外，还要注意以下几点。

① 表中的字段应包含项目所需要的所有信息。

② 每个字段都直接与表的主题相关。

③ 字段不包含表达式的计算结果。

④ 尽量以较小的逻辑单位保存数据信息。

（3）确定表的主键。

Access 2003 中为了查询处于不同表中的信息，需要在不同表之间建立联系，这就需要在每个表中必须包含唯一确定每个记录的字段或字段集，这种字段或字段集就是主键（主关键字）。为确保唯一性，主键字段的值不能重复，也不能为空（NULL）。

（4）确定表间关系。

因为不同的表只包含一种主题信息，为了利用不同主题的数据信息，即根据实际需要对不同表中的数据进行重新组合，形成新的数据信息，按照实际需要确定哪些表之间需要通过主键建立关系。确定表间关系只是验证各表之间的逻辑联系，在表中添加数据之前先不建立表间关系，一般会在表中数据输入完成后，再确定表间关系。

（5）优化设计。

在设计完需要的表、确定好字段和表间关系后，还需要重新对项目进行核查，与客户进行交流并向客户提供初步设计结果，接收客户反馈并重新检查各个表、字段及属性和表间关系，在数据库的每个表中输入一定的模拟数据，分别建立关系、创建查询以验证数据库中的关系，创建窗体和报表来检查输入和显示数据是否是所期望的，发现并改进数据库设计中的问题。最后查找不需要的重复数据，调整合适的数据类型和字段大小，对数据库中的数据做到最优化。

确定数据库的设计已达到了设计目的后，就可以在表中添加正式的数据，并根据需要创建查询、窗体、报表、宏和模块等不同的对象，以满足数据管理的需要。

项目二 创建数据库和表

复习要求

1．熟练掌握数据库和表的相关概念；
2．熟练掌握 Access 2003 数据库的创建方法；
3．熟练掌握创建表的方法；
4．熟练掌握主键的概念和设置方法；
5．熟练掌握表中字段属性及设置方法；
6．熟练掌握表的编辑修改方法；
7．熟练掌握数据的查找与替换方法；
8．掌握对表中数据进行排序与筛选；
9．掌握数据表的格式设置方法；
10．熟练掌握表间关系的创建和使用方法。

复习内容

一、创建数据库

1．创建数据库的方法

Access 2003 提供多种创建数据库的方法，主要有创建一个空数据库、使用模板创建数据库、使用向导创建数据库、根据现有文件创建数据库等。最常用且灵活的一种方法是先创建一个空数据库，然后向空数据库添加表、查询、窗体、报表等数据库对象。

（1）创建空数据库。

① 启动 Access 2003，单击工具栏上的"新建"按钮，或者单击"文件"→"新建"命令，在主窗口右侧出现"新建文件"任务窗格。

② 在 Access 2003 窗口右侧任务窗格中的"新建"栏中单击"空数据库"，在对话框中指定文件名和保存位置，单击"创建"按钮即可创建空数据库。创建空数据库后就可以在该数据库中创建表和其他数据库对象了。

（2）利用"本机上的模板"创建数据库。

Access 2003 提供了 10 个数据库模板，利用这些模板可以快速建立所需的数据库。

① 在主窗口右侧的"新建文件"任务窗格中单击"本机上的模板"，弹出"模板"对话框。

② 在"模板"对话框中单击"数据库"选项卡，选中所需要的数据库模板，单击"确

定"按钮,在弹出的"文件新建数据库"对话框中输入文件的保存位置和文件名,单击"创建"按钮,在"数据库向导"的提示下完成数据库的创建。

2. 打开和关闭数据库

(1) 打开数据库文件。

在 Access 2003 启动后,单击工具栏中的"打开"按钮,或者单击"文件"→"打开"命令,弹出"打开"对话框,在对话框中选择要打开的数据库文件的存放位置和文件名等。

(2) 打开数据库的方式。
- "以只读方式打开",打开的数据库只能浏览,不能编辑和修改。
- "以独占方式打开",处于网络状态下,此方式打开的数据库文件不能再被网络中的其他用户打开。
- "以独占只读方式打开",此方式打开的数据库文件不能编辑和修改,也不能被网络中的其他用户打开。
- 若没有以上几种情况的限制,可直接单击"打开"按钮。

(3) 数据库的关闭方法。
- 直接单击数据库窗口右上角的"关闭"按钮。
- 单击"文件"→"关闭"命令。

二、创建数据库中的表

1. 表的设计和创建方法

表由表的结构与表的内容两部分组成。表的结构是指表的字段名称、字段数据类型和字段长度等。表的内容是指表中的记录。建立表时,先建立表的结构,再向表中输入具体的记录内容。

(1) 创建表的方法。

Access 提供了多种方法来创建表,包括"新建表"对话框和新建表的快捷方式。

① 使用"新建表"对话框。
- 在工作窗口下,单击"插入"→"表"命令。
- 选择数据库中的表对象,单击数据库窗口工具栏中的"新建"按钮。

② 使用新建表的快捷方式。

在数据库窗口中选择表对象,在右侧的列表中可以看到三个新建表的快捷方式。这三个快捷方式依次是"使用设计器创建表""使用向导创建表""通过输入数据创建表",分别对应的是"新建表"对话框中的"设计视图""表向导""数据表视图"三个选项的快捷方式。因此,在工作中常用这三个快捷方式来创建表。
- 使用表设计器创建表。

使用表设计器创建表就是用设计视图创建表,创建的只是表的结构,表中的记录需要在表结构创建完成后,在表的数据视图中输入。
- 使用向导创建表。

使用向导创建表就是使用 Access 2003 提供的多种类型的表模板来创建表,用户可以根据需要，从多个模板表中选择新表所需要的字段，或者修改原来的字段及属性来创建新表。

• 通过输入数据创建表。

通过输入数据创建表是指在数据表视图中直接输入数据来创建表。在创建表时，这种方法不能及时设置字段的数据类型和大小等属性，需要在表的设计视图中进行修改。

（2）表的视图方式。

表的操作通常在设计视图和数据表视图中进行。

① 设计视图。设计视图是用于编辑表结构的视图。在设计视图中可以输入、编辑、修改表的字段名称、字段类型、字段说明，以及设置字段的各种属性等。

② 数据表视图。数据表视图是用于浏览和编辑数据记录的视图。在数据表视图中，不仅可对记录进行插入、编辑、修改和删除，还可以查找、替换数据，以及对表进行排序和筛选等。

③ 数据表视图的转换。无论是在设计视图下还是在数据表视图下，右击该视图的标题栏，在弹出的快捷菜单中进行选择，即可切换到另一种视图下。

2．数据类型

Access 2003 数据表的字段数据类型有 10 种。

（1）文本数据类型，指文字或文字与数字的组合，或者用于不需要计算的数字等。文本数据类型的字段宽度不能超过 255 个字符。

（2）数字数据类型，用于存储需要进行计算的数据，包含字节型、整型、长整型、单精度型、双精度型、同步复制 ID 和小数等。字节型占 1 字节宽度，可存储 0～255 的整数；整型占 2 字节宽度，可存储-32768～+32767 的整数；长整型占 4 字节宽度，可存储更大范围的数字；单精度型可以表示小数；双精度型可以表示更精确的小数。

（3）备注数据类型，由于文本类型可以存储的长度有限，对于长文本信息就要选用备注类型，它最多能存储 65536 个字符。备注数据类型主要用于长文本，如注释或说明信息。

（4）日期/时间数据类型，用于存储日期和时间。这种类型的数据有多种格式可选，如常规日期（yyyy-mm-dd hh:mm:ss）、长日期（yyyy 年 mm 月 dd 日）、长时间（hh:mm:ss）等，占用 8 字节宽度。

（5）货币数据类型，用于表示货币值，计算时禁止四舍五入，占用 8 字节宽度。

（6）自动编号数据类型，用于在添加记录时给每一个记录自动插入唯一的顺序号（每次递增 1）或随机编号。创建新表时会自动添加 ID 字段并将该 ID 字段设为自动编号类型。每个表中允许有一个自动编号字段。

（7）是/否数据类型，用于存储两个值中只可能是其中一个的数据，如是/否、真/假等。

（8）OLE 对象，是嵌入与链接的简称，用于存储声音、图形、图像等信息。

（9）超链接数据类型，用于存放超级链接地址，可以存储电子邮件等地址。

（10）查阅向导数据类型，用于实现查阅其他表中的数据，它允许用户选择来自其他表或来自值列表的值。

3. 主键及其设置方法

（1）主键。

主键是表中唯一能标识一条记录的一个字段或多个字段的组合。主键有以下几个特征。
- 一个表中只能有一个主键。
- 如果表中有唯一可以标识一条记录的字段，就可以将该字段指定为主键。
- 如果表中没有一个字段的值可以唯一标识一条记录，就要将多个字段组合在一起作为主键。

主键不允许有 NULL 值，必须始终具有唯一值。

（2）设置主键的方法。

① 将表中的一个字段设置为主键：如果要将表中的一个字段设置为主键，则可以打开表的设计视图，右击要设置的字段所在的行，在弹出的快捷菜单中选择"主键"选项，该字段左侧的按钮上就会出现钥匙形的主键图标。

② 将表中多个字段的组合设置为主键：如果要将表中多个字段的组合设置为主键，则要在按住"Ctrl"键的同时，分别单击字段左侧的按钮，当选中的字段行变黑时右击，在弹出的快捷菜单中选择"主键"选项，此时所有选择的字段左侧都会出现主键图标。

三、对表进行编辑和修改

1. 表中字段的属性

字段的属性除了包括基本的字段名称、字段类型、字段大小，还包括字段标题、数据的显示格式、字段默认值、有效性规则、有效性文本及输入掩码等属性。在表的设计视图下面的"常规"和"查阅"选项卡中可完成字段属性的所有设置。

（1）"字段大小"属性。

"字段大小"属性用于设置存储数据所占的大小。只能对"短文本"和"数字"两种数据类型的字段设置该属性。"短文本"型字段的取值范围是 0～255，默认值为 50，可以输入取值范围内的整数；"数字"型字段的大小是通过单击"字段大小"下拉按钮在下拉列表中选择某一类型来确定的，最常用的数据类型是"长整型"和"双精度型"。

（2）"格式"属性。

"格式"属性用于设置数据的显示方式。对于不同数据类型的字段，其格式的选择有所不同。

"数字""自动编号""货币"类型的数据有常规数字、货币、欧元、固定、标准、百分比和科学记数等显示格式，如单精度型数字"123.45"的货币格式为"¥123.45"，百分比格式为"12345.00%"。

"日期/时间"类型的数据有常规日期、长日期、中日期、短日期、长时间、中时间、短时间等显示格式。例如，长时间格式为"17:30:21"，中时间格式为"5:30 下午"，短时间格式为"17:30"。

"是/否"类型的数据有"真/假""是/否""开/关"等显示格式。

"OLE 对象"类型的数据没有格式属性，"短文本""长文本""超链接"类型的数据没有特殊的显示格式。

"格式"属性只影响数据的显示方式,对表中的数据并无影响。

(3)"输入掩码"属性。

"输入掩码"属性用于设置数据的输入格式,如短日期掩码格式为"00-00-00;0;_",在输入数据时,会自动出现"__-__-__"格式,必须按此年、月、日的格式输入日期。Access中输入掩码主要用于"文本"类型和"日期/时间"类型字段,有时也用于"数字"类型和"货币"类型字段。

(4)"标题"属性。

标题是字段的另一个名称,字段标题和字段名称可以相同,也可以不同。当未指定字段标题时,标题默认为字段名。

字段名称通常用于系统内部的引用,而字段标题通常用于显示给用户看。在表的数据视图、窗体和报表中,相应字段的标签显示的是字段标题。而在表的设计视图中,显示的是字段名称。

(5)"默认值"属性。

"默认值"属性用于指定新记录的默认值,设定默认值后,输入记录时默认值会自动输入新记录的相应字段中。例如,"商品"表中将"单位"字段"台"设为默认值,输入新数据时,"台"会自动输入"单位"字段中。

(6)"有效性规则"属性和"有效性文本"属性。

"有效性规则"属性用于设置输入数据时必须遵守的表达式规则。利用"有效性规则"属性可限制字段的取值范围,确保输入数据的合理性,防止非法数据输入。"有效性规则"要用 Access 2003 表达式来描述。

"有效性文本"属性用于配合"有效性规则"使用。当输入的数据违反了"有效性规则"时,系统会用设置的"有效性文本"来给出提示信息。

为验证一个字段而设置的表达式是"有效性规则";如果多个字段需要验证,则要用"表的验证规则"进行设置。

2. 表中字段的编辑修改

在设计视图中打开表即可对表中的字段进行添加、删除、移动、修改及设置字段属性等操作。

(1)添加新字段。

在表设计视图中,若添加的新字段要出现在现有字段的后面,则直接在字段名称列的空行中输入新的字段名即可。若需要在原有字段的前面插入新字段,则可选中原有字段,单击"表格工具/设计"→"工具"→"插入行"命令,增加一个空行,输入新字段名称,然后设置属性即可。

(2)删除字段。

单击要删除的字段所在的行,单击"表格工具/设计"→"工具"→"删除行"命令或在右键快捷菜单中单击"删除行"命令,在打开的对话框中单击"是"按钮即可删除字段。

在数据表视图中对于需要删除的字段,需要选中字段,单击"表格工具/字段"→"添加和删除"→"删除"命令,或者在右键快捷菜单中单击"删除字段"命令即可。

(3)修改字段。

如果需要修改字段名称,则双击该字段名称,或者删除该字段名称后重新输入新的字段名称即可；还可以单击"表格工具/字段"→"属性"→"名称和标题"命令，直接进行字段名称的修改。要修改字段的数据类型，可直接在"数据类型"下拉列表中选择新的数据类型；要修改字段大小，可直接在"字段大小"文本框中修改。

（4）移动字段。

如果需要改变字段的显示顺序，单击字段名称右侧的"行选择器"（字段名称右侧的小方格）选中要改变的字段，然后将其拖动到需要的位置。

四、对表记录进行操作

对表中的记录进行操作，主要是指浏览、添加、删除和修改记录，以及对记录内容的查找、替换及对记录的排序和筛选等基本操作。

对表中记录的操作一般在数据表视图中完成，因此要先切换到数据表视图，其方法主要有以下几种。

（1）在导航窗格中选中"表"对象，在表列表中双击要打开的表。

（2）在导航窗格中选中"表"对象，在表列表中右击要打开的表，在弹出的快捷菜单中选择"打开"选项。

（3）如果处于设计视图中，则可单击"开始"→"视图"下拉菜单，在弹出的下拉列表中选择"数据表视图"选项，或者在状态栏的右下角单击两种视图按钮进行切换。

通过使用以上几种方法中的任何一种切换到数据表视图后，即可对表中的记录进行相应的操作。

1．记录的添加、修改和删除

在数据表视图中，表以表格的方式显示，可以直接在表格中逐行添加数据记录，记录中各字段的数据类型不同，输入数据的方法也不相同。

（1）常见数据类型的输入。

对于"文本""数字""日期/时间""货币""是/否"等类型的数据，可以直接在表中输入；"自动编号"类型字段不用输入，添加记录时自动完成；在输入记录时，如果某字段设置有"默认值"，则新记录的该字段使用"默认值"自动填充。

（2）OLE 数据类型的输入。

OLE 对象字段使用"插入对象"命令来输入，"插入对象"对话框中有"新建"和"由文件创建"两个选项。选择"新建"选项，根据要创建的对象类型，在对象类型列表中进行选择，单击"确定"按钮后，会根据所选择的对象类型自动打开相应的应用程序来创建对象文件；选择"由文件创建"选项，可将已存在的对象文件插入表中。

（3）记录的修改和删除。

记录的修改和删除可使用以下方法。

① 选中表记录中要修改的字段，重新输入数据即可对记录进行修改操作。

② 在行选择器中选中要删除的记录，单击"开始"→"记录"→"删除记录"命令，或者右击，在弹出的快捷菜单中选择"删除记录"选项，即可对记录进行删除操作。

（4）操作中要注意的问题。

① 每输入一条记录，表会自动添加一条新的空记录，并在该记录最左侧的行选择器中

显示一个"*"号，表示这是一条新记录。

② 对于选中的准备输入的记录，其最左侧的行选择器中会出现黄色矩形标记➡，表示该记录为当前记录。

③ 对于正在输入的记录，其最左侧的行选择器中会显示铅笔符号，表示该记录正处于输入或编辑状态。

④ Access 2003 的 OLE 对象可以是图片、Excel 图表、PowerPoint 幻灯片、Word 图片等；插入图片的格式可以是 BMP（位图）、JPG 等，但只有 BMP 格式可以在窗体中正常显示，因此，插入照片时如果不是 BMP 格式的，要将其转换为 BMP 格式。

2．记录的查找和替换

（1）记录的查找。

单击"开始"→"编辑"→"替换"命令，打开"查找和替换"对话框。在"查找内容"文本框中输入要查找的内容，单击"查找下一个"按钮，光标将定位到包含"查找内容"的数据记录的位置。

在"查找和替换"对话框中，"查找范围"下拉列表用于确定是在整个表中查找数据还是在某个字段中查找数据；"匹配"下拉列表用于确定匹配方式，包括"整个字段""字段的任何部分""字段开头"；"搜索"下拉列表用于确定搜索方式，包括"向上""向下""全部"。

（2）记录的替换。

如果要修改表中多处相同的数据，则可以使用查找和替换来进行批量修改，方法如下。

单击"开始"→"编辑"→"替换"命令，打开"查找和替换"对话框。在"查找内容"文本框中输入要查找的内容，在"替换为"文本框中输入要替换的内容。单击"替换"按钮，可手工查找并替换数据，单击"全部替换"按钮，可自动将全部查找到的内容替换掉。

（3）查找可以使用的通配符。

在查找中可以使用通配符进行更快捷的搜索。Access 提供的通配符及其含义如表 2-1 所示。

表2-1 通配符及其含义

通配符	含 义	示 例
*	与任意多个字符匹配。在字符串中，它可以当作第一个或最后一个字符使用	St* 可以找到 Start、Student 等所有以 St 开始的字符串数据
?	与单个字符匹配	B?ll 可以找到 ball、bell、bill 等字符串数据
[ ]	与方括号内任何单个字符匹配	B[ae]ll 可以找到 ball 和 bell,但是找不到 bill 字符串数据
!	匹配任何不在方括号内的字符	B[!ae]ll 可以找到 bill，但是找不到 ball 和 bell 字符串数据
-	与某个范围内的任何一个字符匹配，必须按升序指定范围	B[a-c]d 可以找到 bad、bbd、bcd 字符串数据
#	与任何单个数字字符匹配	2#0 可以找到 200、210、220 等字符串数据

3. 记录的排序

（1）排序的概念。

"排序"是指将表中的记录按照一个字段或多个字段的值重新排列。若字段值是从小到大排列的，则称为"升序"；若字段值是从大到小排列的，则称为"降序"。对于不同的字段类型，有不同的排序规则。

（2）排序的规则。

① 数字按照大小排序，升序时从小到大排序，降序时从大到小排序。

② 英文字母按照 26 个字母的顺序排序（大小写视为相同），升序时按 A→Z 排序，降序时按 Z→A 排序。

③ 中文按照汉语拼音字母的顺序排序，升序时按 a→z 排序，降序时按 z→a 排序。

④ 日期和时间字段按照日期的先后顺序排序，升序时按日期时间从前到后排序，降序时按日期时间从后到前排序。

⑤ Access 2003 中数据类型为长文本、超链接或 OLE 对象的字段不能排序。

⑥ 在短文本类型的字段中保存的数字将作为字符串对待，排序时按照 ASCII 码值的大小来排序，而不按照数值的大小来排序。

⑦ 字段内容为空时值最小，当记录升序排序时，含有空字段（包含 NULL 值）的记录将排在第一位。如果字段中同时包含 NULL 值和空字符串，则包含 NULL 值的字段将在第一位显示，紧接着是空字符串。

4. 记录的筛选

（1）筛选的概念。

筛选是指仅显示那些满足某种条件的数据记录，而把不满足条件的记录隐藏起来的操作。

（2）筛选方式。

Access 2003 提供了 5 种筛选方式：按选定内容筛选、按窗体筛选、按筛选目标筛选、内容排除筛选和高级筛选/排序。

① 按选定内容筛选，是以数据表中的某个字段值为筛选条件，将满足条件的值筛选出来。

② 按窗体筛选，可以为多个字段设置筛选条件。用户通过单击相关的字段列表框选取某个字段值作为筛选的条件。对于多个筛选条件的选取，可以单击窗体底部的"或"标签确定字段之间的关系。

③ 按筛选目标筛选，是通过在窗体或数据表中输入筛选条件（值或条件表达式）来筛选满足条件（包含该值或满足该条件表达式）的所有记录。

④ 内容排除筛选，是指在数据表中将满足条件的记录隐藏，而显示那些不满足条件的记录。

⑤ 高级筛选/排序，适用于较为复杂的筛选需求。用户可以为筛选指定多个筛选条件和准则，同时还可以将筛选出来的结果排序。

5. 数据表格式及行列操作

（1）设置数据表视图格式。

设置数据表视图格式包括设置数据表的样式、字体及字号，改变行高和列宽，调整背景色彩等，通常通过单击"开始"→"文本格式"选项组中对应的按钮进行设置。

（2）调整表的列宽和行高。

调整表的列宽和行高有手动调节和设定参数调节两种方法。

手动调节：将光标移动到表中两个字段的列（或两条记录的行）交界处，当光标变成 ╋（或 ╬）形状后，单击并按住鼠标，向左、右（或上、下）拖动即可调整列宽（或行高）。

设定参数调节：单击"表格工具/字段"→"记录"→"其他"下拉按钮，在弹出的下拉列表中选择"行高"（或"字段宽度"）选项，打开"行高"（或"列宽"）对话框，在对话框中输入行高（或列宽）的参数，单击"确定"按钮。

（3）隐藏列和取消隐藏列。

当一个数据表的字段较多，使得屏幕的宽度无法全部显示表中的所有字段时，可以将那些不需要显示的列暂时隐藏起来。

隐藏列的方法：选中要隐藏的列，单击"开始"→"记录"→"其他"下拉菜单，在弹出的下拉列表中选择"隐藏字段"选项，即可隐藏所选择的列。

取消隐藏列的方法：单击"开始"→"记录"→"其他"下拉菜单，在弹出的下拉列表中选择"取消隐藏字段"选项，选中要取消隐藏的列的复选框，单击"关闭"按钮。

在使用拖动鼠标的方法来改变列宽时，当拖动列右边界的分隔线超过左边界时，也可以隐藏该列。隐藏不是删除，只是在屏幕上不显示，当需要再次显示时，还可以取消隐藏以恢复显示。

（4）冻结列和取消冻结列。

对较宽的数据表而言，在屏幕上无法显示出全部内容，给查看和输入数据带来了不便。此时可以利用"冻结列"功能将表中一部分重要的字段固定在屏幕上。

冻结列的方法：选中要冻结的列，单击"开始"→"记录"→"其他"下拉菜单，在弹出的下拉列表中选择"冻结字段"选项，选中的列就被"冻结"在表格的最左边。

取消冻结列的方法：单击"开始"→"记录"→"其他"下拉菜单，在弹出的下拉列表中选择"取消冻结所有字段"选项。

五、设置并编辑表间关系

1. 表间关系的相关概念

（1）关系的概念。

关系是在两个表的字段之间所建立的联系。通过关系，数据库表间的数据能够联系起来，形成"有用"的数据，以便于应用到查询、窗体和报表等对象中。

（2）关系的类型。

表间关系有 3 种类型：一对一关系、一对多关系、多对多关系。

① 一对一关系：若 A 表中的每一条记录只能与 B 表中的一条记录相匹配，同时，B

表中的每一条记录也只能与 A 表中的一条记录相匹配，则称 A 表与 B 表为一对一关系。这种关系类型不常用，因为大多数与此相关的信息都在一个表中。

② 一对多关系：若 A 表中的一条记录能与 B 表中的多条记录相匹配，但 B 表中的一条记录仅能与 A 表中的一条记录相匹配，则称 A 表与 B 表为一对多关系。其中，A 表称为"一"方，B 表称为"多"方，同时，"一"方的表称为主表，"多"方的表称为子表。

③ 多对多关系：若 A 表中的一条记录能与 B 表中的多条记录相匹配，同时，B 表中的一条记录也能与 A 表中的多条记录相匹配，则称 A 表与 B 表为多对多关系。

（3）参照完整性。

由于设置参照完整性能确保相关表中各记录之间关系的有效性，并且确保不会意外删除或更改相关的数据，因此在建立表间关系时，一般应实施参照完整性检查。

① 级联更新相关字段：是指在修改关联字段时，执行参照完整性检查。如果使用此功能修改主表关联字段，子表中有关联记录，则自动修改关联字段；如果不使用此功能项，则不允许修改子表中的关联字段。同样，修改子表关联字段时，使用此功能也可检查主表中是否有关联记录，并执行相应的操作。

② 级联删除相关记录：是指在删除主表中的记录时，执行参照完整性检查。如果使用此功能删除主表中的记录，则自动删除相关子表中的记录；否则，仅删除主表中的记录。

2．表间关系的建立和维护

表间关系的建立和维护在关系窗口中进行，单击"工具"→"关系"命令或选择工具栏的"关系"按钮，都可以打开关系窗口。

两张表之间建立关系的前提有以下几个方面。

- 两张表之间有相同字段。
- 相同字段的类型必须保持一致。
- 相同字段的字段值必须符合参照完整性。
- 建立表间关系的类型取决于两个表中相关字段的定义。如果两个表中的相关字段都是主键，则创建一对一关系；如果仅有一个表中的相关字段是主键，则创建一对多关系。两张表的多对多关系，在实际运用中是通过两个一对多关系实现的。在创建关系时，主表的关联字段必须是主键，关系只能建立在相同数据类型的字段上，关联字段允许有不同的名称。

（1）关系窗口。

默认的关系窗口是空的，表示没有建立任何关系，在创建关系之前，需要将表添加到关系窗口中。添加表之前要打开"显示表"对话框。打开"显示表"对话框的方法如下。

① 单击"关系工具/设计"→"关系"→"显示表"命令。

② 在关系窗口的空白处右击，在弹出的快捷菜单中选择"显示表"选项。

使用以上任何一种方法都可以打开"显示表"对话框。在对话框中选择表，单击"添加"按钮或双击表名称即可使表显示在关系窗口中，重复操作即可添加多个表。

（2）隐藏和显示表。

如果不想在关系窗口中显示某个表，则可将其从关系窗口中删除或隐藏。其方法如下：先选中表，再按"Delete"键，将表从关系窗口中删除。在关系窗口的空白处右击，在弹出的快捷菜单中选择"显示表"选项，可以有选择地显示表，如果选择"全部显示"选项，则可以把表全部显示出来。如果选择"关系工具/设计"→"工具"→"清除布局"选项，则可以将关系窗口中的所有表及设定的关系都清空。

（3）创建及修改表间关系。

表显示在关系窗口中，就可以建立表间关系了。

① 添加关系连接线。

将主表字段列表中的字段拖动到子表字段列表中的关联字段上，松开鼠标，弹出"编辑关系"对话框，选中"实施参照完整性"复选框，单击"创建"按钮，即可创建关系。关系创建完成后，建立了表间关系的表间有一条连接线，线的两端会显示符号"1"和"∞"，其中"1"表示关系的"一"方，"∞"表示关系的"多"方。

② 关系的修改和删除。

双击连接线即可在"编辑关系"对话框中对关系进行编辑和修改。删除关系连接线即可删除关系，也可以右击关系连接线，在弹出的快捷菜单中选择"删除"选项进行删除。

项目三 查询的创建与应用

复习要求

1．熟练掌握查询的概念和查询的类型；
2．熟练掌握使用查询向导创建查询的操作方法；
3．熟练掌握使用设计视图创建、修改查询的方法，并熟练掌握和灵活运用查询条件的设置方法；
4．熟练掌握选择查询、参数查询、交叉表查询的创建方法及操作；
5．熟练掌握操作查询的方法及操作；
6．了解 SQL 语言的概念；
7．熟练掌握 SELECT 语句的基本格式，实现建立简单查询、条件查询、分组统计、多表连接的功能；
8．了解 SQL 数据定义查询的使用方法；
9．了解 SQL 创建子查询的方法。

复习内容

一、查询的基本概念

查询是 Access 数据库的重要对象，是用户按照一定条件从 Access 数据库表或已建立的查询中检索所需数据的主要方法。查询不仅可以根据指定的条件对表或其他查询进行检索，筛选出符合条件的记录，构成一个新数据集合，还可以对数据进行更改、添加、删除等操作，从而方便对数据库表进行管理。

1．查询的类型

根据对数据源操作方式和操作结果的不同，Access 2003 中的查询分为 5 种类型：选择查询、参数查询、交叉表查询、操作查询和 SQL 查询。

（1）选择查询：根据指定的查询条件，从一个或多个表中获取满足条件的数据，并且按指定顺序显示数据。选择查询还可以对记录进行分组，并可以计算总和、计数、平均值及进行不同类型的计算。

（2）参数查询：这是一种交互式的查询类型，它可以提示用户输入查询信息，然后根据用户输入的查询条件来检索记录。例如，可以提示输入两个日期，并检索在这两个日期之间的所有记录。使用参数查询的结果作为窗体、报表和数据访问页的数据源，可以方便地显示或打印出查询的信息。

（3）交叉表查询：指对来源于某个表中的字段进行分组，一组列在数据表的左侧，另一组列在数据表的上部，可以在数据表的行与列的交叉处显示表中某个字段的各种计算值。例如，计算数据的平均值或总和等。

（4）操作查询：用于对记录进行复制和更新的查询。Access 中包括 4 种类型的操作查询：追加查询、删除查询、更新查询和生成表查询。

（5）SQL 查询：直接使用 SQL 语句创建的查询。SQL 查询包括 4 种类型：联合查询、传递查询、数据定义查询和子查询。

二、使用查询向导创建查询

查询是以数据库中的数据作为数据源，根据给定的条件，从指定数据库的表或查询中检索出用户要求的记录数据，形成一个新的数据集合。查询的字段可以来自数据库中的一个表，也可以来自多个相互之间有关系的表，这些字段组合成一个新的数据表视图。当改变表中的数据时，查询中的数据也会相应发生改变，因此通常把查询结果称为"动态记录集"。查询的数据来源不同，查询向导的步骤也略有不同。

1. 利用向导建立查询

（1）在数据库窗口中，单击查询对象，再单击"新建"按钮。

（2）选择"简单查询向导"选项，然后单击"确定"按钮，弹出"简单查询向导"的第一个对话框，在"表/查询"下拉列表中选择"表"和字段。

（3）单击"下一步"按钮，弹出"简单查询向导"的第二个对话框。

（4）选择"汇总"选项，单击"汇总选项"按钮，打开"汇总选项"对话框。

（5）在"汇总选项"对话框中选中需要汇总的字段，然后单击"确定"按钮。

（6）单击"下一步"按钮，弹出"简单查询向导"的最后一个对话框，输入查询标题，单击"完成"按钮。

2. 查询的视图

在 Access 2003 中，查询有 5 种视图：数据表视图、设计视图、SQL 视图、数据透视表视图和数据透视图视图。在设计视图中，既可以创建不带条件的查询，又可以创建带条件的查询，还可以对已建查询进行修改。

（1）数据表视图。

数据表视图以行和列的格式显示查询结果数据的窗口。在数据库窗口选择查询对象，单击数据库窗口的"打开"按钮，以数据表视图的形式打开当前查询。

（2）设计视图。

设计视图是用来设计查询的窗口。使用设计视图不仅可以创建新的查询，还可以对已存在的查询进行修改和编辑。

在数据库窗口选择查询对象，单击数据库窗口的"设计"按钮，以设计视图的方式打开当前查询。设计视图由上、下两部分构成，上部分创建的查询所基于的是全部表和查询，称为查询基表，用户可以向其中添加或删除表和查询。具有关系的表之间带有连接线，连接线上的标记是两个表之间的关系，用户可添加、删除和编辑关系。设计视图的下部分为查询设计窗口，称为设计网格。利用设计网格可以设置查询字段、来源表、排序顺序和条件等。

（3）SQL 视图。

SQL 视图用于显示当前查询的 SQL 语句窗口，用户可以使用 SQL 视图建立一个 SQL 特定查询，如联合查询、传递查询或数据定义查询，也可以对当前的查询进行修改。

当查询以数据表视图或设计视图的方式打开后，单击"查询工具/设计"→"视图"→"视图"下拉菜单，在弹出的下拉列表中选择"SQL 视图"选项，即可打开当前查询的 SQL 视图，视图中显示了当前查询的 SQL 语句。在 SQL 视图中可以清晰地看到每一个选择查询对应的 SQL 语句，大家在学习时可以多注意了解，加深对 SQL 语句知识的掌握。

（4）数据透视表视图。

在数据透视表视图下，查询以数据透视表的形式显示。数据透视表是一种交互式的表，可以快速合并和比较大量数据。可以旋转其行和列来查看源数据的不同汇总，还可以显示感兴趣区域的明细。如果要分析相关的汇总值，尤其在要合计较大的数字列表并对每个数字进行多种比较时，通常使用数据透视表。

（5）数据透视图视图。

数据透视图视图的布局类似于数据透视表视图。二者的区别是，在默认情况下，数据透视表视图显示数据明细，而数据透视图视图显示数据汇总或摘要（通常以合计或计数的形式显示）。

此外，数据透视图视图显示系列和类别区域，而不显示行和列区域。系列指一组相关数据点，通常在图例中用特殊颜色表示。类别由每个系列中的一个数据点组成，通常用类别（x）轴上的标签表示。

三、使用设计视图创建查询

在 Access 2003 中可以使用两种方式创建查询，分别为使用向导创建查询和使用设计视图创建查询。查询向导能够有效地指导操作者顺利地创建查询，详细地解释在创建过程中需要做的选择，并能以图形方式显示结果。在设计视图中，不仅可以完成新建查询的设计，还可以修改已有查询。两种方法特点不同，查询向导操作简单、方便，设计视图功能丰富、灵活，所以在一般情况下先用向导创建较简单的查询，然后在查询设计视图中对向导所创建的查询进行进一步修改，以满足特定的需要。

1. 查询的设计视图

使用查询设计视图创建的查询多种多样，有些带条件，有些不带条件。在"数据库"窗口的"查询"对象中，双击"在设计视图中创建查询"选项，打开查询设计视图窗口；或单击"新建"按钮，从打开的"新建查询"对话框中双击设计视图，打开查询"设计视图"窗口。

查询设计视图分为"字段列表区"和"设计网格区"两部分。

字段列表区：显示所选表的所有字段。

设计网格区：该区域中的每一列对应查询动态集中的一个字段，每一项对应字段的一个属性或要求。设计网格中行的作用如表 3-1 所示。

表 3-1　设计网格中行的作用

行的名称	功　能
字段	设置查询对象时要选择的字段
表	设置字段所在的表或查询的名称
排序	定义字段的排序方式
显示	定义选择的字段是否在数据表（查询结果）视图中显示出来
条件	设置字段限制条件
或	设置"或"条件来限定记录的选择

2．查询的条件设置

（1）查询条件及运算符。

① 查询条件。

在创建查询时，有时需要对查询记录中的某个或多个字段进行限制，这就需要将这些限制条件添加到字段上，只有完全满足限制条件的记录才能显示出来。

一个字段可以有多条限制规则，每条限制规则之间可以用逻辑符号来连接。例如，条件为"数量"字段小于或等于 5 并且大于 0 时，只要在对应"数量"字段的条件单元格中输入"<=5 and >0"即可。

在输入条件时要使用一些特定的运算符、数据、字段名和函数，将这些运算符、数据、字段名及函数等组合在一起称为表达式，输入的条件称为条件表达式。

在查询中通常有两种情况需要书写表达式。

- 用表达式表示一个查询条件，如[数量]<5。
- 查询中添加新的计算字段。例如，"商品成本价：[商品单价]×（1+0.30）"，其含义是"[商品单价]"为计算字段，字段的标题为"商品成本价"。

每个表达式都有一个计算结果，这个结果称为表达式的返回值，表示查询条件的表达式的返回值只有两种：True（真）或 False（假）。

② 算术运算符。

算术运算符只能对数值型数据进行运算。表 3-2 中列出了在 Access 中可以使用的算术运算符。

表 3-2　算术运算符

运算符	描　述	例　子
+	两个操作数相加	12+23.5
-	两个操作数相减	45.6-30
*	两个操作数相乘	45*68
/	用一个操作数除以另一个操作数	23.6/12.55
\	用于两个整数的整除	5\2
Mod	返回整数相除时所得到的余数	27 Mod 12
^	指数运算	5^3

说明：

"\"：整除符号。当使用整除运算符的时候，带有小数部分的操作数将四舍五入为整数，但在结果中小数部分将被截断。

"Mod"：该运算符返回的是整除的余数。例如，13 Mod 3 将返回 1。

"^"：指数运算符，也称乘方运算符。例如：2^4 返回 16（2×2×2×2）。

③ 关系运算符。

关系运算符也称为比较运算符，使用关系运算符可以构建关系表达式，以表示单个条件。关系运算符用于比较两个操作数的值，并根据两个操作数和运算符之间的关系返回一个逻辑值（True 或 False）。表 3-3 列出了在 Access 中可以使用的关系运算符。

表 3-3　关系运算符

关系运算符	描　述	例　子	结　果
<	小于	123<1000	True
<=	小于或等于	5<=5	True
=	等于	2=4	False
>=	大于或等于	1234>=456	True
>	大于	123>123	False
<>	不等于	123<>456	True

④ 逻辑运算符。

逻辑运算符通常用于将两个或多个关系表达式连接起来，表示多个条件，其结果也是一个逻辑值（True 或 False）。表 3-4 列出了在 Access 中可以使用的逻辑运算符。

表 3-4　逻辑运算符

逻辑运算符	描　述	例　子	结　果
And	逻辑与	True And True	True
		True And False	False
Or	逻辑或	True Or False	True
		False Or False	False
Not	逻辑非	Not True	False
		Not False	True

在为查询设置多个条件时，有以下两种写法。

- 将多个条件写在设计网格的同一行，表示"And"运算；将多个条件写在不同行，表示"Or"运算。
- 直接在"条件"行中书写逻辑表达式。

⑤ 其他运算符。

除了使用关系运算符和逻辑运算符来表示条件，还可以使用 Access 提供的功能更强的运算符进行条件设置。表 3-5 列出了在 Access 中可以使用的其他运算符。

表 3-5　其他运算符

其他运算符	描　述	例　子
Is	和 Null 一起使用，确定某值是 Null 还是 Not Null	Is Null，Is Not Null
Like	查找指定模式的字符串，可使用通配符*和?	Like"jon*"，Like"FILE????"
In	确定某个字符串是否为某个值列表中的成员	In ("CA", "OR", "WA")
Between	确定某个数字值或日期值是否在给定的范围内	Between 1 And 5

例如，逻辑运算：[数量]>=5 And [数量]<=50 可改写为：[数量] Between 5 And 50，两种写法等价。

（2）常用函数。

在查询表达式中还可以使用函数，表 3-6 列出了 Access 中常用的函数。

表 3-6 常用函数

函 数	描 述	例 子	返 回 值
Date()	返回当前的系统日期	Date()	7/15/06
Day()	返回 1~31 的一个整数	Day(Date)	15
Month()	返回 1~12 的一个整数	Month(#15-7-98#)	7
Now()	返回系统时钟的日期和时间值	Now()	7/15/06 5:10:10
Weekday()	以整数的形式返回相应的某个日期为星期几（星期天为1）	Weekday(#7/15/1998#)	7
Year()	返回日期/时间值中的年份	Year(#7/15/1998#)	2006
Len()	获得文本的字符数	Len("数据库技术")	5
Left()	获得文本左侧的指定字符个数的文本	Left("数据库技术",3)	数据库
Mid()	获得文本中指定起始位置开始的特定数目字符的文本	Mid("数据库技术与应用",4,2)	技术
Int(表达式)	得到不大于表达式的最大整数	Int(2.4+3.5)	5
Sum()	求和		
Max()	最大值		
Count()	计数		
AVG()	平均值		
Min()	最小值		

3．在查询中进行计算

在创建查询时，有时需要记录统计结果，而不仅仅是表中的记录。例如，统计商品数及平均单价等。为了获取这样的数据，需要创建能够进行统计计算的查询。使用查询设计视图中的"总计"行，可以对查询中全部记录或记录组计算一个或多个字段的统计值。

计算的总计值可以是汇总值、平均值、计数值、最小值和最大值。

（1）汇总值：分别求取每组记录或所有记录的指定字段的总和。

（2）平均值：分别求取每组记录或所有记录的指定字段的平均值。

（3）计数值：求取每组记录或所有记录的记录总条数。

（4）最小值：分别求取每组记录或所有记录的指定字段的最小值。

（5）最大值：分别求取每组记录或所有记录的指定字段的最大值。

总计查询也可以使用"简单查询向导"来创建。

创建"总计"查询时应遵循以下规则。

（1）如果要对记录组进行分类汇总，则一定要将表示该类别的字段设置为"选定字段"。

（2）如果该查询对所有记录进行汇总统计，则不用选择类别字段。这时统计结果只有一条记录，就是对所有记录进行汇总的结果。

（3）汇总计算的字段必须是数值型字段。

四、创建参数查询

选择查询的内容和条件都是固定的,如果希望根据某个或某些字段不同的值来查找记录,就需要不断地更改所查询的条件,这显然很麻烦。参数查询是一种交互式的查询方式,它执行时会弹出一个对话框,以提示用户输入查询信息,并根据用户输入的查询信息来检索记录。可以建立一个参数提示的单参数查询,也可以建立多个参数提示的多参数查询。

1. 在设计视图中添加表之间的连接

在创建多表查询时,必须在表之间建立关系,在设计视图中添加表或查询时,如果所添加的表或查询之间已经建立了关系,则在添加表或查询的同时会显示已有的关系;如果没有建立关系,则需要手动添加表之间的关系,其方法如下。

在查询设计视图中,从表或查询的字段列表区中将一个字段拖动到另一个表或查询中的相等字段上即可添加表之间的关系。如果要删除两个表之间的连接,则在两个表之间的连接线上单击,连接线将变粗,右击连接线,在弹出的快捷菜单中选择"删除"选项即可。

2. 查询设计视图中字段的操作

对查询中字段的操作,如添加字段、删除字段、更改字段、排序记录、显示和隐藏字段等,需要在查询设计视图的设计网格区中进行。

(1)添加和删除字段。

如果在设计网格区中添加字段,则可采用两种方法:一种方法是将字段列表区中的字段拖动到设计网格区的列中;另一种方法是双击字段列表区中的字段。

当不再需要设计网格区中的某一列时,可将该列删除,其操作方法有以下两种。

① 选中某列,单击"编辑"菜单中的"删除列"。

② 将光标放在该列的最顶部,单击以选中整列,按"Delete"键即可删除。

(2)插入和移动字段。

如果要在列之间插入一列,则可采用以下两种方法。

① 选中某列,单击"插入"菜单中的"列",可在当前列前插入一个空列。

② 将光标放在该列的最顶部,单击以选中整列,按"Insert"键。插入空列后,在设计网格区中设置该列的字段即可。

要改变列的排列次序,可进行移动字段的操作,同时在查询数据表视图中的显示次序也将改变。移动字段的操作步骤如下。

① 将光标放在该列的最顶部,单击以选中整列。

② 将光标放在该列的最顶部,拖动鼠标可将该列拖动到任意位置。

(3)为查询添加条件。

在查询中可以通过添加使用条件的方法来检索满足特定条件的记录,为字段添加条件的操作步骤如下。

① 在设计视图中打开查询。

② 选中设计网格区中某列的"条件"单元格。

③ 在条件单元格内输入提示语，以提示用户输入查询信息，然后根据用户输入的查询条件来检索记录。

如果要删除设计网格中某列的条件，则选中该条件，按"Delete"键即可。

五、创建交叉表查询

交叉表查询是查询的另一种类型。交叉表查询显示来源于表或查询中某个字段的总计值（如汇总值、平均值、计数值等），并将它们分成两组，一组列在数据表的左侧，称为行标题；另一组列在数据表的上部，称为列标题。交叉表查询增加了数据的可视性，便于数据的统计与查看。

创建交叉表查询可以利用"创建交叉表查询向导"和"设计视图"两种方法。在创建交叉表查询时，需要指定三种字段：第一种是放在交叉表最左端的行标题中，它将某一字段的相关数据放入指定的行；第二种是放在交叉表最上面的列标题中，它将某一字段的相关数据放入指定的列；第三种是放在交叉表行与列交叉位置的字段中，需要为该字段指定一个总计项。创建交叉表查询数据来源只能是一个表或查询，且不能指定限定条件。若要查询多个表就必须要先建立一个含有全部所需字段的查询，然后再用这个查询来创建交叉表查询。

六、创建操作查询

操作查询可以用来复制或更改表中的数据。操作查询包含生成表查询、追加查询、删除查询、更新查询。

1. 生成表查询

生成表查询是利用一个或多个表中的全部或部分数据建立新表。在 Access 中，从表中访问数据要比从查询中访问数据快很多，因此，如果经常要从几个表中提取数据，则最好的方法是使用生成表查询，将从多个表中提取的数据组合起来生成一个新表。

2. 追加查询

维护数据库时，如果要将某个表中符合一定条件的记录添加到另一个表中，则可以使用追加查询。追加查询能够将一个或多个表的数据追加到另一个表的尾部。

追加查询最大的特点：追加查询的运行结果将查找到的数据追加到另一个表中。

追加查询的特殊说明如下。

- 使用追加查询时，当源表和目标表的字段名称不一致时，仍可以追加数据，但必须打开设计视图，在设计网格区的"字段"行中指定源表中的字段，在"追加到"行中指定目标表中的字段，必须保证两个字段的数据类型一致，Access 会将数据输入目标字段中，而不管字段名是否相同。
- 如果源表中的字段个数比目标表少，则追加后目标表中未指定的字段值自动填充为空值。
- 如果源表中的字段个数比目标表多，则多余的字段会被忽略。

3．删除查询

删除查询能够从一个或多个表中删除记录。如果删除的记录来自多个表，则必须满足以下几点。

（1）在"关系"窗口中定义相关表之间的关系。

（2）在"编辑关系"对话框中选中"实施参照完整性"复选框。

（3）在"编辑关系"对话框中选中"级联删除相关记录"复选框。

删除查询最大的特点：删除查询的运行结果是将满足条件的记录在原表中删除，在删除时一定要注意满足参照完整性。使用删除查询删除记录后，不能用"撤销"命令来恢复，因此执行删除查询时要慎重。

4．更新查询

使用更新查询可以对一个或多个表中的一组记录全部进行更新。

更新查询最大的特点：更新查询的运行结果是将原表中满足条件的记录进行批量修改。

操作查询与选择查询、交叉表查询及参数查询有所不同。选择查询、交叉表查询及参数查询根据要求只从表中选择数据，并不对表中的数据进行修改；而操作查询除了从表中选择数据，还对表中的数据进行修改，而且这种修改是不能恢复的，为保证数据安全，在进行操作查询前应先对相关的数据库或表进行备份。执行操作查询时，可能会对数据库中的表进行大量的修改，因此，为避免因误操作而引起不必要的改变，Access 在数据库窗口中的每个操作查询图标之后显示一个感叹号，以引起用户注意。

创建和使用操作查询时可遵循以下四个基本步骤。

（1）设计一个简单的选择查询，选取要操作或要更新的字段。

（2）将这个选择查询转换为具体的操作查询类型，完成相应的步骤和设置。

（3）通过单击工具栏上的"视图"按钮，预览操作查询所选择的记录。单击"确定"按钮后，再单击"运行"按钮执行操作查询。

（4）在相应表中查看操作结果。

七、创建 SQL 查询

1．SQL 语言及语句格式

（1）SQL 语言简介。

SQL（Structured Query Language）语言是一个完整的结构化查询语言，通常包含 4 个部分：数据定义语言（CREATE、ALTER、DROP）、数据操纵语言（INSERT、UPDATE、DELETE）、数据查询语言（SELECT）和数据控制语言（COMMIT、ROLLBACK）。

SQL 语言是一种高度非过程化的语言，它不会一步步地告诉计算机"如何去做"，而只描述用户"要做什么"，即 SQL 语言将要求交给系统，系统自动完成全部工作。

SQL 语言非常简洁，语法简单，且功能强大，使用为数不多的几条命令就可以完成较强大的功能。

SQL 语言既可以直接以命令方式交互使用，又可以嵌入程序设计语言中，以程序方式使用。现在很多数据库应用开发工具都将 SQL 语言直接融入自身的语言，使用起来更方便，Access 就是如此。

（2）SELECT 语句的基本格式。

SELECT 语句是用于查询、统计的十分广泛的一种 SQL 语句，它不仅可以建立简单查询，还可以实现条件查询、分组统计、多表连接查询等功能。

SELECT 语句的基本格式由 SELECT—FROM—WHERE 查询块组成，多个查询块可以嵌套使用。

SELECT 语句基本的语法格式如下。

```
SELECT [表名.]字段名列表[AS<列标题>]
[INTO 新表名]
FROM <表名或查询名>[,<表名或查询名>]…
[WHERE <条件表达式>]
[GROUP BY 分组字段列表[HAVING 分组条件]]
[ORDER BY <列名>[ASC|DESC]]
```

其中，方括号中的内容是可选的，尖括号中的内容是必需的。

SELECT 语句中各子句的意义如下。

（1）SELECT 子句：用于指定要查询的字段数据，只有指定的字段才能在查询中出现。如果希望检索到表中的所有字段信息，那么可以使用星号（*）来代替列出的所有字段的名称，而列出的字段顺序与表定义的字段顺序相同。

（2）INTO 子句：用于指定使用查询结果来创建新表。

（3）FROM 子句：用于指定要查询的数据来自哪些表、查询或链接。

（4）WHERE 子句：用于给出查询的条件，只有与这些选择条件匹配的记录才能出现在查询结果中。在 WHERE 后不仅可以加条件表达式，还可以使用 IN、BETWEEN、LIKE 表示字段的取值范围，其作用分别如下。

- IN 在 WHERE 子句中的作用：确定 WHERE 后的表达式的值是否等于指定列表的几个值中的任何一个。例如，WHERE 学历 IN("本科","专科")，表示如果"学历"字段的值是"本科"或"专科"，则满足查询条件。
- BETWEEN 在 WHERE 子句中的作用：条件可以用 BETWEEN…AND…表示在二者之间，NOT BETWEEN…AND…表示不在二者之间。例如，WHERE 商品单价 BETWEEN 2000 AND 5000，表示如果"商品单价"字段的值在 2000～5000，则满足查询条件。
- LIKE 在 WHERE 子句中的作用：利用*、? 通配符实现模糊查询。其中，*匹配任意数量的字符，例如，姓名 LIKE "张*"表示所有以"张"开头的姓名都满足查询条件；? 匹配任意单个字符，例如，姓名 LIKE "张?"表示以"张"开头的姓名为两个字的满足查询条件。

（5）GROUP BY 子句：用于指定在执行查询时，对记录的分组字段。

（6）HAVING 子句：用于指定查询结果的附加筛选条件，该子句从筛选结果中对记录进行筛选，通常与 GROUP BY 子句一起使用。

（7）ORDER BY 子句：用于对查询的结果按"列名"进行排序，ASC 表示升序，DESC 表示降序，默认为升序排序。

SELECT 语句不区分大小写，如：SELECT 可为 select，FROM 可为 from。

SELECT 语句中的所有标点符号（包括空格）必须采用半角西文符号，如果采用了中文符号，则会弹出要求重新输入或提示出错的对话框，必须将其改为半角西文符号，才能正确执行 SELECT 语句。

2．创建数据定义查询

数据定义查询与其他查询不同，利用它可以创建、删除或更改表，也可以在数据库表中创建索引。在数据定义查询中要输入 SQL 语句，每个数据定义查询只能由一个数据定义语句组成。Access 支持的数据定义语句如表 3-7 所示。

表 3-7　Access 支持的数据定义语句

SQL 功 能	命 令 动 词
CREATE TABLE	创建一个数据表
ALTER TABLE	对已有表进行修改
DROP	从数据库中删除表，或者从字段或字段组中删除索引
CREATE INDEX	为字段或字段组创建索引

使用 CREATE TABLE 语句创建表时需要注明各字段的数据类型。SQL 语句中的基本数据类型如表 3-8 所示。

表 3-8　SQL 语句中的基本数据类型

名　称	数 据 类 型
DATETIME	日期时间型
REAL	单精度浮点值
INTEGER	长整型
IMAGE	图片，用于 OLE 对象
CHAR	字符型

3．创建子查询

子查询是指嵌套于其他 SQL 语句中的查询，一个查询语句最多可以嵌套 32 层子查询。子查询也称内部查询，而包含子查询的语句也称外部查询。通常，子查询可作为外部查询 WHERE 子句的一部分，用于替代 WHERE 子句中的条件表达式。在创建子查询的时候，查询的条件本身就是一个查询语句。

4．创建连接查询

（1）连接的类型。

根据表与表之间连接后所获得的结果记录集的不同，可将连接分为内连接、左连接和右连接，其中，内连接查询是重点。

（2）连接查询的基本格式。

在 SELECT 语句中使用连接查询的基本格式如下：

```
SELECT [表名或别名.]字段名列表
FROM 表名1 AS 别名1
INNER | LEFT | RIGHT JOIN 表名2 AS 别名2 ON 表名1.字段=表名2.字段
```

其中，"|"表示必须选择 INNER、LEFT、RIGHT 中的一个。

如果连接的表多于两个，则需要使用嵌套连接，其格式为：

```
SELECT [表名或别名.]字段名列表
  FROM 表名1 AS 别名1 INNER JOIN (表名2 AS 别名2 INNER JOIN 表名3 AS 别名3  ON 表名2.字段=表名3.字段)
    ON表名1.字段=表名2.字段
```

在上述格式中，如果结果集所列的字段名在两个表中是唯一的，则[表名.]可以省略；如果两个表中存在同名字段，为防止混淆，则需要指明所列字段来自哪个表。

如果表名太长或不便于记忆，则可以利用 AS 为表定义别名，并在字段名前用别名识别。

项目四　窖体的创建与应用

复习要求

1．理解窖体的基本概念及作用；
2．熟练掌握创建、设计和美化窖体的方法；
3．熟练掌握窖体的基本组成、分类和窖体的视图模式；
4．熟练掌握窖体设计中常用控件的灵活运用方法；
5．熟练掌握使用窖体管理数据的方法；
6．掌握主/子窖体的设计方法。

复习内容

一、使用向导创建窖体

窖体是 Access 2003 中的一种重要的数据库对象，是用户和数据库之间进行交流的接口。用户通过窖体可以方便地输入、编辑和显示数据库中的数据，通过窖体可以把整个数据库中的其他对象组织起来，并提供友好直观的界面来管理和使用数据库。用户可以根据不同的需要，来创建不同样式的窖体，从而使数据的查看、添加、修改和删除更加直观和便捷。

1．创建窖体的方法

Access 2003 提供了多种方法来创建窖体。
（1）打开"新建窖体"对话框。
Access 2003 中可以使用以下两种方法打开"新建窖体"对话框。
- 在数据库窗口中，单击"插入"→"窖体"菜单命令。
- 选择数据库中的窖体对象，单击数据库窗口工具栏中的"新建"按钮 新建(N)。

打开的"新建窖体"对话框中列出了多种创建窖体的方法，用户根据需要可以选择不同的方法来创建窖体。
（2）使用新建窖体对象的快捷方式。
在数据库窗口中选择窖体对象，在右侧的列表中可以看到两个新建窖体对象的快捷方式。这两个快捷方式分别是"在设计视图中创建窖体"和"使用向导创建窖体"，使用这两个快捷方式可以快速选择窖体对象。实际应用中更多的是用这两个快捷方式来创建窖体。

① 在设计视图中创建窗体。

在设计视图中创建窗体就是在打开的窗体设计视图中，利用提供的控件工具箱中的各种控件来自行设计窗体，该方法可以灵活设置窗体布局，根据需要添加窗体中的控件和在窗体中显示的字段，比较适合创建复杂、功能较多、个性化的窗体。

② 使用向导创建窗体。

使用向导创建窗体就是在窗体向导引导下，通过选择表或查询，并选择表或查询中需要在窗体中显示的字段，使用内置的窗体布局模式和窗体样式等固定的步骤和要求创建一个新的窗体。

2. 使用向导创建窗体

（1）向导创建窗体的方法。

Access 2003 提供了 6 种创建窗体的向导："窗体向导""自动创建窗体：纵栏式""自动创建窗体：表格式""自动创建窗体：数据表""图表向导""数据透视表向导"。

① 窗体向导：使用窗体向导可以创建 6 种不同布局的窗体，包括纵栏表、表格、数据表、两端对齐、数据透视表、数据透视图等，用户可根据需要选择使用。其特点是向导步骤较多。

② 自动创建窗体：可以根据向导自动创建纵栏式窗体、表格式窗体、数据表窗体、数据透视表和数据透视图等窗体。其特点是步骤少，建立窗体简单。

③ 图表向导：使用该窗体可以创建其中包含柱形图、折线图等图表的窗体。

（2）窗体视图的种类。

Access 2003 中的窗体共有 5 种视图：设计视图、窗体视图、数据表视图、数据透视表视图和数据透视图视图。这 5 种视图可以使用工具栏上的"视图"按钮切换。5 种视图各自有不同的特点和应用。

① 设计视图：主要用于显示窗体的设计方案，在该视图中可以创建新的窗体，也可以对现有窗体的设计进行修改。窗体在设计视图中显示时不会实际运行，因此，在进行设计更改时无法看到基础数据。

② 窗体视图：用于查看窗体的设计效果，在窗体视图中显示了来自数据源中的记录，也可以添加和修改数据源中的数据。

③ 数据表视图：数据表视图以表格形式显示数据源中的数据，在此视图中可以编辑字段，也可以添加、修改和删除记录。

④ 数据透视表视图：用于从数据源的选定字段中汇总信息。使用数据透视表视图可以动态更改表的布局，以不同的方式查看和分析数据。

⑤ 数据透视图视图：用于以图形化方式显示和分析窗体中的数据。

普通窗体可以在设计视图、窗体视图和数据表视图之间切换，但切换到数据透视表视图或数据透视图视图时没有数据显示，除非设计的窗体就是数据透视表视图或数据透视图视图。

二、使用窗体设计视图创建窗体

1. 窗体的构成

在窗体设计视图中，窗体由上而下被分成 5 个节：窗体页眉、页面页眉、主体、页面页脚和窗体页脚。

窗体中各节的功能如下。

窗体页眉：用于显示窗体标题、窗体使用说明等信息。在窗体视图中，窗体页眉显示在窗体的顶部，窗体页眉不会在数据表视图中出现。

页面页眉：在每一页的顶部显示标题、字段标题或其他需要显示的信息，页面页眉只在打印窗体时出现，并且打印在窗体页眉之后。

主体：数据的显示区域。该节通常包含绑定到记录源中的字段控件，但也可能包含未绑定控件，如标识字段内容的标签。

页面页脚：在每一页的底部显示日期、页码或其他需要显示的信息，页面页脚只在打印窗体时出现，并且打印在窗体页脚之后。

窗体页脚：用于显示窗体命令按钮等。在窗体视图中，窗体页脚显示在窗体的底部，窗体页脚不会在数据表视图中出现。

通常，新建的窗体只包含"主体"节，如果需要其他节，则可以在窗体设计视图中右击，在弹出的快捷菜单中选择"页面页眉/页脚"或"窗体页眉/页脚"选项来添加或删除相应的节。单击"视图"→"窗体页眉/页脚"命令或"页面页眉/页脚"命令，也可以添加或删除相应的节，但如果该节中包含控件，删除节的同时也删除节中包含的所有控件。

窗体中各节的尺寸可以调整，将光标移动到需要改变大小的节的边界，当光标变为十形状时，将光标拖动到合适位置，即可改变节的大小。

在窗体视图中有便于在窗体定位控件的网格和标尺。若要将这些网格和标尺去掉，则可以将光标移动到窗体设计视图中"主体"节的标签上并右击，在弹出的快捷菜单中选择"标尺"和"网格"选项，如果再次选择这两个选项，则在视图中会再次出现标尺和网格。

2. 窗体控件及工具箱

控件是窗体或报表上的一个对象，用于输入或显示数据，或者用来装饰窗体页面。直线、矩形、图片、图形、按钮、复选框等都是控件。利用控件可以设计窗体，并设计出满足不同需求的个性化的窗体。Access 2003 中的控件都显示在工具箱中，工具箱只有在窗体或报表的设计模式下才会出现，通过工具箱可以向窗体或报表添加控件对象。

使用设计视图新建窗体时，会自动打开"工具箱"，也可以使用以下方法打开或隐藏工具箱。

- 通过"视图"菜单→"工具箱"命令切换显示或隐藏。
- 在设计视图下单击工具栏上"工具箱"（ ）按钮。
- 在设计窗口中右击，在弹出的快捷菜单中选择"工具箱"命令。

Access 2003 工具箱中的按钮和控件的功能如表 4-1 所示。

表 4-1　Access 2003 工具箱中的按钮和控件的功能

工具	名　称	功　　能
	选择对象	选择对象是打开工具箱时的默认工具控件，用于选择窗体上控件的按钮
	控件向导	关闭或打开控件向导的按钮。控件向导可以帮助设计复杂的控件。具有控件向导的控件有：列表框、组合框、选项组、命令按钮、图像、子窗体

续表

工具	名称	功能
Aa	标签	用于显示说明性文本文字，可以是独立的，也可附加到其他控件上
ab|	文本框	用于输入、显示和编辑数据记录源中的数据
	选项组	与切换按钮、选项按钮或复选框配合使用，可以显示一组可选值
	切换按钮	独立控件使用时，绑定到表中的"是/否"字段，作为未绑定其他控件使用时，用在自定义对话框或作为选项组的一部分，用于接收用户输入的数据
	单选按钮	一次只能选中选项组中的一个选项按钮
	复选框	有两种状态，在选项组之外可以使用多个复选框，以便每次可以做出多个选择
	组合框	文本框和列表框的组合，既可以像文本框那样输入文本，又可以像列表框那样选择输入项中的值
	列表框	用来显示多个值的列表
	命令按钮	创建命令按钮用来执行某个动作
	图像	用于向窗体中添加静态图片，这不是OLE图像对象，添加图片后就不能进行编辑了
	未绑定对象	用于显示不与表字段链接的OLE对象，包括图形、图像等，该对象不会随记录的改变而改变
	绑定对象	用于显示与表字段链接的OLE对象，该对象会随着记录的变化而变化
	分页符	用于在窗体中开始一个新的屏幕，或者在打印窗体或报表时，开始一个新页
	选项卡	用于创建多页的选项卡的窗体或对话框，在选项卡上添加其他控件
	子窗体/子报表	在窗体或报表中添加子窗体或子报表。在使用该控件之前，要添加的子窗体或子报表必须已经存在
	直线	用于在窗体中绘制一条直线
	矩形	用于在窗体中创建一个矩形
	其他控件	用于在窗体中添加其他ActiveX控件的按钮

3．窗体中控件的操作

窗体中控件的操作包含在窗体中添加控件、对控件的属性进行设置和删除控件等。

（1）添加控件。

在窗体设计下添加控件的操作方法如下。

① 在"工具箱"中单击要添加的控件。

② 在窗体上放置控件的位置上单击即可创建控件。

（2）设置控件属性。

控件的属性包含控件的名称、标题、位置、边框颜色、背景样式、背景色等，设置方法如下。

① 在添加控件时，如果"工具箱"中的控件向导按钮 处于选中状态，Access 2003

会自动打开控件向导。

② 在控件向导的提示下完成控件的属性设置。

③ 如果无控件向导或未启动控件向导，则先选中控件，再单击工具栏的"属性"（ ）按钮，弹出属性对话框，在对话框中对控件的属性进行设置。

控件根据其作用可以分为以下三种类型。
- 绑定控件：与表或查询中的字段相连，可用于显示、输入及修改数据库中的字段。
- 未绑定控件：没有数据来源，一般用于提示信息和修饰作用。
- 计算控件：以表达式作为数据来源。

注意： 组合框和列表框分为绑定型和非绑定型两种，如果要把组合框选择的值保存在表的字段中，就要和表中的某个字段绑定，否则不需要绑定。

4．控件的基本操作

（1）选中控件。

对控件的位置、大小等属性进行调整前，要先选中控件，选中控件有以下方法。

① 选择一个控件，单击该控件即可。

② 如果要选择多个相邻的控件，则可以按住鼠标左键拖动，在虚线框中及与虚线框相交的控件都会被选中。

③ 如果要选择多个不相邻的控件，则可以按"Shift"键，再单击要选择的控件。

④ 如果要选择窗体中的全部控件，则可按快捷键"Ctrl+A"。

控件被选中后，根据控件大小会出现4~8个黑色方块，这些黑色方块称为句柄。左上角稍大的句柄称为移动句柄，拖动它可以移动控件；其他较小的句柄称为调整句柄，拖动它们可以调整控件的大小。

（2）移动控件。

移动控件有以下方法。

① 选中控件后，拖动移动句柄即可移动控件。

② 如果控件有标签，则拖动句柄只能单独移动控件或标签，如果要同时移动控件和标签，则应将光标移动到控件上并单击（不是在移动句柄上单击）。

③ 使用键盘的方向键移动控件。选中控件，按方向键即可调整控件的位置。

（3）调整控件的大小。

调整控件的大小有以下方法。

① 选中控件，控件周围出现调整句柄，将光标移动到调整句柄上，待光标形状变成双向箭头时，拖动光标改变控件大小。若选中多个控件，则可同时调整多个控件的大小。

② 选中控件，按"Shift+方向键"调整控件的大小。

（4）对齐控件。

当窗体中有多个控件时，为了保持窗体美观，应将控件排列整齐。对齐控件有以下方法。

① 选中一组要对齐的控件，单击"窗体设计工具/排列"→"调整大小和排序"→"对齐"下拉菜单，在弹出的下拉列表中选择要使用的对齐方式。

② 选中一组要对齐的控件并右击，在弹出的快捷菜单中选择"对齐"选项，在其子菜单中选择要使用的对齐方式。

控件的对齐方式共有 5 种:"靠左""靠右""靠上""靠下""对齐网格"。

(5) 调整控件间距。

控件的间距也可以通过按钮来快速进行调整。其操作方法如下。

选中一组要调整间距的控件,单击"窗体设计工具/排列"→"调整大小和排序"→"大小/空格"下拉菜单,在弹出的下拉列表中选择间距。控件的间距有 6 种类型:"水平相等""水平增加""水平减少""垂直相等""垂直增加""垂直减少"。

(6) 删除控件。

删除控件有以下方法。

① 选中要删除的控件,按"Delete"键。

② 选中要删除的控件并右击,在弹出的快捷菜单中选择"删除"选项。

注意:

(1) 若所选的控件附有标签,则标签会随控件一起删除。

(2) 若只要删除附加标签,则应只选中标签并执行删除操作即可。

三、对窗体进行编辑

窗体中各控件的颜色、字体、字号、字形、边框及窗体的背景等都是默认效果,为了使窗体使用更方便,样式更个性化,还可以对控件及窗体的相关属性进行一些调整和设置,以达到更直观且个性的效果。

1. 窗体的属性

右击标题栏或窗体选定器,在弹出的快捷菜单中选择"属性"选项,即可打开窗体"属性"对话框。窗体的属性通过窗体"属性"对话框进行设置,一般用来设置窗体的格式、窗体的外观样式、窗体中的数据来源等属性,窗体"属性"对话框有 5 个选项卡:"格式""数据""事件""其他""全部"。

常用的窗体属性及功能如下。

滚动条:设置窗体的右侧和下侧是否显示滚动条。

记录选择器:设置窗体中是否显示记录选择器。

导航按钮:设置窗体下方是否显示默认的导航按钮。

最大化和最小化按钮:设置窗体右上角是否显示最大化和最小化按钮。

图片:设置窗体背景图片及图片路径。

图片缩放模式:设置的背景图片有"剪裁""拉伸""缩放"3 种可选模式。在"剪裁"模式下,根据窗体大小自动剪裁图片使之适合窗体的大小;在"拉伸"模式下,将在水平或垂直方向上拉伸图片以匹配窗体的大小;在"缩放"模式下,将会放大或缩小图片使之适合窗体的大小。

图片对齐方式:指定在窗体中摆放背景图片的位置,有"左上""右上""中心""左下""右下""窗体中心"6 种位置可选。

窗体各个部分的背景色是相互独立的,如果想改变窗体中其他部分的颜色,则必须重复设置各节的颜色,当窗体的某个部分被选中时,在"填充/背景色"调色板上的透明按钮被禁用,因为透明的背景色不能应用到窗体上。

2. 控件的属性

在窗体设计视图中右击控件，在弹出的快捷菜单中选择"属性"选项，即可打开控件的"属性表"窗格，如标签控件的属性。控件的属性一般用于设置控件的大小、位置、颜色、边框样式、控件来源等，不同控件的属性也不一样。控件的"属性表"窗格中有 5 个选项卡："格式""数据""事件""其他""全部"。

常用的控件属性及功能如下。

宽度和高度：精确设定控件的大小。

背景样式：设置控件的背景样式，有"常规"和"透明"两种选择。选择"常规"选项可以设置背景颜色。

特殊效果：设置控件的效果，有"平面""凸起""凹陷""蚀刻""阴影""凿痕"6 种选择。

前景色：设置控件的前景颜色。

"字体名称""字号""字体粗细"等属性可以对控件中的文字进行设置。

四、创建主/子窗体

在窗体应用中，当需要对有关联关系的两个表或查询中的数据在同一个窗体中进行显示时，使用主/子窗体会更加方便。通过特定字段进行关联，在子窗体中显示主窗体当前记录的相关数据。

基本窗体称为主窗体，窗体中的窗体称为子窗体。在显示具有"一对多"关系的表或查询中的数据时，主/子窗体非常有用。在创建主/子窗体之前，必须正确设置表间的"一对多"关系。"一"方是主表，"多"方是子表。

五、使用窗体管理数据的基本操作

窗体创建完成后，不仅可以方便地根据需要在窗体中进行记录的浏览、添加和修改等基本操作，还可以在窗体中对记录进排序和筛选等。

1. 浏览记录

打开窗体就可以在窗体中进行记录信息的浏览，在浏览中可以通过窗体底部的导航条来改变当前记录。导航条文本框中的数字为当前记录号，在其中输入记录号后按"Enter"键，即可跳转到记录号对应的记录。

导航条中其他按钮的功能及快捷键如下。

⏮ 按钮：第一条记录，快捷键为"Ctrl+Home"。

◀ 按钮：上一条记录，快捷键为"PageUp"。

▶ 按钮：下一条记录，快捷键为"PageDown"。

⏭ 按钮：最后一条记录，快捷键为"Ctrl+End"。

▶* 按钮：添加新记录。

2. 修改记录

可以在窗体中直接对记录数据进行修改，修改前要将光标定位到对应字段中，按"Tab"

键,可将光标移动到下一个字段中,按快捷键"Shift+Tab",可将光标移动到上一个字段中。但不能修改自动编号型数据。对于 OLE 类型的数据,双击打开 OLE 类型的数据,在打开的编辑器中可以进行修改操作。在修改记录时,必须先找到要修改的记录。除了可以使用导航条来查找记录,还可以通过单击"编辑"→"查找"命令,在窗体视图下选择"编辑"中的"查找"命令,或者按快捷键"Ctrl+F",打开"查找和替换"对话框,在对话框中输入要查找的内容,即可查找并定位到相应的记录,进而可以进行相关的操作。

3. 添加记录

添加新记录有以下三种操作方法。
- 单击记录导航条中的 ▶* 按钮。
- 单击"插入"→"新记录"命令。
- 单击工具栏中的 按钮。

使用以上方法中的任何一种,窗体自动清除各个控件中显示的数据,输入新的记录数据即可。

4. 删除记录

删除记录有以下两种操作方法。
- 单击工具栏中的 按钮。
- 单击"删除"→"记录"命令。

在删除时会弹出确认删除对话框,单击"是"按钮即可删除记录,删除后的记录是不能恢复的。

5. 排序记录

在默认情况下,在窗体中显示的记录是按照窗体来源的表或查询中的顺序排列的,但也可以根据实际需要在窗体中对记录进行排序。排序的方法与表对象中的方法相同。

将光标定位到窗体中需要进行排序的字段文本框中,单击工具栏中的升序排序按钮 和降序排序按钮 ,或者单击"记录"→"排序"子菜单中的命令进行排序。排序规则与表对象中记录的排序规则相同。

6. 筛选记录

在窗体中对记录的筛选,与表对象中对记录的筛选操作方法相同,也包括"按指定内容筛选""按内容排除筛选""按窗体筛选""高级筛选/排序"。单击子菜单中的"记录"→"筛选"命令就可以进行对应的筛选了。

在"按窗体筛选"中,可以设置一个或多个筛选条件。设置了筛选条件后,单击工具栏中的应用筛选按钮 ,即可执行筛选。筛选条件在窗体打开时一直有效,若要取消筛选,再次单击工具栏中的应用筛选按钮 即可。

项目五 报表的创建与应用

复习要求

1. 掌握报表的概念、类型及组成；
2. 掌握使用向导创建报表的方法；
3. 熟练掌握使用设计视图创建报表和修改报表的方法；
4. 熟练掌握向报表中添加控件、编辑和修改控件及其属性的方法；
5. 掌握报表的排序与分组、计算与汇总；
6. 掌握报表页面的设置及打印报表。

复习内容

一、使用向导创建报表

报表是 Access 数据库的主要对象之一，报表可以按不同的形式显示和打印数据库中的数据，报表中的数据来源于表或查询，其中的记录不仅可按照一定的规则进行排序与分组，还可运用公式和函数进行计算与汇总等操作。也就是说报表根据指定规则提供格式化和组织化数据信息的查询和打印功能。

报表有两个功能，一是可以进行数据的比较、排序、分组、计算和汇总，从而帮助用户进一步分析数据；二是可以将报表设计成格式美观的数据表、花名册、成绩单、胸卡、信息卡、标签和信封等打印输出，还可以在报表中嵌入图像或图片来丰富数据的显示。

1. 创建报表的方法

Access 提供了多种方法来创建报表，包括使用"新建报表"对话框和新建对象快捷方式。

（1）使用"新建报表"对话框。

Access 2003 中可以使用两种方法打开"新建报表"对话框。

- 在数据库窗口中，单击"插入"→"报表"命令。
- 选择数据库中的报表对象，单击数据库窗口工具栏中的"新建"按钮 新建(N)。

打开的"新建报表"对话框中列出了多种创建报表的方法，用户根据需要可以选择不同的方法来创建报表。

（2）使用新建报表对象的快捷方式。

在数据库窗口中选择报表对象，在右侧的列表中可以看到两个新建报表对象的快捷方式。这两个快捷方式分别是"在设计视图中创建报表"和"使用向导创建报表"，使用这两个快捷方式可以快速选择报表对象。在实际应用中可以使用这两个快捷方式来创建报表。

① 在设计视图中创建报表。

在设计视图中创建报表就是在打开的报表设计视图中,利用 Access 2003 提供的控件工具箱中的各种控件来设计报表,控件工具箱与窗体设计视图的控件工具箱相同。

② 使用向导创建报表。

使用向导创建报表就是在 Access 2003 提供的报表向导引导下,通过选择数据源并使用内置的报表布局模式和报表样式等固定的步骤和要求创建一个新的报表的方法,该方法创建的报表样式有限,但方便快捷,适合创建较为简单的报表。

2．报表及其分类

Access 2003 中的常用报表有 4 种类型:纵栏式、表格式、图表式和标签式。

(1) 纵栏式报表中每条记录的各个字段从上到下依次排列,左侧显示字段标题,右侧显示字段数据值。

(2) 表格式报表以行和列的格式显示和打印数据,一条记录的所有字段内容显示在同一行上,多条记录从上到下依次显示。

(3) 图表式报表以图形的方式显示数据,它可以将库中的数据进行分类汇总后显示,使得统计更加直观,适合于汇总、比较及进一步分析数据。

(4) 标签式报表可以用来在一页内建立多个大小和样式一致的卡片式方格区域,通常用来显示姓名、电话等较为简短的信息,一般用来制作名片、信封、产品标签等。

3．报表的操作视图

Access 2003 的报表有 3 种视图方式,分别是设计视图、打印预览视图和版面预览视图。在报表设计视图中,单击报表设计工具栏上的视图按钮 右侧的下拉按钮,则可以切换到打印预览视图和版面预览视图。

设计视图:可以创建新的报表或修改已有报表,与窗体的设计视图类似,在设计视图中可以打开控件工具箱,利用工具箱向报表中添加各种控件。

打印预览视图:显示在设计视图中设计的报表的打印效果,预览效果中包含实际数据。

版面预览视图:在版面预览视图中,可以快速浏览报表的页面布局,该视图中只包含报表中的数据示例,而不显示报表的实际数据。

4．自动创建报表

(1) 在数据库窗口中,选择"报表"对象,单击工具栏上的"新建"按钮,在"新建报表"对话框中选择"自动创建报表:纵栏式"选项或"自动创建报表:表格式",选择合适的数据来源表或查询。

(2) 单击"确定"按钮,将自动创建纵栏式报表或表格式报表。

"自动创建报表"中报表的数据来源是单一的表或查询,而且每条记录、每个字段都包含在报表中,纵栏式报表的每个字段占一行,表格式报表的每条记录占一行。自动创建报表,会在报表的页眉中自动添加标题,在页脚中自动添加日期和页码。

5．使用"报表向导"创建报表

（1）在"新建报表"对话框中选择"报表向导"，选择数据表或查询作为数据源，单击"确定"按钮后，开始在"报表向导"下创建报表。

（2）第一个对话框用于确定报表上使用哪些字段，该字段可以来自多个表或查询。

（3）第二个对话框用于确定是否添加分组级别。

（4）第三个对话框用于确定是否排序及排序的方式。

（5）第四个对话框用于确定报表布局方式和方向。

（6）第五个对话框用于确定报表所用样式。

（7）第六个对话框用于输入报表的标题。

6．使用"图表向导"创建报表

（1）在"新建报表"对话框中选择"图表向导"，选择数据表或查询作为数据源，单击"确定"按钮后，开始在"图表向导"下创建报表。

（2）第一个对话框用于确定图表中所使用的字段。

（3）第二个对话框用于确定合适的图表类型。

（4）第三个对话框用于确定指定数据在图表中的布局方式。

（5）第四个对话框用于输入图表的标题。

7．使用"标签向导"创建标签报表

（1）在"新建报表"对话框中选择"标签向导"，选择数据表或查询作为数据源，单击"确定"按钮后，开始在"标签向导"下创建报表。

（2）第一个对话框用于确定标签尺寸、度量单位和标签类型。

（3）第二个对话框用于确定标签中文本的字体和颜色。

（4）第三个对话框用于确定标签中显示的内容，标签中的固定信息可以在"原型标签"文本框中直接输入，用花括号"{ }"括起来的就是表中各记录的信息。

（5）第四个对话框用于确定标签中用来排序的字段。

（6）第五个对话框用于输入报表的标题名称。

标签向导中原型标签中的固定信息只能输入文本，表中的可用字段也只能是除备注、OLE 类型外的其他类型的字段。

二、使用设计视图创建报表

1．报表的结构

完整的报表由 7 个节组成。常见的报表有 5 个节，分别是"报表页眉""页面页眉""主体""页面页脚""报表页脚"。在分组报表中，还会有 2 个节，即"组页眉""组页脚"。

使用设计视图新建报表时，空白报表只有 3 个节组成，分别是"页面页眉""主体""页面页脚"，而"报表页眉/页脚"可以通过"视图"菜单或"报表"快捷菜单添加或删除。

报表的每个节都有其特定的目的，并且按照一定的顺序显示在页面或打印在报表上，每个节的具体功能如下。

(1) 报表页眉和报表页脚。

一个报表只有一个报表页眉和一个报表页脚，报表页眉只在整个报表第一页的开始位置显示和打印，一般用来放置徽标、报表标题、图片或其他报表的标识物等。报表页脚只显示在整个报表的最后一页的页尾，一般用来显示报表总结性的文字等内容。

(2) 页面页眉和页面页脚。

页面页眉在报表每一页的最上方显示，用来显示报表的标题，在表格式报表中可以利用页面页眉来显示列标题。页面页脚显示在报表中每一页的最下方，可以利用页面页脚来显示页码、日期、审核人等信息。

(3) 主体。

主体包含了报表数据的主要内容，报表的数据源中的每一条记录都放置在主体中。如果特殊报表不需要主体，则可以在其属性表中将主体的"高度"属性设置为"0"。

(4) 报表中节的基本操作。

节代表不同的报表区域，每个节的左侧都有一个小方块，称为节选定器，单击节选定器或节的任何位置都可选定节。选定节后就可以对节进行属性设置等操作。

单击"视图"→"报表页眉/页脚"或"页面页眉/页脚"命令，或者从报表的快捷菜单中单击"报表页眉/页脚"或"页面页眉/页脚"命令，可以在当前报表中添加或删除这两个节。"报表页眉/页脚"或"页面页眉/页脚"只能作为一对内容同时添加或删除。删除节的同时也删除节中已存在的控件。

2. 报表的控件及属性

(1) 报表中的控件可以分为以下 3 类。

绑定控件：与表字段绑定在一起，用于在报表中显示字段的值。

非绑定控件：用于显示文本、直线或图形，存放没有存储在表中的但存储在窗体或报表中的 OLE 对象。

计算控件：建立在表达式基础上，用于计算的控件。

报表工具箱中的控件有不同的作用，其属性也有一定的差别，但与窗体中的控件属性基本相同，在此不再赘述。

(2) 报表及控件的属性。

在使用设计视图创建报表时，主要就是对报表的控件进行设计，而报表控件的设计主要就是报表控件属性的设置，对整个报表的整体设计，比如报表的标题、报表的数据源等也主要通过报表属性的设置来实现。

在报表设计视图中，单击常用工具栏中的"属性"按钮或单击"视图"菜单下的"属性"命令，即可打开报表的属性对话框。从该对话框中可看到，一个报表对象及其中包含的控件的属性可以分为 4 类，分别是"格式""数据""事件""其他"，并在属性对话框中将其分列于 4 个选项卡上，单击某一个选项卡，就可以打开相应类别的具体属性，欲对报表或报表中的某个控件设置属性，就要先选中报表或报表中的控件，然后打开属性对话框，在对应的选项卡中进行属性值的设置。

(3) 报表的常用格式属性及其值的含义。

① 标题。

标题的属性值为一个字符串，在报表预览视图中，该字符串显示为报表窗口标题，在打印的报表上,该字符串不会打印出来,不设定标题属性值,系统会自动以报表的名称作为报表窗口标题。

② 页面页眉与页面页脚。

其属性值有"所有页""报表页眉不要""报表页脚不要""报表页眉页脚都不要"4个选项,其属性决定报表打印时的页面页眉与页面页脚是否打印。

③ 图片。

其属性值为一个图形文件名,指定的图形文件将作为报表的背景图片,结合关于图片的其他属性来设定背景图片的打印或预览形式。

(4) 报表的数据属性及其值的含义。

① 记录源。

记录源的属性值是本数据库的一个表名、查询名或一条 SELECE 语句,它指明该报表的数据来源,记录源的属性还可以是一个报表名,被指定的报表将作为本报表的子报表存在。

② 筛选和启动筛选。

筛选的属性值是一个合法的字符串表达式,它表示从数据源中筛选数据的规则,比如筛选出"计算机基础"课程不及格的人员,其属性值可以写为"计算机基础<60"。启动筛选属性值有"是""否"两个选项,它决定上述筛选规则是否有效。

③ 排序依据及启动排序。

排序的属性值由字段名或字段名表达式组成,指定报表中的排序规则,比如报表按"计算机基础"课程分数排序,则属性值为"计算机基础"即可。启动排序属性值有"是""否"两个选项,它决定上述排序规则是否有效。

(5) 报表中控件的常用属性及其值的含义。

报表工具箱中的控件的作用不同,其属性也有一定的差别,但与窗体中的控件属性基本相同,在此不再赘述。需要注意的是,在画直线时按住"Shift"键,可以保证直线水平和垂直。在添加线条时,可以将分节栏距加大,表格线添加完成后,再将其调小。在添加线条时,也可以暂时关闭网格显示,并不断通过预览来进行调整。

4. 日期、时间与页码表达式

在报表中添加日期、时间、页码时,可以通过控件使用表达式来完成,表 5-1 中列出了常用的日期和时间表达式及显示结果。

表 5-1 常用的日期和时间表达式及显示结果

日期和时间表达式	显 示 结 果
=New()	当前日期和时间
=date()	当前日期
=time()	当前时间
=[Page]	1, 2, 3
="第" & [Page] & "页"	第1页, 第2页, 第3页
="第" & [Page] & "页,共" &[Pages] & "页"	第1页, 共10页, 第2页, 共10页

控件的格式属性除了可以通过"属性"窗口进行设置,有些属性还可以通过 Access 2003

中格式工具栏的按钮工具来快速设置。比如控件的字体、字号、字形、文本对齐方式、字体颜色等。

报表控件的选择方式：如果选择全部控件，可以使用快捷键"Ctrl+A"；如果选择相邻的控件，可以用光标拖动出一个矩形框，框选所要选择的控件即可；如果选择不相邻的控件，可以按着"Shift"键进行选择。

3. 使用设计视图创建报表

（1）在"新建报表"对话框中选择"设计视图"，选择表或查询作为数据源，单击"确定"按钮，打开报表设计视图，同时所选择的表中的"字段列表"窗口和工具箱也出现在窗口中。（如果没有在"新建报表"对话框中选择数据来源，可以在"报表"属性对话框中的"数据"选项卡→"记录源"中选择数据源，也可以在此修改数据源。）

（2）将需要的字段拖放到"主体"节中，根据需要对该标签进行修改。（在报表中添加字段时，也可以先添加控件，再绑定字段。）

（3）以合适的位置和间距排放"主体"节中的文本框控件和标签控件。

（4）使用"标签"控件，在"页面页眉"节中添加标签的标题。

（5）单击"预览"工具按钮，查看用设计视图创建的报表。

（6）单击"文件"→"保存"命令，保存报表。

三、报表的编辑及打印

1. 报表样式

Access 中提供了六种预定义报表格式，有"大胆""正式""浅灰""紧凑""组织""随意"。通过对已创建的报表自动套用格式，可以一次性完成报表中所有文本的字体、字号及线条粗细等外观属性的设置。

2. 设置报表背景图片

（1）在"设计视图"中打开需要添加背景图片的报表。

（2）单击"报表设计"工具栏的"属性"按钮，弹出报表"属性"对话框。

（3）单击"格式"选项卡，选择"图片"属性进行背景图片的设置。单击图片右边的"获取"按钮，弹出"插入图片"对话框，选择图片文件，然后单击"确定"按钮，背景图片设置完成。

（4）背景图片的其他属性。

图片类型："嵌入"和"链接"。

图片缩放模式："裁剪""拉伸""缩放"。

图片对齐方式："左上""右上""中心""左下""右下"。

3. 添加页码、日期和时间

（1）使用菜单插入页码，单击"插入"→"页码"命令，弹出"页码"对话框，在"页码"对话框中选择格式和位置，单击"确定"按钮，在视图的相应位置插入一个页码文本框。

（2）使用页码表达式插入页码，在报表中添加一个文本框，设置文本框属性中的"控件来源"为页码的函数表达式，函数表达式为"[Page]"。

（3）在报表中插入日期和时间也有两种方法，操作与插入页码类似，日期和时间函数分别为"=date()"和"time()"。

4．绘制线条

（1）打开报表的"设计视图"。

（2）单击工具箱中的"线条"控件按钮。

（3）单击报表的任意处可以创建默认大小的线条，或者通过单击并拖动的方式可以创建自定义大小的线条。

如果要细微调整线条的长度或角度，可单击线条，同时按"Shift"键和所需的方向键。如果要细微调整线条的位置，则同时按"Ctrl"键和所需的方向键。

单击"格式"工具栏中的"线条/边框宽度"按钮和"属性"按钮，可以分别更改线条样式（实线、虚线和点画线）和边框样式。

5．绘制矩形

（1）打开报表的"设计视图"。

（2）单击工具箱中的"矩形"控件按钮。

（3）单击窗体或报表的任意处可以创建默认大小的矩形，或者通过单击并拖动的方式创建自定义大小的矩形。

6．页面设置

单击"文件"→"页面设置"命令，弹出"页面设置"对话框，该对话框由三个选项卡组成。

（1）"边距"选项卡：该选项卡中的页边距是打印纸上四周需要空出来的位置。

（2）"页"选项卡：确定打印方向，就是要打印的内容是横向还是竖向的。

（3）"列"选项卡："列数"文本框可以将页面分成几列；"列间距"可以设置列之间的距离。

7．报表打印

单击"文件"→"打印"命令，弹出"打印"对话框，从该对话框中可以选择打印机，并可设置打印机属性，设置完成后，单击"确定"按钮即可打印。

四、报表的操作及应用

1．报表的排序与分组

（1）排序与分组。

在 Access 2003 中，使用"报表向导"创建报表的过程中，可以设置记录的排序，但最多只能按 4 个字段进行排序。使用"排序与分组"对话框对记录进行排序时，最多可按 10 个字段进行排序，并且可按字段表达式排序。

在使用"排序与分组"对话框对记录进行排序时，第一行的字段具有最高的排序优先级，第二行则具有次高的排序优先级，以此类推，即首先对数据按照第一个排序字段的值进行排序，与第一个排序字段值相同的那些记录再按照第二个排序字段的值进行排序……对字符型字段进行排序时，英文字符按 26 个字的母顺序（大小写视为相同）进行比较，而汉字字符按汉字的首字母排列顺序进行比较。

（2）排序与分组的方法。

报表中的排序与分组在"排序与分组"对话框中完成，可以使用以下方法打开"排序与分组"对话框。

- 单击工具栏中的"排序与分组"按钮。
- 单击"视图"→"排序与分组"命令。
- 在设计视图中右击，在弹出的快捷菜单中单击"排序与分组"命令。

通过在"排序与分组"对话框中选择排序与分组的字段或表达式来指定排序方式，设置组页眉和组页脚属性及设置分组形式等操作来完成排序与分组。报表在按照某个字段进行分组时，必须先按照该字段进行排序，否则分组无效。

① 指定分组与排序字段/表达式。

在"字段/表达式"列的单元格中可直接输入字段名及表达式，或者从单元格的下拉列表中选择字段作为排序依据，可以选择多个字段。

② 指定排序方式。

在"排序次序"列中可以选择排序的方式，默认排序方式为"升序"。

③ 设置组属性。

组页眉和组页脚：用于控制是否显示分组页眉和分组页脚，默认值为"否"，即不显示。

分组形式：用于确定如何按照字段数据类型对字段或表达式中的数据进行分组。不同数据类型的字段分组形式中的选项也不同。表 5-2 中列出了不同数据类型的字段对应的分组形式选项。

表 5-2　不同数据类型的字段对应的分组形式选项

字段数据类型	设　　置	记录分组方式
文本	（默认值）每一个值	字段或表达式中的相同值
	前缀字符	前 n 个字符相同
日期/时间	（默认值）每一个值	字段或表达式中的相同值
	年	同一历法年内的日期
	季	同一历法季度内的日期
	月	同一月份内的日期
	周	同一周内的日期
	日	同一天的日期
	时	同一小时的时间
	分	同一分钟的时间
自动编号、货币及数字型	（默认值）每一个值	字段或表达式中的相同值
	间隔	在指定间隔中的值

④ 组间距：为分组字段或表达式的值指定有效的组间距。例如，分组字段为日期类型

时，如果分组形式设置为周，而组间距设置为2，则表示每2周为一组。

⑤ 保持同页：设置是否在一页中打印同一组中的所有内容，其属性值有三个："不"，指的是不把同组数据打印输出在同一页，而是按顺序依次打印；"所有的组"，是将组页眉、主体、组页脚打印在同一页上；"用第一个主体"，只有在同时可以打印第一条详细记录时才将组页眉打印在页面上。

2. 报表的计算与汇总

（1）报表的计算。

在报表中的计算可以通过添加计算控件来实现，计算控件就是控件的数据源为计算表达式的控件。在报表中进行计算时，如果对报表中的每一条记录的数据进行计算并显示结果，则要把控件放在"主体"节中。

计算控件的控件数据源是计算表达式，当表达式的值发生变化时，会重新计算结果并输出显示。添加计算控件时先添加"文本框"控件，然后将"文本框"控件属性中的"控件来源"设置为计算表达式即可。

（2）报表的汇总。

报表的汇总一般用来对分组数据和总体数据进行汇总计算，若要对分组数据进行汇总，则可以在组页眉或组页脚中添加计算控件，若要对整个报表的记录进行汇总，则应该在报表页眉或报表页脚中添加计算控件。

汇总通常使用统计函数来完成，常用的统计函数有以下几种。

Count()函数：计个数函数，表达式为"＝Count(*)"，统计记录个数。

Sum()函数：求和函数，表达式为"＝Sum([字段])"，求字段的和。

Avg()函数：求平均值函数，表达式为"＝Avg([字段])"，求字段的平均值。

注意：在文本框控件中的计算表达式必须以英文状态"="开始，除了字段名，其余均为英文状态，在报表中进行计算和汇总时，文本框控件中的计算表达式除了可以直接在控件中输入，还可以在文本框控件属性对话框的"数据"选项卡的"控件来源"属性中输入表达式，或者单击"控件来源"右侧的按钮，通过表达式生成器生成表达式。

五、创建子报表

子报表就是包含在其他报表中的报表。包含子报表的报表称为主报表。主报表与子报表的关系可以是一对一的关系，也可以是一对多的关系。

创建带有子报表的报表一般有两种方法。

（1）先创建主报表，然后通过控件工具箱中的"子报表/子窗口"控件创建子报表。

（2）将已有的报表作为子报表添加到其他报表中。

需要注意的是，主报表和子报表必须有关联字段，这样做出来的子报表才会随着主报表中关联字段值的变化而在子报表中进行相应信息的显示。

项目六 宏的使用

复习要求

1. 了解宏的概念；
2. 掌握宏的基本创建方法；
3. 掌握宏的执行及调试；
4. 掌握宏组、条件宏的使用方法；
5. 掌握在窗体中添加宏的操作。

复习内容

一、认识并创建宏

1. 宏的相关概念

宏是由一个或多个操作组成的集合，其中每个操作都能够实现特定的功能。宏可以操作其他数据库对象，比如打开和关闭窗体、运行报表、浏览记录等。

只有一个宏名的称为单一宏，包含两个以上宏名的称为宏组。在宏组中的每个宏都有一个名称，引用宏组中的宏的格式为"宏组名.宏名"。

通过向宏的设计视图窗口拖动数据库对象，可以快速创建一个宏。通过拖动数据库对象创建宏时，不仅能够在操作列中添加相应的操作，还能够自动设置相应的操作参数。

2. 宏的功能

宏的常用功能如下。
（1）打开及关闭表、查询、窗体等数据库对象。
（2）报表的预览、报表的打印、查询的执行。
（3）筛选、查找记录。
（4）打开警告信息框、响铃警告。
（5）移动窗口，改变窗口的大小。
（6）实现数据的导入/导出。
（7）定制菜单。
（8）设置控件的属性。

3. 宏的创建

宏和宏组的创建都是在宏设计器中进行的。打开数据库文件，单击"创建"→"宏与代码"→"宏"按钮，切换到宏设计视图。

从宏的设计视图中可以看到宏由宏名、条件、宏操作、注释、操作参数五部分组成。

宏名：单一宏只有宏对象的名称，并通过宏对象的名称执行宏；宏组则通过 submacro 命令来指明子宏名。宏组中的每个宏都有唯一的名称，并使用"宏组名.宏名"来调用宏。

条件：用于设置宏执行需要满足的条件，用 if 命令来添加条件。如果有条件选项，当满足条件时宏才能执行。

宏操作：Access 2003 中提供了各种宏可以执行的操作命令，可以在"添加新操作"下拉列表中选择操作命令。

注释：对宏操作的一个说明。通过 comment 命令或"//"来完成注释语句的添加。

操作参数：参数是一个值，用于向操作提供信息，如打开的窗体或报表的名称等。

4．常用的宏操作

Access 中提供了 50 多种操作，用户可以从这些操作中做出选择，创建自己的宏。常用的宏操作及其功能如表 6-1 所示。

表 6-1　常用的宏操作及其功能

宏　操　作	功　　能
AddMenu	创建自定义菜单栏、快捷菜单栏、全局菜单栏等
Beep	使计算机的扬声器发出"嘟嘟"声
Close	关闭指定的窗口及对象。如果没有指定窗口，则关闭活动窗口
FindRecord	在表、查询或窗体中查找符合指定条件的第一条记录
GotoControl	可以把焦点移动到窗体中指定的控件上
GoToPage	将光标移动到窗体中特定页的第一个字段上
GoToRecord	可以使打开的表、窗体或查询结果集中的指定记录变为当前记录
Hourglass	当宏运行时，鼠标指针显示为沙漏状
Maximize	最大化活动窗口
Minimize	最小化活动窗口
Movesize	移动或调整活动窗口的尺寸
MsgBox	打开一个警告或信息的消息框
OpenForm	打开指定的窗体
OpenQuery	打开指定的查询
OpenReport	打开指定的报表
OpenTable	打开指定的表
PrintOut	打印数据库中的活动对象，也可以打印数据表、报表、窗体和模块
Quit	关闭所有窗口，退出 Access
Restore	将已最大化或最小化的窗口恢复为原来的大小
RunMacro	运行宏。该宏可以在宏组中
SetValue	对窗体或报表中的字段、控件或属性的值进行设置
StopMacro	停止当前正在运行的宏

5. 宏的运行

（1）在数据库的导航窗格中选中具体的宏对象，双击其宏名称。这种方法一般用于宏的调试。

（2）切换到宏设计视图，单击"宏工具/设计"→"工具"→"运行"按钮，执行正在设计的宏。

（3）在窗体、控件、报表和菜单中调用宏。将宏绑定到控件上，由控件事件来触发，这也是宏的主要调用方法，在实际应用中很广泛，通常将宏绑定到命令按钮上，然后通过命令按钮的单击事件来触发。

（4）自动执行宏。该宏的名称固定设为"AutoExec"，每次启动数据库时，将自动执行该宏。

宏在执行前必须保存，如果宏在运行中出现了错误，或者需要跟踪宏的执行过程，则可以使用单步执行宏的方法，一步步运行宏，这样可以很方便地观察到宏的执行过程，发现错误并改正。

在宏的设计中，直接将数据库对象拖动到设计视图窗口，可以快速创建一个宏，通过该方法创建的宏，能够在操作列添加相应的操作，还能自动设置相应的操作参数。

二、创建宏组

选择"宏"对象，单击数据库窗口中的"新建"按钮，打开宏的设计视图，在设计视图中右击，在弹出的快捷菜单中选择"宏名"选项，将宏名显示在设计视图中，设置每一行的宏名。

三、创建条件宏

可以为宏设置执行条件，当条件满足时，宏就执行相应的操作；当条件不满足时，宏就不执行该操作，而继续执行下一个操作，这种宏称为"条件宏"。

右击设计视图，在弹出的快捷菜单中选择"条件"选项，将"条件"列显示在宏设计视图中，在"条件"栏中输入条件。

项目七 数据安全与数据交换

复习要求

1. 了解保护数据库安全的相关概念；
2. 了解数据库的压缩和修复的方法；
3. 了解将数据库生成 MDE 文件的方法；
4. 熟练掌握数据库的加密和解密技术。
5. 熟练掌握数据库数据的导入和导出。

复习内容

一、数据库的压缩、修复、备份和恢复

1．数据库的压缩和修复

压缩数据库并不是压缩数据，而是通过清除未使用的空间来缩小数据库文件。
（1）手动压缩和修复。
手动压缩和修复可以采用以下两种方式进行。
① 先打开要压缩和修复的数据库，然后单击"工具"→"数据库实用工具"→"压缩和修复数据库"命令，对打开的数据库执行压缩与修复。
② 不打开数据库，直接单击"工具"→"数据库实用工具"→"压缩和修复数据库"命令，然后再选择要压缩和修复的数据库。
采用第二种方式时，会对压缩和修复的数据库生成一个副本文件。
（2）自动压缩与修复。
单击"工具"→"选项"命令，弹出"选项"对话框，单击"常规"选项卡，选中"关闭时压缩"复选框，单击"确定"按钮。设置后，数据库在每次关闭时都会自动进行压缩。

2．数据库的备份和恢复

为保证数据库中数据的安全，应定期对数据库进行备份。
（1）打开要备份的数据库文件，单击"文件"→"备份数据库"命令，或者单击"工具"→"数据库实用工具"→"备份数据库"命令，打开备份数据库对话框。在对话框中选择备份文件存放的路径和文件名，单击"保存"按钮即可。
（2）当需要还原数据库时，只需将备份数据库改名即可。
（3）在操作系统下，可以直接将数据库文件复制、粘贴进行备份保存。

数据库的压缩和修复是同时完成的，执行上述操作，不仅对数据库进行了压缩，还对数据库本身的一些错误自动进行了修复。

二、数据库的安全设置

如果创建的数据库文件不允许用户对窗体、报表或模块等对象进行编辑和修改，则可以将数据库文件生成 ACCDE 文件，ACCDE 文件就是对数据库进行打包编译后生成的数据库文件。ACCDE 文件不能对窗口、报表或模块等对象进行编辑，无法切换到对象的设计视图，数据库中的 VBA 代码也不能查看。

如果需要用户通过密码打开数据库，则可以对数据库文件设置密码，这样，当打开数据库的时候，需要输入正确的密码，在一定程度上对数据库中的数据进行了保护。

1. 为数据库生成 MDE 文件

（1）打开数据库文件，单击"工具"→"数据库实用工具"→"转换数据库"→"转为 Access 2002- Access 2003 文件格式"命令，选择转换后的数据库存放的位置，单击"保存"按钮，先将数据库转换为 Access 2003 格式。

（2）打开数据库，单击"工具"→"数据库实用工具"→"生成 MDE 文件"命令，弹出"保存数据库为 MDE"对话框，更改文件名和路径，单击"保存"按钮，生成 MDE 文件。

2. 对数据库进行加密

（1）以独占的方式打开数据库。

（2）单击"工具"→"安全"→"设置数据库密码"命令，弹出"设置数据库密码"对话框，在"设置数据库密码"对话框中，分别在"密码"文本框和"验证"文本框中输入密码，然后单击"确定"按钮，完成密码设置。

设置数据库密码的注意事项如下。
- 密码区分大小写。
- 密码可以包括字母、数字、空格和符号的任意组合，最长可以为 15 个字符。
- 如果忘记密码，则无法正常恢复，也无法打开数据库。
- 对数据库设置密码要以独占的方式打开数据库。

（3）在以后想要打开这个数据库时，系统自动弹出"要求输入密码"对话框，只有输入正确的密码，才能打开这个数据库。

三、数据的导入与导出

在创建数据库时，数据库中的对象既可以从其他已存在的数据库中导入，又可以从文本文件、电子表格文件中导入，以提高数据输入的方便性和灵活性，还可以将 Access 数据库文件导出为文本文件、Excel 文件或其他类型的文件，以方便在不同的应用程序中对数据进行重复使用。

1. 数据的导入

数据的导入就是将外部的数据复制到 Access 数据库中，以提高数据输入的效率，最常见的有三种类型：其他 Access 数据库中的数据、Excel 文件、符合格式的文本文件。

（1）导入 Access 数据库中的对象：打开 Access 2003 应用程序，新建一个数据库，单击"文件"→"获取外部数据"→"导入"命令，弹出"导入"对话框，选择要导入的数据库，双击打开或单击"导入"按钮，在"导入对象"对话框中选择要导入的对象。如果需要设置导入选项，则可单击"选项"按钮，在窗体下方显示导入选项。

（2）导入 Excel 文件：打开数据库，单击"文件"→"获取外部数据"→"导入"命令，弹出"导入"对话框，在"文件类型"下拉列表框中选择"Microsoft Excel"选项，在文件列表中选择 Excel 文件，双击打开或单击"导入"按钮，选中对话框中的"显示工作表"单选按钮，再选择工作表，单击"下一步"按钮，根据 Excel 表格中是否有标题行选中或取消选中"第一行包含列标题"，单击"下一步"按钮，保存位置选择"新表中"，如果向原有的表中追加数据，则可以选择"现有的表中"，并选择工作表，单击"下一步"按钮，可以对字段名、数据类型、是否导入该字段进行选择，单击"下一步"按钮，添加主键。在导入 Excel 文件工作表数据时，如果第一行包含标题，则标题名称要和字段名一致；如果二者不一致，则需要修改，否则会在导入时出现错误，不能完成数据导入。

（3）导入文本文件，将符合格式要求的文本文件导入数据库。

文本文件的格式分为固定宽度和带分隔符。固定宽度是指文件中记录的每个字段的宽度是相同的。带分隔符的文件通常用逗号、分号、Tab 键或其他字符作为字段间的分隔符。使用带分隔符的文本文件在导入数据库的表中时，Access 会根据分隔符自动识别并分隔字段。

2．数据的导出

数据的导出就是将数据库中的数据导出到其他 Access 数据库，或者导出为 Excel 文件、文本文件、PDF 文件等，以方便数据被其他应用程序重新加工使用。

选中数据库对象后，单击"文件"→"导出"命令或右击，在弹出的快捷菜单中选择"菜单"选项，弹出"导出文件"对话框，在对话框中选择保存位置、文件名、文件类型等，即可将文件按选定类型导出。

导出为 Excel 电子表格文件的方法：打开数据库，选中数据表，单击"文件"→"导出"命令，在对话框中设置导出文件的位置为当前数据库保存位置，在保存类型中选择"Microsoft Excel 97-2003"。

项目八 "进销存管理系统"的实现

复习要求

1. 熟练掌握"进销存管理系统"中各个对象的创建；
2. 了解创建切换面板的基本操作方法；
3. 了解数据库管理应用系统的创建流程和方法。

复习内容

一、"进销存管理系统"的分析与设计

1. 确定数据库结构

通过对企业的了解和数据收集分析后，确定会涉及的哪些数据表和每个表的属性。

2. 创建数据库各种对象

（1）根据确定的表结构创建各种表及输入数据。
（2）根据需要对表结构和表中的数据进行编辑和修改。
（3）创建基于表的各种查询及需要的查询操作。
（4）创建基于表、查询的各种报表。
（5）创建相应的宏，并通过宏创建控制面板窗体，完成对各个对象的操作，完成系统的集成。

3. "进销存管理系统"的功能设计

一个数据库管理系统所需要的操作不外乎数据的插入、删除、修改和查询，根据对"进销存管理系统"的需求分析，确定"进销存管理系统"能够实现的功能如下。

（1）进销存信息管理：包含商品、供应商、客户、员工、入库记录、销售记录及商品类别等信息的添加、删除、修改等，主要通过表或窗体来实现。
（2）进销存信息查询：包含商品、供应商、客户、员工、入库情况、销售情况等基本信息的查询，通过窗体或查询来实现。
（3）进销存信息打印：包含对商品情况、供应商情况、销售情况等信息的报表输出。
（4）退出系统。

二、创建数据库及表

（1）创建数据库。
（2）创建表。
（3）创建表间关系。

三、创建查询

根据需要创建相关的查询，需求不同，创建的查询也会不同。

四、创建窗体

创建窗体包括各种信息的查询、输入、修改、删除等操作。

五、创建报表

有些信息需要以报表的形式打印输出，包括信息的查询、输入、修改、删除等操作。

六、创建"进销存管理系统"主控面板

在 Access 中，主控面板是具有专门功能的窗体，用户可以通过主控面板将各个子面板和所有数据库对象有机地联系在一起。通过主控面板进行系统集成，通过主控面板来完成管理系统的所有操作。

（1）创建"主切换面板"。
（2）创建"子切换面板"。
（3）设置"切换面板"自动启动。

可以尝试使用宏命令调用进销存数据库的各种对象，最后使用窗体的命令按钮的宏调用来完成管理系统对所有对象的使用功能。

数据库技术——Access 题型示例

一、选择题

1. 下列有关数据库和数据表的说法，正确的是（　　）。
   A．数据表视图中删除记录不能用"撤销"恢复，设计视图中删除字段能用"撤销"恢复
   B．数据库管理系统产品中 Oracle、FoxPro、Access 等是小型数据库管理系统
   C．同一个数据库中数据表名称不能相同，字段名也不能相同
   D．数据表只能在最后插入新字段
2. Access 数据库对象不包含（　　）。
   A．表　　　　　B．宏　　　　　C．窗体　　　　　D．主键
3. 下列概念中与关系模型没有关系的术语是（　　）。
   A．域　　　　　B．属性　　　　C．元组　　　　　D．数据库
4. 在关系数据库中，关系中的每一横行称为一个（　　）。
   A．元组　　　　B．字段　　　　C．属性　　　　　D．码
5. 在 Access 数据库中，表就是（　　）。
   A．关系　　　　B．记录　　　　C．索引　　　　　D 数据库
6. 关系数据库中最基本的数据单位是（　　）。
   A．数据元素　　B．字段　　　　C．记录　　　　　D．数据表
7. 在下列数据库管理系统中，不属于关系型的是（　　）。
   A．Microsoft Access　　　　　　B．SQL Server
   C．Oracle　　　　　　　　　　　D．DBTG 系统
8. 关系数据库系统能够实现的三种基本关系运算是（　　）。
   A．索引，排序，查询　　　　　　B．建库，输入，输出
   C．选择，投影，连接　　　　　　D．显示，统计，复制
9. 在 Access 2003 中菜单命令名称的右侧带有三角符号表示（　　）。
   A．该命令已经被设置为工具栏中的按钮
   B．将光标指向该命令时将打开相应的子菜单
   C．当前状态下该命令无效
   D．执行该命令后会出现对话框
10. 在关系数据模型中，术语"域"的含义是（　　）。
    A．表中的字段　　　　　　　　　B．表中的记录
    C．字段的属性　　　　　　　　　D．属性的取值范围
11. DBMS 的中文含义是（　　）。
    A．数据库　　　　　　　　　　　B．数据库管理系统
    C．数据库应用系统　　　　　　　D．数据库系统

12. 在一个数据库中存储着若干个表，这些表之间可以通过（　　）建立关系。
    A．任意字段　　　　　　　　　　B．相同字段
    C．第一个字段　　　　　　　　　D．最后一个字段
13. 某数据库的表中要添加 Internet 站点的网址，应该采用的字段类型是（　　）。
    A．OLE 对象　　　　　　　　　　B．超链接
    C．查阅向导　　　　　　　　　　D．自动编号
14. 表示表的"列"的数据库术语是（　　）。
    A．属性　　　　B．元组　　　　C．域　　　　D．键
15. Access 中的窗体是（　　）之间的主要接口。
    A．数据库和用户　　　　　　　　B．操作系统和数据库
    C．用户和操作系统　　　　　　　D．用户和计算机
16. 在修改字段的字段类型或字段大小的时候，以下（　　）操作会影响存储的数据发生变化。
    A．把数字型字段大小由整型改为单精度
    B．把文本型改为备注型
    C．把文本型字段大小由 255 改为 125
    D．对字段名进行修改
17. 如果在创建表中建立需要禁止四舍五入的字段，其数据类型应当为（　　）。
    A．数字类型　　　B．备注类型　　　C．货币类型　　　D．OLE 类型
18. 在 Access 中，使用表向导创建表时，如果选择系统自动设置主键，则系统会自动添加一个（　　）类型的字段。
    A．数值型　　　　B．文本　　　　　C．自动编号　　　D．备注
19. Access 数据库的 7 个对象中，（　　）是实际存放数据的地方。
    A．表　　　　　　B．查询　　　　　C．报表　　　　　D．窗体
20. 下列选项叙述不正确的是（　　）。
    A．如果文本字段中已经有数据，那么减小字段大小不会丢失数据
    B．如果数字字段中包含小数，那么将字段大小设置为整数时，Access 自动将小数取整
    C．为字段设置默认值时，必须与字段所设的数据类型相匹配
    D．可以使用表达式来定义默认值
21. 如果在创建表中建立需要存放 Excel 文档的字段，其数据类型应当为（　　）。
    A．文本类型　　　B．货币类型　　　C．是/否类型　　　D．OLE 类型
22. 在 Access 的表中，主键不允许有（　　）值。
    A．自动编号　　　B．文本　　　　　C．NULL　　　　　D．是/否
23. OLE 对象数据类型的字段存放二进制数据的方式是（　　）。
    A．链接　　　　　　　　　　　　B．嵌入
    C．链接或嵌入　　　　　　　　　D．不能存放二进制数据
24. 如果一个字段在多数情况下取一个固定的值，可以将这个值设置成字段的（　　）。
    A．关键字　　　　B．默认值　　　　C．有效性文本　　　D．输入掩码

25. 在字段的属性中，（　　）属性用以确定数据的显示方式和打印方式。
    A．字段大小　　　B．格式　　　C．标题　　　D．输入掩码

26. 如果要求在输入数据时"学院名称"字段必须以"学院"两个汉字结尾，则在表设计时应该设置的对应的字段属性是（　　）。
    A．有效性规则　　B．有效性文本　　C．参照完整性　　D．输入掩码

27. 若要求在文本框中输入文本时达到密码"*"的显示效果，则应设置的属性是（　　）。
    A．默认值　　　B．标题　　　C．密码　　　D．输入掩码

28. 要求一个日期类型字段的数值显示为：2021年6月7日，则在"常规"选项卡的"格式"列表中选择（　　）。
    A．常规日期　　B．长日期　　C．中日期　　D．短日期

29. 在Access中，"输入掩码向导"可以为（　　）字段设置"输入掩码"。
    A．备注型和日期/时间型　　　　B．文本型和日期/时间型
    C．文本型和是/否型　　　　　　D．自动编号型和货币型

30. 假设某日期为2020年7月1日，如果用短日期格式显示为（　　）。
    A．20/7/1　　B．20/07/1　　C．2020/07/1　　D．2020/7/1

31. 可以设置"字段大小"属性的数据类型是（　　）。
    A．OLE对象　　B．超链接　　C．文本　　D．自动编号

32. 表设计器工具栏中的"关键字"按钮的作用是（　　）。
    A．用于检索主关键字字段　　　B．用于把选定的字段设置为主关键字
    C．用于检索外关键字字段　　　D．用于把选定的字段设置为外关键字

33. 在Access的通配符中，（　　）表示与任何单个数字字符匹配。
    A．*　　　B．?　　　C．!　　　D．#

34. 某数据表中有五条记录，其中编号为文本型字段。其值为129,97,75,131,118，若该字段对记录进行降序排序，排序后的顺序应为（　　）。
    A．"75"、"97"、"118"、"129"、"131"　　B．"118"、"129"、"131"、"75"、"97"
    C．"131"、"129"、"118"、"97"、"75"　　D．"97"、"75"、"131"、"129"、"118"

35. 若将文本字符串"23"，"881"，"79999"按升序排序，则排序的结果是（　　）。
    A．"23"，"881"，"79999"　　　B．"79999"，"881"，"23"
    C．"23"，"79999"，"883"　　　D．"79999"，"23"，"881"

36. 下列关于Access的说法正确的是（　　）。
    A．不能对当前选中的数据表进行重命名
    B．字段设为主键后可以避免出现重复的字段值
    C．一个数据库中不允许存在多个相同名称的字段
    D．数据表中已有记录时，不能在该数据表中添加自动编号类型的字段

37. 在Access中，如果对"学生表"进行"筛选"操作，产生的结果是（　　）。
    A．只在屏幕上显示满足条件的记录，不满足条件的记录在显示时隐藏
    B．只保留"学生表"中满足条件的记录，删除表中不满足条件的记录
    C．选择"学生表"中满足筛选条件的记录生成一个新表
    D．选择"学生表"中不满足筛选条件的记录生成一个新表

38．若要存放个人简介，则该字段的数据类型应当选择（　　）。
　　A．文本　　　　B．备注　　　　C．OLE 对象　　D．是/否
39．在 Access 中，利用"查找和替换"对话框可以查找到满足条件的记录，要查找当前字段中所有第一个字符为"y"、最后一个字符为"w"的数据，下列选项中正确使用通配符的是（　　）。
　　A．y[abc]w　　B．y*w　　　　C．y?w　　　　D．y#w
40．筛选图书编号是"01"或"02"的记录，可以在条件中输入（　　）。
　　A．"01" and "02"　　　　　　B．not in ("01","02")
　　C．in ("01","02")　　　　　　D．not ("01" and "02")
41．在 Access 中，若 A 表中每一条记录与 B 表中一条记录匹配，则应在 A 与 B 之间建立（　　）。
　　A．一对一关系　B．一对多关系　C．多对多关系　D．以上均可
42．在 Access 中，在数据表中追加一条新记录，通常追加的新记录（　　）。
　　A．放置在该表中第一条记录之前　　B．放置在当前纪录之后
　　C．放置在当前记录之前　　　　　　D．放置在该表中最后一条记录之后
43．检查字段中的输入值不合法时，提示的信息是（　　）。
　　A．默认值　　　B．有效性规则　C．有效性文本　D．索引
44．在 Access 中，查询的数据来源可以是（　　）。
　　A．报表　　　　B．表或查询　　C．表或窗体　　D．表
45．为方便用户的输入操作，可在屏幕上显示提示信息。在设计参数查询条件时可以将提示信息写在特定的符号中，该符号是（　　）。
　　A．（）　　　　B．<>　　　　　C．{}　　　　　D．[]
46．某数字型字段的输入掩码属性设置为 99.99，则输入该字段内容时，以下合法的是（　　）。
　　A．22.　　　　 B．22.2　　　　C．22.23　　　 D．以上输入均合法
47．在 Access 中，建立查询时可以设置筛选条件，应在（　　）栏中输入筛选条件。
　　A．总计　　　　B．条件　　　　C．排序　　　　D．字段
48．如果经常定期执行某个查询，但每次需要输入查询的条件，那么就可以考虑使用（　　）查询。
　　A．选择　　　　B．参数　　　　C．交叉表　　　D．操作
49．在学生管理数据库中有学生表、课程表和成绩表，为了有效反应这三张表中数据之间的关系，在创建数据库时应设置（　　）。
　　A．默认值　　　B．有效性规则　C．有效性文本　D．表之前的关系
50．若输入掩码设置为"L"，则在输入数据时，该位置上可接受的合法输入是（　　）。
　　A．任意符号　　　　　　　　　　B．必须输入字母 A～Z
　　C．必须输入字母或数字　　　　　D．可以输入字母、数字或空格
51．在表中插入一条新记录时，如果主表没有与之相对应的记录，则不允许插入该纪录，则应该在表中关系中设置（　　）。
　　A．参照完整性　B．有效性规则　C．输入掩码　　D．默认值

52．在Access中，（　　）可以从一个或多个表中删除一组记录。

　　A．选择查询　　　B．删除查询　　　C．交叉表查询　　　D．更新查询

53．在已经建立的数据表中，若在显示表中内容时使某些字段不能移动显示位置，可以使用的方法是（　　）。

　　A．排序　　　　　B．筛选　　　　　C．隐藏　　　　　　D．冻结

54．定义某一个字段的默认值的作用是（　　）。

　　A．当数据不符合有效性规则时所显示的信息

　　B．不允许字段的值超出某个范围

　　C．在未输入数值之前，系统自动提供数值

　　D．自动把小写字母转换成大写字母

55．如果在创建表中建立字段"奖金"，要求该字段值不能四舍五入，其数据类型应当为（　　）。

　　A．文本类型　　　B．货币类型　　　C．日期类型　　　　D．数字类型

56．（　　）查询不但可以进行查询，而且可以对该查询所基于的表中的多条记录进行添加、删除等操作。

　　A．选择　　　　　B．参数　　　　　C．操作　　　　　　D．交叉表

57．以下哪个查询将一个或多个表、一个或多个查询的字段组合作为查询结果中的一个字段，执行此查询时，将返回所包含的表或查询中对应字段的记录（　　）。

　　A．联合查询　　　B．传递查询　　　C．数据定义查询　　D．子查询

58．数据导出的时候，如果是文本形式，则分隔符是（　　）。

　　A．，　　　　　　B．"　　　　　　C．：　　　　　　　D．-

59．将2010年以前参加工作的教师职称全部改为讲师，则适合使用操作查询中的（　　）查询。

　　A．更新　　　　　B．删除　　　　　C．追加　　　　　　D．生成表

60．函数LEN("hello")的返回值是（　　）。

　　A．6　　　　　　 B．5　　　　　　 C．10　　　　　　　D．12

61．在逻辑表达式中，如果要求多个条件同时满足，则需要用（　　）运算符。

　　A．And　　　　　 B．Or　　　　　　C．Not　　　　　　 D．!

62．在Access中，可以使用（　　）操作不显示数据表中的某些字段。

　　A．筛选　　　　　B．冻结　　　　　C．删除　　　　　　D．隐藏

63．记录在按照某个字段进行升序排序时，含有空字段（包含NULL值）的记录将排在（　　）。

　　A．最后一条　　　　　　　　　　　B．第一条

　　C．不参与排列　　　　　　　　　　D．按英文字母排序

64．关于改变数据表的外观，下列说法错误的是（　　）。

　　A．表的每一列的列宽可以不同

　　B．表的每一行的行高都相同

　　C．隐藏的字段将被删除

　　D．冻结后的字段将被固定在表的最左侧

65．下列关于操作查询的叙述中，错误的是（   ）。
   A．更新查询可以指定更新的条件
   B．删除查询可以删除符合条件的记录
   C．生成表查询的结果生成的是一个新表
   D．追加查询要求两个表的结构必须一致

66．年龄在 18～21 岁之间的设置条件可以为（   ）。
   A．年龄>18Or 年龄<21   B．年龄>18And 年龄<21
   C．年龄>18Not 年龄<21   D．年龄>18Like 年龄<21

67．限制 10 天及以前参加工作的条件是（   ）。
   A．>=Date( )-10   B．<Date( )-10
   C．>Date( )-10   D．<=Date( )-10

68．内置计算函数 count 的功能是（   ）。
   A．计算指定字段的记录数量   B．计算全部数值型字段的记录数量
   C．计算一条记录中数值型字段的数量 D．计算一条记录中指定字段的数量

69．不合法的表达式是（   ）。
   A．"性别"＝"男"Or"性别"＝"女"
   B．[性别]＝"男"Or[性别]＝"女"
   C．[性别] like "男"Or[性别] like "女"
   D．[性别]＝"男"Or[性别] like "女"

70．将表 A 的记录添加到表 B 中，而且还要保证表 B 的记录仍然存在，应执行（   ）。
   A．操作查询   B．追加查询
   C．生成表查询   D．简单查询

71．在显示查询结果时，若要将数据表中的"date"字段名显示为"日期"，则应进行的相关设置是（   ）。
   A．在查询设计视图的"字段"行中输入"日期"
   B．在查询设计视图的"显示"行中输入"日期"
   C．在查询设计视图的"字段"行中输入"日期：date"
   D．在查询设计视图的"显示"行中输入"日期：date"

72．若上调产品价格，最方便的方法是使用的查询方式是（   ）。
   A．追加查询   B．更新查询
   C．删除查询   D．生成表查询

73．创建汇总计算查询时，经常使用 Sum、Avg、Count、Max 和 Min 这些集合函数，使用集合函数的前提是（   ）。
   A．排序   B．分组   C．总计   D．筛选

74．在学生表中查询姓张的学生的信息，查询条件应该设置为（   ）。
   A．Like "张*"   B．Not Like "张*"
   C．<>"张*"   D．="张*"

75．在 Access 数据库中，能对数据表中的数据进行统计的是（   ）。
   A．汇总查询   B．操作查询
   C．选择查询   D．删除查询

76. 在 Access 中运算符"mod"的含义是（　　）。
    A．模运算符　　　B．整除运算符　　　C．除法运算符　　　D．取余运算符
77. 某体检预约登记表中有日期/时间型数据"体检日期"，预约体检规则为自填约定体检日期，建立正确表达式是（　　）。
    A．day( )+30　　　　　　　　　　　　B．date( ) + 30
    C．now( )+30　　　　　　　　　　　　D．dateadd("d",30,date())
78. 需要指定行标题和列标题的查询是（　　）。
    A．参数查询　　　B．选择查询　　　C．交叉表查询　　　D．操作查询
79. 运算级别最高的运算符是（　　）。
    A．算术　　　B．关系　　　C．逻辑　　　D．字符
80. 对表中某一字段建立索引时，若其值有重复，可选择（　　）索引。
    A．主　　　　　　　　　　　　B．有（无重复）
    C．无　　　　　　　　　　　　D．有（有重复）
81. 用表"学生名单"创建新表"学生名单2"，所使用的查询方式是（　　）。
    A．删除查询　　　B．生成表查询　　　C．追加查询　　　D．交叉表查询
82. 在命令窗口输入 SQL 语句，字段之间的分隔符是（　　）。
    A．冒号　　　B．分号　　　C．逗号　　　D．句号
83. SQL 语句的核心是（　　）。
    A．数据定义　　　B．数据控制　　　C．数据查询　　　D．数据修改
84. 特殊运算符"Is Null"用于指定一个字段是否为（　　）。
    A．空值　　　B．空格　　　C．特殊值　　　D．空字符串
85. 在 SQL 查询时，分组后满足条件的查询关键短语是（　　）。
    A．HAVING　　　B．WHERE　　　C．WHILE　　　D．GROUP
86. 在 Select 子句中，如果希望检索到表中所有字段信息，可以使用（　　）号来代替。
    A．*　　　B．#　　　C．?　　　D．!
87. 下列哪个能得到 abc999（　　）。
    A．"abc"&"999"　　　B．"abc"@"999"　　　C．"abc"$"999"　　　D．"abc"#"999"
88. 在 SELECT 语句中使用 ORDER BY 是为了指定（　　）。
    A．查询的表　　　　　　　　　　B．查询结果的顺序
    C．查询的条件　　　　　　　　　D．查询的字段
89. 在 SELECT 语句中，FROM 子句用于给出（　　）。
    A．查询条件　　　B．字段名　　　C．排列顺序　　　D．来源表
90. SQL 语句中的 DROP 关键字的功能是（　　）。
    A．创建表　　　　　　　　　　　B．在表中增加新字段
    C．从数据库中删除表　　　　　　D．删除表中记录
91. 以下类型不属于 SQL 查询的是（　　）。
    A．选择查询　　　B．联合查询　　　C．子查询　　　D．数据定义查询
92. 在报表中要输出当前系统日期，应使用的函数是（　　）。
    A．date()　　　B．now()　　　C．time()　　　D．year()

93．条件中"Between 60 and 80"的含义是（　　）。
   A．数值60和80这两个数字
   B．数值60到80之间的数字，并且包含60和80
   C．数值60和80这两个数字之外的数字
   D．数字60和80包含这两个数字，并且除此之外的数字

94．在下列区域内，用于显示窗体标题、窗体使用说明的区域是（　　）。
   A．窗体页眉　　B．窗体页脚　　C．页面页眉　　D．页面页脚

95．在窗体的5个构成部分中，（　　）只有在打印预览时才出现在窗体顶部。
   A．窗体页眉　　B．窗体页脚　　C．页面页眉　　D．页面页脚

96．在窗体中，用来输入或编辑字段数据的交互控件是（　　）。
   A．文本框控件　　　　　　　　B．标签控件
   C．矩形控件　　　　　　　　　D．列表框控件

97．在数据表视图下，如果查找姓张的学生，应该选择的匹配选项是（　　）。
   A．整个字段　　　　　　　　　B．字段开头
   C．字段的任何部分　　　　　　D．整个表

98．表结构可以通过（　　），对其字段进行增加或删除操作。
   A．select　　B．alter table　　C．drop table　　D．create table

99．以下数据定义语句中能在已有表中添加新字段或约束的是（　　）。
   A．CREATE TABLE　　　　　　B．ALTER TABLE
   C．DROP　　　　　　　　　　D．CREATE INDEX

100．操作查询不包括（　　）。
   A．更新查询　　B．参数查询　　C．生成表查询　　D．删除查询

101．以下（　　）不是文本框的类型。
   A．计算型　　B．非绑定型　　C．绑定型　　D．组合型

102．若取得"学生"数据表的所有记录及字段，其SQL语法应是（　　）。
   A．:select 姓名 from 学生　　　　B．:select * from 学生 where 12=12
   C．:select * from 学生 where 学号=12　　D．以上都不是

103．在计算控件的表达式中必须使用的运算符是（　　）。
   A．=　　B．!　　C．()　　D．[]

104．在窗体的各个控件中，（　　）控件用来完成记录浏览、记录操作、窗体操作等任务。
   A．单选按钮　　B．命令按钮　　C．文本框　　D．组合框

105．打开窗体后，通过工具栏上的"视图"按钮可以切换的视图不包括（　　）。
   A．设计视图　　B．窗体视图　　C．打印预览视图　　D．数据表视图

106．下面关于列表框和组合框叙述正确的是（　　）。
   A．列表框和组合框都可以显示一行或多行数据
   B．可以在列表框中输入新值，而在组合框中不能
   C．可以在组合框中输入新值，而在列表框中不能
   D．在列表框和组合框中均可以输入新值

107．在窗体的各种控件中，代表复选框的是（   ）。
   A．abl   B．   C．   D．☑
108．使用（   ）图片类型，可以使表中的图片不依赖于可以被移走或删除的外部文件。
   A．嵌入   B．链接   C．关联   D．绑定
109．如果要选择多个不相邻的控件，则可以按下（   ）键，然后单击要选择的控件。
   A．Ctrl   B．Shift   C．Tab   D．Enter
110．在设计窗体的过程中，如果要使用列表框，则应选择的图标是（   ）。
   A．   B．   C．   D．
111．下列选项中，不属于窗体控件的是（   ）。
   A．复选框   B．按钮   C．列表框   D．消息框
112．数据透视表是一种（   ）表，它可以从数据源的选定字段中汇总信息。
   A．数据透明   B．数据投影   C．交互式   D．计算型
113．“切换面板”属于（   ）。
   A．表   B．查询   C．窗体   D．页
114．主窗体和子窗体通常用于显示多个表或查询中的数据，这些表或查询中的数据一般应该具有（   ）关系。
   A．一对一   B．一对多   C．多对多   D．关联
115．纵栏式窗体同一时刻能显示（   ）。
   A．1条记录   B．2条记录   C．3条记录   D．多条记录
116．报表"设计视图"中的（   ）按钮是窗体"设计视图"工具栏中没有的。
   A．代码   B．字段列表   C．工具箱   D．排序分组
117．报表的总计应该在报表的哪个区域内进行（   ）。
   A．报表页眉   B．报表页脚   C．页面页眉   D．页面页脚
118．描述若干个操作的组合是（   ）。
   A．表   B．查询   C．窗体   D．宏
119．创建报表时，使用自动创建方式可以创建（   ）。
   A．纵栏式报表和标签式报表   B．标签式报表和表格式报表
   C．纵栏式报表和表格式报表   D．表格式报表和图表式报表
120．每个报表在不分组的情况下，最多包含（   ）个节，完整报表包含（   ）个节。
   A．5，7   B．6，6   C．7，5   D．7，7
121．报表的数据来源不包括（   ）。
   A．表   B．查询   C．SQL语句   D．窗体
122．通常通过（   ）向报表中添加标签控件。
   A．工具栏   B．属性表   C．工具箱   D．字段列表
123．要使打印的报表每页显示3列记录，应在（   ）设置。
   A．工具箱   B．页面设置   C．属性表   D．字段列表

124．如果某报表不需要主体节，则可以在其属性表中将主体节的（　　）属性设置为（　　）。
　　A．格式，无　　　B．宽度，0　　　C．内容，无　　　D．高度，0
125．下列属于通知或警告用户的命令是（　　）。
　　A．printout　　　B．outputTo　　　C．msgbox　　　D．runwarnings
126．报表的各部分组成中，（　　）节主要显示报表的主要内容。
　　A．页面页眉　　　B．主体　　　C．页面页脚　　　D．报表页眉
127．下列叙述中，正确的是（　　）。
　　A．在窗体和报表中均不能设置组页脚
　　B．在窗体和报表中均可以根据需要设置组页脚
　　C．在窗体中可以设置组页脚，在报表中不能设置组页脚
　　D．在窗体中不能设置组页脚，在报表中可以设置组页脚
128．报表有多种视图，其中（　　）只显示其中的部分数据。
　　A．设计视图　　　B．打印预览　　　C．数据透视图　　　D．版面预览
129．为了在报表每页的上部输出单位名称信息，应设置的位置是（　　）。
　　A．报表页眉　　　B．页面页眉　　　C．组页眉　　　D．报表主体
130．在报表中，要计算"数学"字段的最低分，应将控件的控件来源属性设置为（　　）。
　　A．=min([数学])　　　B．=min(数学)　　　C．=min[数学]　　　D．=min<数学>
131．在 Access 2003 中，下面哪一项不是报表的视图方式（　　）。
　　A．设计视图　　　　　　　　B．窗体视图
　　C．版面预览视图　　　　　　D．打印预览视图
132．打开数据表的宏命令是（　　）。
　　A．OPENTABLE　　　　　　B．OPENFORM
　　C．OPENQUERY　　　　　　D．OPENREPORT
133．宏命令 BEEP 的基本功能是（　　）。
　　A．使计算机发出鸣响　　　　B．将活动窗口最大化
　　C．弹出一个消息框　　　　　D．宏在运行时，鼠标变成一个沙漏
134．为窗体指定数据来源后,在窗体设计窗口中，由（　　）取出数据源的字段。
　　A．属性表　　　B．工具箱　　　C．自动格式　　　D．字段列表
135．根据表与表之间连接后所获得的结果记录集不同，连接可以分为（　　）类型。
　　A．内连接、左连接和右连接　　　　B．内连接、外连接和嵌套连接
　　C．更新连接、删除连接和插入连接　　D．左连接、右连接和嵌套连接
136．根据指定的查询条件，从一个或多个表中获取数据并显示结果的查询称为（　　）。
　　A．交叉表查询　　　B．参数查询　　　C．选择查询　　　D．操作查询
137．运行查询中的"学生借阅记录查询"时，发现可以输入学生姓名如"刘静"来显示该学生的借阅记录，通过设计视图打开该查询观察，实现该功能的方法是（　　）。
　　A．交叉表查询　　　B．参数查询　　　C．选择查询　　　D．操作查询
138．若有 SQL 语句：
Select 月底薪+提成-扣除 as 月收入 from 工资表

其中，子句"as 月收入"的作用是（　　）。
   A．指定要统计的字段　　　　　　　B．指定统计字段的别名
   C．指定输出项的显示标题　　　　　D．指定查询的数据源

139．以下（　　）语句用来删除成绩表中语文成绩不及格的学生。
   A．UPDATE FROM　成绩　WHERE　语文<60
   B．DELETE FROM　成绩　WHERE　语文<60
   C．INSERT FROM　成绩　WHERE　语文<60
   D．CREATE FROM　成绩　WHERE　语文<60

140．筛选的结果是滤除（　　）。
   A．不满足条件的记录　　　　　　　B．满足条件的记录
   C．不满足条件的字段　　　　　　　D．满足条件的字段

141．在数据表视图的方式下，更改数据表的显示方式，这些内容包括（　　）。
（1）冻结和取消冻结行
（2）改变字体、字型、字号
（3）改变单元格效果
   A．（1）（2）　　　B．（1）（3）　　　C．（1）（2）（3）　　　D．（2）（3）

142．报表的作用不包括（　　）。
   A．分组数据　　　B．汇总数据　　　C．格式化数据　　　D．输入数据

143．在窗体中，（　　）是窗体用于显示数据、执行操作和装饰窗体的对象。
   A．选项卡　　　B．控件　　　C．按钮　　　D．以上均是

144．为窗口中的命令按钮设置单击鼠标时发生的动作，应选择设置其属性对话框的（　　）选项卡。
   A．格式　　　B．数据　　　C．事件　　　D．其他

145．通常用来显示部分或较短记录信息，例如名片、信封等，则应使用（　　）报表。
   A．纵栏式　　　B．表格式　　　C．图表式　　　D．标签式

146．如果要将数据库中的数据分类汇总后以图形方式表示，则应创建（　　）类型的报表。
   A．纵栏式　　　B．表格式　　　C．图表式　　　D．标签式

147．"自动创建报表"中报表的数据来源是（　　）。
   A．单一的表或查询　　　　　　　　B．多个表或查询
   C．建立关系的表或查询　　　　　　D．以上均正确

148．报表页眉的默认打印位置是（　　）。
   A．每一页的最上方　　　　　　　　B．每一页的左侧
   C．最后一页页尾　　　　　　　　　D．第一页开始

149．报表的页面页眉显示在报表（　　）。
   A．每一页的最上方　　　　　　　　B．每一页的左侧
   C．最后一页页尾　　　　　　　　　D．第一页开始

150．在报表设计器中使用计算控件时，显示控件来源为公式和函数的标志是（　　）。
   A．=　　　B．[ ]　　　C．:　　　D．?

151．在报表分组操作中，如果分组字段为日期类型数据时，将分组形式设置为周，组间距设置为2，则表示（　　）。
　　A．每2周为一组　　　　　　　　　B．每2条记录为一组
　　C．每2页为一组　　　　　　　　　D．每2日为一组

152．Access 中将一个或多个操作构成集合，每个操作能实现特定的功能，则称该操作集合为（　　）。
　　A．窗体　　　　B．报表　　　　C．查询　　　　D．宏

153．假设已在 Access 中建立了包含"书名"、"单价"和"数量"三个字段的"图书订单表"，以该表为数据源创建的窗体中，有一个计算订购总金额的文本框，其控件来源为（　　）。
　　A．:[单价]*[数量]
　　B．:=[单价]*[数量]
　　C．:[图书订单表]![单价]*[图书订单表]![数量]
　　D．:=[图书订单表]![单价]*[图书订单表]![数量]

154．要实现报表按某字段分组统计输出，需要设置的是（　　）。
　　A．报表页脚　　B．该字段的组页脚　　C．主体　　D．页面页脚

155．在一份报表中设计内容只出现一次的区域是（　　）。
　　A．报表页眉　　B．页面页眉　　C．主体　　D．页面页脚

156．打印报表时，"页面设置"对话框中有（　　）3个选项卡。
　　A．边距、页、列　　　　　　　　　B．页眉、页脚、页边距
　　C．边距、方向、列　　　　　　　　D．页眉、边距、方向

157．要设置报表的打印方向，应选择（　　）选项卡。
　　A．边距　　　　B．方向　　　　C．页　　　　D．列

158．要在报表的最后一页页尾输出信息，应通过（　　）设置。
　　A．组页脚　　　B．报表页脚　　C．报表页眉　　D．页面页脚

159．创建分组报表要使用（　　）。
　　A．报表向导　　B．自动报表向导　　C．图表向导　　D．标签向导

160．在报表操作中，要对不同类型字段分组时，组属性中（　　）会出现在每个分组的顶端。
　　A．组页眉的内容　　　　　　　　　B．组页脚的内容
　　C．组间距　　　　　　　　　　　　D．分组形式

161．可作为报表记录源的是（　　）。
　　A．表　　　　　B．查询　　　　C．Select 语句　　　D．以上都可以

162．若一个宏包含多个操作，在运行时将按（　　）顺序来运行这些操作。
　　A．从上到下　　B．从下到上　　C．从左到右　　D．从右到左

163．Access 2003 支持的查询类型有（　　）。
　　A．选择查询、交叉表查询、参数查询、SQL 查询和操作查询
　　B．选择查询、基本查询、参数查询、SQL 查询和操作查询
　　C．多表查询、单表查询、参数查询、SQL 查询和操作查询
　　D．选择查询、汇总查询、参数查询、SQL 查询和操作查询

·067·

164．下列关于报表的叙述中，正确的是（　　）。
 A．报表既可以输入数据，又可以输出数据
 B．报表的样式外观可以修改
 C．报表中不可以进行汇总统计
 D．报表不能打印输出数据

165．在 Access 中有"教师"表，表中有"教师编号""姓名""性别""职称""工资"等字段。执行如下 SQL 命令：
Select 性别 ,Avg(工资) from 教师 group by 性别
其结果是（　　）。
 A．计算工资的平均值，并按性别顺序显示每位教师的性别和工资
 B．计算工资的平均值，并按性别顺序显示每位教师的性别和工资的平均值
 C．计算男女教师工资的平均值，并显示性别和按性别区分的平均值
 D．计算男女教师工资的平均值，并显示性别和总工资的平均值

166．在 Access 中，使用（　　）操作可以在一个宏中调用另一个宏。
 A．RUNMACRO　　B．RUN　　C．MACRO　　D．OPEN

167．（　　）文件就是对数据库进行打包编译后生成的数据库文件。
 A．VBA　　B．MDA　　C．SNP　　D．MDE

168．以下关于空值的叙述中，错误的是（　　）。
 A．空值表示字段还没有确定的值　　B．Access 使用 NULL 来表示空值
 C．空值等同于空字符串　　D．空值不等于数值 0

169．向 Access 中导入 Excel 数据（　　）。
 A．只能导入当前数据表，不要求工作表以表格形式排列
 B．不止导入当前数据表，不要求工作表以表格形式排列
 C．只能导入当前数据表，要求工作表以表格形式排列
 D．不止导入当前数据表，要求工作表以表格形式排列

170．在 Access 2003 中，下列哪个是逻辑运算符（　　）。
 A．MAX　　B．OR　　C．MIN　　D．ABS

171．在 Access 的数据库中建立了"tBook"表，若查找"图书编号"是"112266"和"113388"的记录，应在查询设计视图的条件行中输入（　　）。
 A．:"112266" and "113388"　　B．:not in("112266","113388")
 C．:in("112266","113388")　　D．:not("112266" and "113388")

172．Access 数据库中的表是一个（　　）。
 A．交叉表　　B．线型表
 C．报表　　D．二维表

173．下列与主关键字相关的概念中，错误的是（　　）。
 A．作为主关键字的字段中允许出现 NULL 值
 B．作为主关键字的字段中不允许出现重复值
 C．可以使用自动编号作为主关键字
 D．可用多个字段组合作为主关键字

174．在Access中，将"员工"表中的"姓名"与"工资"表中的"姓名"建立关系，且两个表中的记录都是唯一的，则这两个表之间的关系是（　　）。
　　A．一对一　　　　B．一对多　　　　C．多对一　　　　D．多对多

175．在查找和替换操作中，可以使用通配符，要查找包含双引号"""的记录，在"查找内容"文本框中应填写的内容是（　　）。
　　A．[""]　　　　　B．""　　　　　　C．*[""]*　　　　D．like　""

176．在已经建立的"工资库"中，要从表中找出"工资>1000.00"的记录，可用（　　）的方法。
　　A．排序　　　　　B．筛选　　　　　C．隐藏　　　　　D．冻结

177．某公司在下半年为所有员工按工作绩效不同额度地增加了工资，该公司财会人员对员工数据库采取的主要操作是（　　）。
　　A．添加记录　　　B．修改记录　　　C．查询记录　　　D．删除记录

178．查找中使用通配符"！"，查找"b[!ae]ll"能查到（　　）。
　　A．ball　　　　　B．bell　　　　　C．baell　　　　　D．bill

179．（　　）一般是数据库的主控窗体，用来接受和执行用户的操作请求、打开其他窗体或报表及操作和控制程序的运行。
　　A．数据窗体　　　　　　　　　　　B．切换面板窗体
　　C．自定义对话框　　　　　　　　　D．窗体

180．LEFT("网店销售管理系统",2)的值是（　　）。
　　A．"网店"　　　B．"销售"　　　　C．"管理"　　　　D．"管理"

181．信息表中查阅年龄为35岁以上（不含35）的员工信息，正确的条件设置为（　　）。
　　A．>35 or <60　　B．>=35　　　　C．>35　　　　　D．>36

182．将表"学生名单2"的记录复制到表"学生名单1"中，且不删除表"学生名单1"中的记录，所使用的查询方式是（　　）。
　　A．删除查询　　　B．生成表查询　　C．追加查询　　　D．交叉表查询

183．下列关于查询设计视图"设计网格"各行作用的叙述中，错误的是（　　）。
　　A．"总计"行是用于对查询的字段进行求和
　　B．"表"行设置字段所在的表或查询的名称
　　C．"字段"行表示可以在此输入或添加字段的名称
　　D．"条件"行用于输入一个条件来限定记录的选择

184．SELECT命令中条件短语的关键词是（　　）。
　　A．WHILE　　　　B．FOR　　　　　C．WHERE　　　　D．COUDITION

185．下列哪个不是SQL的数据定义语言（　　）。
　　A．CREATE　　　B．ALTER　　　　C．DROP　　　　　D．REVOKE

186．INNER JOIN表示的是（　　）。
　　A．左连接　　　　B．内连接　　　　C．连接　　　　　D．右连接

187．在窗体设计视图中，必须包含的部分是（　　）。
　　A．主体　　　　　　　　　　　　　B．窗体页眉和页脚
　　C．页面页眉和页脚　　　　　　　　D．主体、页面页眉和页脚

188．查询中的分组条件应写在设计视图的（　　　）行。
   A．总计　　　　　B．字段　　　　　C．条件　　　　　D．显示
189．在 SQL 中查询满足条件的记录时，如果要去掉重复行，使用的关键字是（　　　）。
   A．WHERE　　　　B．FOR　　　　　C．DISTINCT　　　D．FROM
190．Access 中冻结一个字段列后，被冻结的列将（　　　）。
   A．保持原来位置不变
   B．成为最左边的列
   C．成为最右边的列
   D．将保持不动；向左移动时，成为最左边的列；向右移动时，成为最右边的列
191．一个学生可以同时借阅多本书，一本书只能由一个学生借阅，学生表和图书表之间为（　　　）关系。
   A．一对一　　　　B．一对多　　　　C．多对多　　　　D．多对一
192．在 Access 中，空数据库的含义是（　　　）。
   A．刚刚安装完毕 Access 系统，还没有建立任何数据库
   B．仅创建了数据库的外壳，数据库内没有对象和数据
   C．仅在数据库中建立了表结构，表中没有保存任何记录
   D．仅在数据库中建立表，数据库中没有其他对象
193．在对数据库进行设置密码时，需要对数据库以（　　　）方式进行打开。
   A．"以只读方式打开"　　　　　B．"以独占方式打开"
   C．"以独占只读方式打开"　　　D．"打开"
194．如果希望在移动控件的时候，与之相关联的控件一起移动，则先将鼠标移动到控件上面，当光标的形状变成（　　　）时，拖动光标到合适的位置。
   A．✋　　　　　　B．👆　　　　　　C．✜　　　　　　D．🛠
195．不是用来作为表或查询中"是""否"值的控件是（　　　）。
   A．复选框　　　　B．切换按钮　　　C．选项按钮　　　D．命令按钮
196．标签控件通常通过（　　　）向报表中添加。
   A．工具栏　　　　B．属性表　　　　C．工具箱　　　　D．字段列表
197．下列不属于 Access 2003 的控件是（　　　）。
   A．列表框　　　　B．分页符　　　　C．换行符　　　　D．矩形
198．在基于"学生表"的报表中按"班级"分组，并设置一个文本框控件。控件来源属性设置为"=count(*)"，关于该文本框的说法中，正确的是（　　　）。
   A．文本框如果位于页面页眉，则输出本页记录总数
   B．文本框如果位于班级页眉，则输出本班记录总数
   C．文本框如果位于页面页脚，则输出本班记录总数
   D．文本框如果位于报表页脚，则输出本页记录总数
199．用 Access 数据库管理技术处理的数据，不仅能存储为数据库文件，还可以以多种文件格式导出数据，但不支持导出的文件格式是（　　　）。
   A．Word　　　　　B．Excel　　　　　C．TXt　　　　　D．Png
200．（　　　）才能执行宏操作。
   A．创建宏组　　　B．编辑宏　　　　C．创建宏　　　　D．运行宏或宏组

二、填空题

1．数据库系统有 5 部分组成，分别是_____、_____、_____、用户和_____。

2．Access 数据库是_____型数据库。

3．退出 Access 数据库管理系统可以使用的快捷键是_____。

4．_____是关系数据库中最基本的数据单位。在关系数据库模型中，一个关系就是一个_____，一个关系中的每一列称为_____，一个关系中的每一行称为一个_____。

5．数据库管理系统常用的数据模型有_____、_____和_____三种。

6．DMS 是_____的英文缩写。

7．表是数据库中的基本对象，一张表由_____和_____两部分组成。

8．表结构的设计和维护，主要是通过表的_____视图来完成的。

9．如果在创建表中建立字段"性别"，要求值为"男"或"女"，那么其数据类型应当是_____。

10．在 Access 中，空数据库是指_____。

11．如果某一字段的值大多数都一样，希望通过修改表结构提高数据录入效率，则应设置字段的_____。

12．Access 数据库中表之间的关系有_____、_____和_____关系。如果两表之间建立了关系，如果想要在更改主表的主键值时自动更新相关联表的数据，那么应该设置_____。

13．在关系代数的专门关系运算中，从表中取出满足条件的属性的操作称为_____，从表中选出满足条件的元组的操作称为_____，将两个关系中具有共同属性值的元组联结到一起构成新表的操作称为_____。

14．在 Access 表中，可以定义 3 种主关键字，它们是_____、_____和_____。

15．保存查询时，保存的是查询的_____，而不是查询结果。

16．一个班级有多个学生，每个学生只属于一个班级，班级与学生之间是_____关系。

17．在 Access 中，表有两种视图，即_____和_____。用来编辑表结构的视图是_____，用来浏览和编辑表内容的视图是_____。

18．如果某一字段没有指定标题，则系统将_____设置为字段的显示标题。

19．人员基本信息一般包括：身份证号、姓名、性别、年龄等。其中可以作为主关键字的是_____。

20．在"查找和替换"对话框中，"查找范围"列表框用来确定在哪个字段中查找数据，"匹配"列表框用来确定匹配方式，包括_____、_____和_____ 3 种方式，搜索列表框用于确定搜索方式，包括_____、向下和_____ 3 种方式。

21．在查找时，如果确定了查找内容的范围，可以通过设置_____来减少查找的范围。

22．表中某一列的值仅有两种状态，比较适合设置的字段类型是_____。

23．如果一张数据表中含有照片，那么"照片"这一字段的数据类型通常为_____类型。插入的照片类型可以是 BMP、JPG 等，但只有_____格式可以在窗体中正常显示。

24．打开数据库的方式有 3 种，分别是_____、_____、_____。若要在打开网络共享数据库时禁止他人打开该数据库，应选择_____打开方式。

25．在使用表向导创建表时，如果选择系统自动设置主键，则会添加一个_____类型的字段作为主键，在输入数据时，该类型字段自动填入_____数字。

26．建立表间关系的类型取决于两个表中相关字段的定义。如果两个表中的相关字段都是主键，则创建_____关系；如果仅有一个表中的相关字段是主键，则创建_____关系。

27．数据表由_____与_____两部分组成。_____是指组成数据表的字段及其字段属性，_____是指表中的具体数据。

28．Access 数据表共有_____种数据类型，其中_____类型用于文字或文字与数字的组合，或者不需要计算的数字，该类型的字段宽度不能超过_____个字符；_____类型用于要进行计算的数据；_____类型用于表示货币值，如果字段的取值只有两种可能，字段的数据类型应选用_____类型。

29．在 Access 的字段属性中，_____属性用以确定数据的显示方式；_____用于设置数据的输入格式，_____用来设置输入数据时必须遵守的规则。

30．_____是字段的另一个名称，它可以和字段名相同，也可以不同，_____通常用于系统内部使用，而_____通常用于显示时使用。

31．每个表中最多包含_____个自动编号型字段。

32．如果在商品表中设置单价字段，要求单价不能四舍五入，那么单价字段数据类型应该设置为_____。

33．“输入掩码”属性用于设定控件的输入格式，对_____和_____数据有效，有时也用于数字型和货币型。

34．简单来说，_____就是在某字段未输入数据时，系统自动显示的字符（或数字）。

35．查找数据时，可以通配任何单个数字字符的通配符是_____。

36．_____属性用以确定数据的显示方式，_____类型的数据不能定义显示格式，_____、_____、_____类型的数据没有特殊的显示格式。

37．若要在"性别"字段设置"性别只能是男或女"有效性规则，应在该字段有效性规则处输入_____。

38．在 Access 2003 中，筛选操作所用公用筛选器分为_____筛选器和数字筛选器和日期筛选器。

39．如果在创建学生表的过程中，有一个字段是学生编号，例如 001，002，那么"学生编号"字段应采用_____数据类型。

40．在输入数据时，如果希望输入的格式标准保持一致并检查输入时的错误，可以通过设置字段的_____属性来设置。

41．如果希望两个字段按不同的次序排序，或者按两个不相邻的字段排序，需使用_____窗口。

42．假设某一个数据库表中有一个年龄字段，查找年龄在 16～18 岁之间的记录，条件为_____。

43．查询运行时通过输入姓名中的关键字查询"学生表"中的学生信息，如果参数名为"a"，查询条件表达式为_____。

44．文本型数据"13"、"4"、"16"、"760"，按降序排列的结果是_____，数值型数据 13、4、16、760，按降序排列的结果是_____。

45．日期和时间字段排序是按日期的先后顺序排序的，升序排序按日期时间_____排序，降序排序按日期时间_____排序。

46．排序的作用是对表的记录按所需字段值得顺序显示，筛选的作用是挑选表中的记录；如果要取消筛选效果，恢复被隐藏的记录，只需在"排序和筛选"命令组中单击_____命令按钮就可以了。

47．当_____某个或某些字段后，无论怎么样水平滚动窗口，这些字段列总是固定可见的，并且显示在窗口_____，当_____某个或者某些字段后，该字段被隐藏，而不是被_____。

48．在数据表视图下，输入新的数据时，在每个数据后按_____键调至下一个字段，在每条记录的末尾，按_____或_____键转至下一条记录。

49．如果要保存网址，应将该字段设置为_____类型，_____用于实现查阅其他表中的数据。

50．内部计算函数"Min"的意思是求所在字段内所有数据的_____。

51．_____是一种利用对话框来提示用户输入准则的查询。

52．交叉表查询将来源于表中的_____进行分组，需要3个要素，分别是_____、_____、_____。在该查询中，只能有一个_____和_____，但可以有一个或多个_____。

53．在"关系"窗口中，所有以粗体显示的字段名称都是_____。

54．学生信息表有身份证号，姓名，性别，年龄等字段。其中可以作为主关键字的是_____。

55．根据对数据源操作方式和操作结果不同，在Access中查询可以分为5种类型，分别是_____、_____、_____、_____、_____。书写查询准则时，日期值应该用_____括起来。

56．字段的验证规则分为字段验证规则和记录验证规则。其中，_____一般仅针对一个字段，_____用于比较不同字段的值达到控制输入。

57．在创建查询时，有些实际需要的内容在数据源的字段中并不存在，但可以通过在查询中增加_____来完成。

58．SQL查询包括4种类型：_____、_____、_____、_____。

59．表达式 13 Mod 3 的结果是_____，13\3 的结果是_____。

60．要查询工资额大于或等于3000的女职工，使用的条件表达式为_____。

61．要查询"出生日期"在1990年以前出生的职工，在查询设计视图中，"出生日期"字段条件行中输入表达式为_____。

62．生成表查询的运行结果是_____一张新表，该表自动增加到数据库的_____对象中。

63．Access 中包括 4 种类型的操作查询：_____、_____、_____和_____。

64．如果在查询中添加新的计算字段，书写条件表达式为"商品成本价：[商品单价]*（1+0.30）"。该表达式的含义是：_____为计算字段，字段的标题为_____。

65．如果要从多个表中删除相关记录必须满足以下条件：

在"关系"窗口中定义_____的关系；

在"关系"对话框中选中_____复选项；

在"关系"对话框中选中_____复选项。

66．查询的视图有 3 种方式，_____、_____和_____。其中_____视图是以行和列的格式显示查询结果数据的窗口。由上下两部分构成的视图是_____，上半部分是_____，下半部分是_____。查询建好后，通过_____获得查询结果。

67．如果要求在执行查询时通过输入的学号查询学生信息，需要采用_____，如果要求在查询执行时批量删除符合某一条件的记录，需要采用_____。

68．_____运算符只能对数值型数据进行运算。关系运算符用于_____两个操作数的值，结果返回一个_____。

69．使用查询"设计视图"中的_____行，可以对查询中全部记录或记录组计算一个或多个字段的统计值。

70．LEFT("数据库技术",3)的结果是_____。

71．函数 MID("学生信息管理系统",3,2)的结果是_____。

72．表达式 5/2 的结果是_____，5\2 的结果是_____。

73．Int(-3.25)的结果是_____。

74．若今天是 2019 年 12 月 14 日，则表达式 year(date())+2 的运算结果为_____。

75．算术运算符包括_____、_____、_____、_____、_____、_____、_____。

76．特殊运算符_____用于指定某个字段为空值。

77．特殊运算符"In"的含义是：_____。

78．假如 2019 年 12 月 13 日是星期四，则函数 weekday(#12/13/2019#)返回值是_____。

79．用 SQL 语句实现查询表名为"图书表"中的所有记录，应该使用的 SELECT 语句是:select_____。

80．SQL 语言包括 4 个部分：_____，_____，_____，_____。

81．在 SQL 语句中，INSERT、UPDATE、DELETE 属于_____语言。

82．SELECT 语句中的 SELECT * 表示_____。

83．SELECT 语句中的 AS<列标题>表示_____，INTO 子名表示_____。

84．SELECT 语句中的 ORDER BY 表示_____，ASC 表示_____，DESC 表示_____。

85．在 SELECT 语句中，如果集合函数必须和_____短语配合使用，该短语用于进行_____；同时还用于对查询的结果进行_____。

86．SELECT 语句中用于给出查询条件的子句是_____子句，在该子句后可以接_____表达式，还可以使用_____、_____、_____表示字段的取值范围，其中_____在该子句中的作用是利用通配符实现模糊查询。

87．在 SQL-SELECT 语句中，通常和 HAVING 子句同时使用的是_____。

88．SELECT 语句中用于计数的函数是_____，用于求和的函数是_____，用于求平均值的函数是_____。去除重复行的关键短语是_____。

89．UPDATE 语句中没有 WHERE 子句，则更新_____记录。

90．INSERT 语句的 VALUES 子句指定_____。

91．DELETE 语句中不指定 WHERE，则_____。

92．使用 SQL 语句进行数据更新时，经常设置更新条件，当条件过多时，使用的逻辑运算符有_____，_____，_____。

93．数据库管理系统提供的数据语言中，负责数据的增、删、改和查询的是_____。

94．DELETE 语句在执行时，如果数据库表间存在关系并且设置了"实施参照完整性"检验，则在删除一对多关系的_____记录且_____存在相关记录时，Access 将_____执行该命令，同时弹出错误提示。

95．在 Access 数据库的对象中，_____是数据库和用户之间的接口，也是应用程序和用户之间的接口。

96．Access 2003 中窗体共有 4 种视图，分别是_____视图、_____视图、_____视图和布局视图。

97．按照窗体的功能来分，可以将窗体分为_____、_____和_____3 种类型。其中用于输入、显示和修改数据的窗体是_____。

98．按照数据显示方式和显示关系，可以将窗体分为_____、_____、_____、_____、_____。

99．窗体中的列表框可以包含一列或几列数据，用户只能从列表中_____，而不能_____。

100．报表的视图有 3 种，分别是_____视图，_____视图，_____视图。利用设计视图创建报表，默认的节有_____，_____，_____。

101．创建纵栏式自动窗体有两种方法：一是使用_____对话框，二是使用_____菜单命令。纵栏式窗体每次显示_____条记录，可以通过窗体上的_____按钮来显示任一条记录。

102．在使用"数据透视表向导"创建窗体时，数据透视表是一种_____的表，可以进行用户选定的运算，数据透视表视图是用于汇总分析数据表或窗体中的数据的视图，通过它们可以对数据库中的数据进行_____和_____。

103．数据透视图视图以_____显示和分析窗体中的数据。

104．当窗体中的内容较多无法在一页中全部显示时，可以使用_____来进行分页。

105．将背景图片附加到窗体可以有_____和_____两种选择，如果为了节省磁盘空间就选择_____。

106．_____属性值决定了窗体显示时是否具有窗体滚动条，该属性值有"两者均无""水平""垂直""水平和垂直"四个选项，可以选择其一。

107．宏的使用一般通过窗体、报表中的_____控件完成。

108．纵栏式窗体将窗体中的一个显示记录按列分隔，每列的左边显示_____，右边显示字段内容。

109．在窗体设计视图中，窗体由上而下被分成5个节：_____、页面页眉、_____、页面页脚和_____。

110．窗体属性对话框有5个选项卡：_____，_____，_____，_____和全部。

111．在设计窗体时使用标签控件创建的是单独标签，它在窗体的_____视图中不能显示。

112．在书写查询准则时，写在同一条件行上的准则之间进行的是逻辑_____运算。

113．如果要求用户输入的值是一个3位的整数，那么其有效性规则表达式可以设置为_____。

114．在窗体中可以使用_____按钮来执行某项操作或某些操作。

115．要改变窗体上文本框控件的输出内容，应设置的属性是_____。

116．控件根据其作用可以分为3种类型：_____、_____和_____。

117．要把组合框选择的值保存到表的字段里，就要和表中的某个字段_____。

118．选定控件，按_____+方向键可以调整控件位置，选定控件，按_____+方向键可以调整控件尺寸。

119．控件的格式属性除了可以通过_____窗口来进行设置，有些属性还可以通过_____的按钮工具来快速设置。

120．窗体由_____，_____，_____，_____，_____五个部分组成。其中_____节和_____节只有在打印预览状态下可以看到。

121．报表和窗体这两种对象有着本质的区别：_____只能查看数据，而_____可以改变数据源中的数据。

122．创建报表的3种方式是_____、_____和_____。

123．报表能十分有效地以_____形式表现数据库表或查询中的数据，报表中的数据来源可以是_____、_____或_____，报表中的内容和格式通过_____及其属性的设置来实现。

124．常用的报表有4种类型，分别是_____，_____，_____，_____。

125．Access 为报表操作提供了3种视图，分别是_____，_____，_____。

126．在报表"设计视图"中，为了实现报表的分组输出和分组统计，可以使用"排序与分组"属性来设置_____区域。在此区域中主要设置文本框或其他类型的控件用以显示_____。

127．Access 提供了5种筛选方式，分别是_____，_____，_____，_____，_____。

128．制作报表"商品名称表"，分两栏进行打印。需要打开"页面设置"，选择_____选项卡，在_____中输入"2"就可以了。

129．使用报表向导创建报表最多可以设置_____个字段排序，使用报表设计视图中的"排序与分组"按钮最多可按_____个字段排序，还可以按表达式排序。

130．报表在分组后，因分组的大小不同，一组数据可能会跨页显示，这样不方便阅览，可以在"分组排序和分组"对话框中将组属性的"保持同页"设置为_____。

131．报表窗口由_____个部分组成，每个部分称为一个_____，其中_____

的内容是报表的项目不可缺少的关键内容。

132．报表显示的内容要求每页报表都要有一个，而且在每页底部，则相应对象应创建在_____节。

133．_____可以用来在一页内建立多个大小和样式一致的卡片式方格区域，通常用来显示姓名、电话等较为简短的信息，一般用来制作名片、信封、产品标签等。

134．在创建主/子窗体之前，必须正确设置表间的关系为_____关系，_____方为主表，_____方为子表。创建基于多个表的主/子窗体有两种方法：一是_____，二是_____。

135．Access 中新建的空白报表默认的节是_____，_____和_____。

136．用户利用向导创建一个报表后，还可以通过_____对报表进行进一步的完善和修改。

137．在报表设计中，文本框控件中的计算表达式必须以英文状态_____开始，文本框控件中的计算表达式除了可以直接在控件中输入，还可以在文本框控件属性对话框的_____选项卡中的控件来源属性中输入表达式，或者单击控件来源右侧的按钮，通过表达式生成器生成表达式。

138．在报表中，用于指明该报表数据来源的数据源的属性值是_____、_____或者是一条_____语句；若属性设为报表名，那么被指定的报表将作为已知报表的_____存在。

139．报表的_____属性是一个合法的字符串表达式，它表示从记录源筛选数据的规则，而由字段名或字段名表达式组成，用于指定报表的排序规则的是_____属性。

140．在 Access 中，可以利用数据库中不同类型字段对记录进行分组，但是不能够对_____和_____字段分组。

141．报表在按照某个字段进行分组时，必须先按照该字段进行_____，否则分组无效。

142．在对报表进行计算时，如果对报表中的每条记录中的数据进行计算并且显示结果，则要把计算控件放在报表的_____中。

143．在报表设计中，可以通过添加_____控件来控制另起一页输出显示。

144．报表快照是一个扩展名为_____的文件，它包含了报表中每一页的_____，保留了报表的布局、数据、图形及其他_____对象。

145．_____是包含在报表中的报表，另一个报表称为_____。

146．自动运行宏的命令是_____，如果要取消自动运行宏命令，则在打开数据库时按住_____键即可。

147．建立一个宏，运行该宏时先打开一个表，然后打开一个窗体，那么在该宏中应该使用_____和_____两个操作指令。打开指定查询的宏是_____。

148．宏以动作为基本单位，一个宏命令能够完成一个操作动作，宏命令是由_____组成的。

149．在 Access 中，宏运行时要弹出消息框，相应的宏操作命令是_____。

150．在创建了一个宏后，若要对宏进行修改，则要在_____视图中进行。

151．宏组是通过_____命令来指明子宏名的。

152．要给数据库设置密码，在打开数据库文件之前，设置打开数据库文件的方式是_____。

三、判断题

1．数据就是能够进行运算的数字。（　）
2．在 Access 数据库中，数据是以二维表的形式存放的。（　）
3．二维表中的每一行称为一个记录，每个记录中不同字段的数据可能具有不同的数据类型，所有记录的相同字段的数据类型一定是相同的。（　）
4．数据库是以一定的组织结构保存计算机存储设备上相关数据的集合。（　）
5．在创建了表的结构以后，表中字段不可以更改。（　）
6．字段大小可用于设置文本、数字类型字段存储所占长度大小。（　）
7．在数据表视图中，不能进行修改字段类型的操作。（　）
8．在 Access 数据库中，数据是以图表的形式存放的。（　）
9．数据库管理系统是用户和数据库之间的软件接口。（　）
10．数据库系统的英文缩写是 DBMS。（　）
11．不能将数据库的窗体复制到另外一个数据库。（　）
12．用树形表来表示数据及其联系的数据模型称为关系模型。（　）
13．关系型数据库中的表既相互独立，又相互联系。（　）
14．记录是关系数据库中最基本的数据单位。（　）
15．通配符"?"的含义是通配任何单个数字字符。（　）
16．Sum 函数功能是计算指定范围内多条记录指定字段值的和。（　）
17．如果一个数据表和其他数据表之间建立了关系，在查看该数据表中的记录时，每一行都有一个"+"图标。（　）
18．Access 的数据库对象包括表、查询、窗体、报表、页、图层和通道。（　）
19．通过输入数据创建表，新表只给出 10 个字段。若新创建的表字段不足 10 个，在存盘时多出的字段和记录会自动截掉。（　）
20．"*"标记用户正在编辑该行的记录。（　）
21．一个数据表只能建立一个索引。（　）
22．在数据表视图中进行设置数据表格式操作的目的是为了指定单元格效果、更改单元格底纹等。（　）
23．在数据表视图中进行字体设置操作的目的是为了更改记录数据的显示字体、字型、字号和前景色等。（　）
24．自动编号类型的字段的值不能修改。（　）
25．在修改表结构时，增加"字段大小"不会影响已有数据记录，减小"字段大小"，记录中的数据会被截断。（　）
26．宏是由一个或多个操作组成的命令的集合。（　）
27．日期/时间类型数据必须前后都用"#"括住。（　）
28．已创建的表间关系不能删除。（　）
29．设置输入掩码的目的是为了设置字段值的输入格式。（　）

30．字段名称通常用于系统内部的引用，而字段标题通常用来显示给用户看。（ ）
31．在数据表视图中进行冻结列操作的目的是保持对应字段值在数据表视图中的不可编辑性。（ ）
32．编辑修改表的字段（也称为修改表结构），一般在表的设计视图中进行。（ ）
33．文本类型的字段只能用于英文字母和汉字及其组合，不能有数字。（ ）
34．修改字段名不影响该字段的数据内容，也不影响其他基于该表创建的数据库对象。（ ）
35．Access 查询时不允许对表中的字段进行计算。（ ）
36．在 SQL 查询中，"GROUP BY"的含义是对查询进行排序。（ ）
37．"有效性规则"用来防止非法数据输入到表中，对数据输入起着限定作用。（ ）
38．"格式"属性用以确定数据的显示方式。对于不同数据类型的字段，其格式的选择有所不同。（ ）
39．删除记录的过程分两步，先选定要删除的记录，然后将其删除。（ ）
40．两表之间建立关系，并实施参照完整性操作时，不能随意更改两表的主键。（ ）
41．如果要选择多个不相邻的控件，可以按下 Shift 键，然后单击要选择的控件。（ ）
42．在 Access 数据表中，使用主键不能避免同一记录的重复输入。（ ）
43．有重复值的字段不能建立索引。（ ）
44．主关键字可以使用一个或多个字段的组合。（ ）
45．如果某字段设置为主键，则该字段不允许是 NULL 值。（ ）
46．查找和替换操作是在表的数据视图中进行的。（ ）
47．任何数据类型的字段都能够进行排序。（ ）
48．一个数据表中，主键只有一个。（ ）
49．如果设置了字段的默认值，则该字段的值就固定不变了。（ ）
50．在查询的设计视图中可以控制字段的排序和显示。（ ）
51．在查询的设计视图中不能对多个字段设置条件。（ ）
52．算术运算符只能对数值型数据进行运算。（ ）
53．逻辑表达式的值只能是一个逻辑值（True 或 False）。（ ）
54．选择查询不能修改表，若要修改表中的数据，只能使用操作查询。（ ）
55．可以建立一个参数提示的单参数查询，也可以建立多个参数提示的多参数查询。（ ）
56．表可以作为窗体和报表的数据来源，但查询不可以。（ ）
57．Now()函数返回系统时钟的日期和时间值。（ ）
58．查询只能使用原来的表，不能生成新表。（ ）
59．使用向导创建交叉表查询的数据源是表或查询。（ ）
60．与表相同，查询中保存的是查询的结果，不会随着源表的变化而变化。（ ）
61．从是否影响到数据表中数据的角度可把查询分成选择查询和操作查询。（ ）
62．运算符&用来强制两个表达式进行字符串连接。（ ）

63. 学生表中"姓名"字段的数据类型为文本，字段大小为10，输入姓名时，最多可以输入的汉字数为10个。（   ）
64. 交叉查询只能设一个行标题。（   ）
65. 自动编号型既可以顺序编号又可以随机编号。（   ）
66. SELECT 语句必须指定查询的字段列表。（   ）
67. SELECT 语句中的所有标点符号（包括空格）必须采用半角西文符号。（   ）
68. 圆括号优先级最高，因此可以用圆括号改变表达式的优先顺序。（   ）
69. 运算符 Mod 的功能是执行整除运算。（   ）
70. 表的字段不能隐藏。（   ）
71. Weekday 函数返回 1~7 的整数，表示星期几。（   ）
72. 表与表之间的关系有一对一、一对多、多对多类型。（   ）
73. 筛选只改变图中显示的数据，并不改变数据表中的数据。（   ）
74. 所有查询都可以在 SQL 视图中创建、修改。（   ）
75. 用户通过窗体可以方便地输入、编辑和显示数据库中的数据。（   ）
76. 在创建关系之前，必须关闭所有打开的数据表。（   ）
77. 在创建关系时，"主表"的关联字段必须是主键，关系只能建立在相同数据类型的字段上，关联字段允许有不同的名称。（   ）
78. SQL 中的 DROP 语句用来删除表。（   ）
79. 在交叉表查询中，不能使用最大值、最小值、计数等集合函数。（   ）
80. 查询的结果总是与数据源中数据保持同步。（   ）
81. "自动创建窗体：纵栏式"的最大特点是一次可以查看全部记录的多个字段。
（   ）
82. 在 SQL-UPDATE 语句中，如果只需要为表中的个别字段提供值，则需要指定字段列表，VALUES 子句中值列表的值的个数、顺序、数据类型要和字段列表中字段的个数、顺序、数据类型相同。（   ）
83. 在追加表查询中，如果源表中的字段个数比目标表多，则多余的字段会被忽略。
（   ）
84. SELECT 语句的 ORDER 子句指定的是查询条件。（   ）
85. Len( )函数用于返回字符串所含字符的个数。（   ）
86. 无论表间关系是否实施了参照完整性，父表的记录都可以删除。（   ）
87. date( )函数的作用是获得当前日期。（   ）
88. 在窗体中添加选项卡控件，选项卡的数量和顺序不能改变。（   ）
89. 在窗体对象中，不仅能浏览表中数据，还可以对记录进行修改和删除。（   ）
90. 在窗体的组成部分中，除了主体是必须的，其余的都是可选的。（   ）
91. Select 语句只能对一个表中的字段进行查询。（   ）
92. 在报表设计时可以用文本框来绑定控件显示数据。（   ）
93. 主/子窗体的数据源大多表示一对多关系。（   ）
94. 创建一个窗体时，可不指定数据源，单独创建一个管理数据库中各个对象的窗体。
（   ）

95．创建报表快照时，必须安装打印机。（   ）
96．如果对报表中的每一条记录的数据进行计算并显示结果，则要把控件放在"窗体页眉"节中。（   ）
97．在窗体对象中，即可以向记录中输入文字，又可以插入图片。（   ）
98．在报表的不同节添加相同的集合函数的计算控件，所得到的结果相同。（   ）
99．在报表设计过程中，不适合添加的控件是选项组控件。（   ）
100．窗体可以和用户进行交互操作，而报表却不可以。（   ）
101．在报表的各个组成部分中，主体节是报表的主要内容，因此设计报表的数据来源必须在主体节的属性中设置。（   ）
102．报表的分组必须先排序。（   ）
103．算术运算符"\"在使用时，带有小数部分的操作数将四舍五入为整数，但在结果中小数部分将被截断。（   ）
104．窗体的数据表视图用于查看来自窗体的数据。在该视图中可以编辑字段，也可以添加、修改和删除记录。（   ）
105．在利用"窗体向导"创建窗体时，向导参数中的"可用字段"与"选定的字段"是一个意思。（   ）
106．一个报表可以设置多个组页眉页脚。（   ）
107．报表页眉只能在报表的首页打印输出。（   ）
108．在窗体中添加标签控件，目的是显示某些说明性文字。（   ）
109．窗体背景设置图片模式可用的选项有"拉伸"和"剪裁"。（   ）
110．使用删除查询删除记录后，可以使用"撤销"命令来恢复。（   ）
111．直接将一对多关系中表拖到一方建立的主窗体中会自动创建子窗体。（   ）
112．在创建主/子窗体中的数据一般具有"一对多"关系。（   ）
113．可在组页眉或组页脚区域中添加文本框来显示分组统计数据。（   ）
114．标签控件可以用来在窗体中接受输入的数据。（   ）
115．一个窗体中可以有多个文本框，但是最多只能有一个命令按钮。（   ）
116．标签是报表的特殊形式。（   ）
117．如果要细微调整线条的长度或角度，可单击线条，同时按下 Shift 键和所需的方向键。（   ）
118．报表中页眉页脚节的内容，在打印输出或打印预览时只出现一次。（   ）
119．在报表中进行分组时，不同数据类型的字段"分组形式"中的选项也不同。（   ）
120．Access 2003 数据类型为超链接或 OLE 对象的字段也可以排序。（   ）
121．汉字字符按汉字的首字母排列顺序进行比较。（   ）
122．整个报表的计算汇总一般放在报表的主体页脚节。（   ）
123．Access 数据库中，默认的数字型字段的数据类型为整型。（   ）
124．在报表设计器中，可以对所有字段进行分组汇总统计。（   ）
125．表的设计视图方式中，不可以删除或插入记录。（   ）
126．关系模型的参照完整性是指关系中的主键不能是空值且不能有相同值。（   ）

127．某字段定义为主键，那么该表中每一个记录对应该字段的值是唯一的。（　　）
128．压缩数据库是指压缩数据的大小。（　　）
129．为保证数据库中数据的安全，应定期对数据库进行备份。（　　）
130．在报表中显示格式为"页码／总页码"的页码，则文本框控件来源属性为"=[Page]/[Pages]"。（　　）
131．可以在某两个同时打开的表之间建立或修改关系。（　　）
132．将数据库生成 MDE 文件后，不能对窗口、报表或模块等对象进行编辑。（　　）
133．下拉菜单下方显示 ⊌ 图标，表示 Access 自动隐藏了不常用的菜单命令，单击该图标即可显示被隐藏的命令。（　　）
134．Access 2003 的 OLE 对象可以是图片、Excel 图表、PowerPoint 幻灯片、Word 图片等。（　　）
135．在 Access 中，我们通过设置数据库密码来保证数据库的安全。（　　）
136．设置文本型字段只能输入 0～9 的字符时，可以设置该字段的输入掩码是"9"。（　　）
137．在数据表中，一旦建立了关系，该关系不可以进行修改和删除。（　　）
138．SQL 语句中"Where 成绩>=80"是指满足成绩大于 80 分的记录。（　　）
139．宏设计窗口中有"宏名""条件""操作"等列，其中不能省略的是"操作"列。（　　）
140．内部计算函数"Min()"的意思是求所在字段内所有值的平均值。（　　）
141．可以插入图片的字段类型是 OLE 对象。（　　）
142．Rnd()函数产生一个 0～1 之间的随机数，为单精度类型。（　　）
143．在 SQL 查询中使用 GROUP 子句指出的是查询目标。（　　）
144．创建分组统计查询时，总计项应选择 SUM。（　　）
145．在定义字段的输入掩码时，既可以使用输入掩码向导，又可以使用字符。（　　）
146．在删除窗体中各个节的同时，节中包含的控件也全部删除。（　　）
147．如果特殊报表不需要主体节，则可以在其属性表中将主体节的"高度"属性设置为"0"。（　　）
148．在"按窗体筛选"中，可以设置一个或多个筛选条件。（　　）
149．报表中的绑定控件是指与表字段绑定在一起，用于在报表中显示字段的值。（　　）
150．OLE 对象类型能存储图像，不能存储声音。（　　）
151．报表在设计视图下的网格是不可以去掉的。（　　）
152．SQL 语句不能创建表。（　　）
153．窗体的主要目的是查看打印输出的数据。（　　）
154．创建参数查询时，在条件栏中应将参数提示文本放置在[ ]中。（　　）
155．删除字段后，如果表中有记录，则同时删除该字段中的全部数据。（　　）

156．只有一个宏名的称为单一宏，包含两个以上宏名的称为宏组。（　　）

157．查询只能从一个表中选择数据，而筛选可以从多个表中获取数据。（　　）

158．宏命令"Close"关闭指定的窗口及对象。如果没有指定窗口，则关闭活动窗口。（　　）

159．有效性文本的设定内容是当输入值不满足有效性规则时，系统提示的信息。（　　）

160．在为 Access 数据库设置密码和撤销密码时，可以以任何方式打开数据库。（　　）

161．在数据表视图中，不能进行修改字段类型的操作。（　　）

162．记录排序只能以一个字段为依据。（　　）

163．如果在参照完整性设置中勾选"级联删除相关记录"复选框，则删除主表记录时，相关字段的值和主表的主键值相同的记录将同步删除。（　　）

164．一个学生可以选修多门课程，一门课程有多个学生选修。学生和课程是多对多的关系。（　　）

165．不能确定某单个字段值的唯一性时，可将两个或更多的字段组合成为主关键字。（　　）

166．报表页眉的内容是报表中不可缺少的关键内容。（　　）

167．在 Access 中，数据表要删除作为关系的字段时，需先删除字段，再删除关系。（　　）

168．在 Access 中，不可以使用查询表创建报表。（　　）

169．在文本类型的字段中保存的数字将作为字符而不是数值来排序的。（　　）

170．自动执行宏的名称固定为"Auto Exec"，则每次启动数据库时，将自动执行该宏。（　　）

四、使用 SQL 语句完成以下操作

1．某图书管理系统中的图书信息表有 7 个字段：ISBN 编号（文本型），图书名称（文本型），作者（文本型），价格（数字型），出版社（文本型），出版日期（日期型），图书类型（文本型）。其中 ISBN 编号是主键，用 SQL 语句完成下列功能。

ISBN 编号	图书名称	作者	价格	出版社	出版日期	图书类型
252525825	信息理论及应用	陈欢	26	人民出版社	2017-01	自然科学
701006063	春天的故事	贾海	35	科学出版社	2018-02	文学艺术
703011050	海陆的起源	李万怡	47	机械出版社	2015-02	文学艺术
711109789	网络营销	吴敏	15	人民出版社	2013-12	经济金融
711206057	国际政治	宋丽	60	机械出版社	2015-05	经济金融
730007751	企业管理	李梅	42	机械出版社	2016-12	经济金融

（1）检索"图书信息"数据表中的全部图书，查询结果只包含 3 列数据："ISBN 编号""图书名称""出版社"，要求这 3 个字段输出时分别以"ISBN""bookname""publishinghouse"的英文名称作为其标题。

(2) 从"图书信息"数据表中检索前 10%的图书数据。

(3) 从"图书信息"数据表中检索所有图书的图书类型，并消去重复记录。

(4) 从"图书信息"数据表中检索作者为"陈欢"的图书信息。

(5) 从"图书信息"数据表中检索出版日期在 2016 年及 2016 年之前的图书信息。

(6) 从"图书信息"数据表中检索价格在 30 元以上的图书信息，要求按价格的升序输出。

(7) 从"图书信息"数据表中检索 2016 年以后出版的图书信息，要求作者姓名按降序输出。

(8) 在"图书信息"数据表中统计各个出版社出版的图书的平均定价和图书种数。

(9) 在"图书信息"数据表中查询图书平均定价在 20 元且图书种数在 2 种以上的出版社，查询结果按平均定价降序排列。

(10) 在"图书信息"数据表中查询作者姓"李"的图书的图书名称、价格、出版社及出版日期。

2．某学生信息管理系统数据库中的学生表（student）有 7 个字段：学生编号（文本型），姓名（文本型），性别（文本型），出生日期（日期型），年龄（数字型），籍贯（文本型），所在系（文本型），其中学生编号是主键；用 SQL 语言完成下列功能。

(1) 添加一个学生记录，编号为 S10106，姓名为黎明，性别为男，出生日期为 1996 年 08 月 15 日，年龄为 18，籍贯为中国河南，所在系为计算机系。

(2) 在表中找出（1）插入的记录，将其年龄更新为原来加 1。

(3) 删除姓名为刘敏的学生记录。

(4) 查看 90 年代出生（也就是出生年份的前三位为"199"），并且来自中国河南的学生记录，显示姓名。

(5) 统计来自中国安徽的学生人数。

五、简答题

1．在关系型数据库的表对象中，对主关键字有什么要求？
2．什么是数据库？简单描述数据库系统的主要组成部分。
3．什么是数据独立性？在数据库系统中，如何保证数据的独立性？
4．在字段属性中，设置有效性文本的作用是什么？
5．表和数据库的区别与联系？
6．简述关系型数据库的特点。
7．选择查询和操作查询的区别与联系？
8．简述数据库管理系统和数据库的概念和关系。
9．窗体和报表的相同点和不同点是什么？
10．什么是报表？报表的特点是什么？
11．什么是操作查询？操作查询有哪些类型？
12．操作查询与选择查询的异同？

13．作为关系数据库中的表对象，至少要符合哪些条件？

14．什么是子报表？创建子报表的方法有哪些？

15．分组报表是如何分组的？有几部分组成？

16．为什么要建立两张表的表间关系？

17．记录的排序和筛选各有什么作用？Access 2003 提供了 5 种筛选方式，分别是什么？

18．简述窗体的作用。

19．在窗体的设计视图中，按照从上到下，窗体分为几部分？

20．在 Access 2003 中打开关闭数据库的方法？

21．对表中的记录按照字段排序时，不同类型的字段是如何排序的？

22．查询和筛选有什么区别？

23．在 Access 2003 中报表有多少种视图，各有什么特点？

24．在 Access 2003 中窗体有多少种视图，各有什么特点？

25．表间关系有几种类型？两个表之间建立关系的前提是什么？

26．窗体的背景图片的缩放模式有哪些？

27．简述窗体的分类和作用。

28．在窗体中，组合框和列表框有何主要区别？

29．标签报表有什么作用？

30．设置字段默认值的作用是什么？

31．什么是宏？宏的作用是什么？

32．数据库打开的方式有几种？

33．什么是子窗体？如何在窗体中建立子窗体？

34．什么是实体完整性，参照完整性，用户自定义完整性？

35．数据导入最常见的三种类型。

36．简述分组报表的作用是什么？

37．数据库设计的一般流程是什么？

38．在 Access 2003 中，排序记录时对中文、英文和数字的排序规则是什么？

39．在 Access 2003 中查询的视图方式有哪些？

40．简述 Access 2003 中数据库压缩与修复的步骤。

41．如何保证数据库中数据的完整性？

42．报表设计视图有哪些节，各节的主要功能是什么？

43．简述文本框控件的作用与分类。

44．在 Access 2003 中，报表的类型有几种？

45．在 Access 2003 中，如何对数据库进行加密，设置数据库密码时需要注意什么？

六、操作题

在"学生成绩管理系统"数据库中有三张表："学生"表、"课程"表、"成绩"表。三张表的结构如下。

表1 "学生"表的结构

字段名称	字段类型	字段宽度	格式	索引
学号	文本	10	标准	有（无重复）
姓名	文本	10	标准	无
性别	文本	2	标准	无
中考成绩	数字			
毕业学校	文本	50		
出生日期	日期/时间		短日期	无
身份证号码	文本	18		
团员	是/否		标准	无
照片	OLE对象		标准	无

表2 "课程"表的结构

字段名称	数据类型	字段大小	备注
课程编号	文本型	6	
课程名称	文本型	20	
学时	数值型		
学分	数值型		

表3 "选课"表的结构

字段名称	数据类型	字段大小	说明
学号	文本型	10	
课程编号	文本型	6	
成绩	数值型		

三张表的记录如下：

"学生"表的记录

学号	姓名	性别	中考成绩	毕业学校	出生日期	团员	身份证号	照片
2020101	张三	女	523	鲁朗中学	2005-10-25	是	41108120051025****	
2020102	杨璐	男	506	上元中学	2006-09-15	否	41105120060915****	
2020103	刘美丽	女	532	江宁中学	2005-05-13	是	41106520050513****	

"课程表"的记录

课程编号	课程名程	学分	学时
001	语文	10	90
002	数学	10	90
003	英语	10	60
004	计算机基础	10	100

"成绩"表的记录

学　　号	课程编号	成　　绩
2020101	001	75
2020101	002	80
2020102	002	90
2020102	003	75
2020101	001	94

下面以"学生成绩管理系统"数据库为基础完成以下操作题。

1．设置字段的规则。

要求：设置学生信息表中性别字段的有效性规则为"'男' or '女'"，有效性文本为"请输入男或者女"；设置性别字段的默认值为"男"。

2．创建表间关系。

创建学生表和成绩表之间的一对多关系，创建课程表和成绩表之间的一对多关系。

3．创建查询。

操作题1，具体要求如下。

以成绩表为数据来源创建一个参数查询，按照学号查询学生的学号，课程编号，成绩。保存为"根据学号查成绩"。

操作题2，具体要求如下。

以学生基本信息表为数据来源创建查询，查询女学生的学号，姓名，性别，年龄（需要计算：year(date())-year([出生日期])）。保存为"学生的年龄查询"。

操作题3，具体要求如下。

创建多表查询，查询出语文课程低于60分学生的选课信息，包括学生的学号，姓名，课程名称，成绩字段。保存为"学生成绩查询"。

操作题4，具体要求如下。

创建生成表查询，以成绩表为数据来源查询出不及格学生的成绩。保存为"不及格学生成绩"。

4．创建一个窗体，实现对学生基本信息的浏览。（要求至少能实现数据的浏览，添加，删除和修改的功能。）保存为"学生基本信息浏览窗体"。具体要求如下。

（1）在"窗体页眉"中添加标签控件"学生的基本信息"。字体为楷体，字号为36，字体颜色为"红色"。

（2）把学生表的所有字段添加到主体区。

（3）添加7个命令按钮控件，实现记录的浏览，添加，修改，删除。

（4）在窗体页脚中统计出总人数。

5．创建报表。具体要求如下。

（1）使用查询向导创建"学生成绩"查询，显示为学生的学号，姓名，课程名称和成绩。将查询保存为"学生成绩多表查询"。

（2）在报表设计视图中对以"学生成绩多表查询"为数据源，创建"学生成绩分组"

报表。设计报表标题为"学生成绩",要求报表标题为宋体,22 号,加粗。表头文字为宋体,18 号,对应表格内报表文字为楷体,18 号。

(3)按照学生学号进行分组,并设置组页眉和组页脚,在组页眉区域添加学号,姓名字段。在组页脚区域添加 2 个文本框控件,分别绑定每个人的总分和每个人的平均分。将报表保存为"学生成绩报表"。

6. 将以上所做的题目封装在一个"学生成绩管理系统主窗体"中,便于系统数据的管理和维护及退出。具体要求如下。

(1)创建宏,完成可以打开第 3 题中的操作题 1 和操作题 2,操作题 3 和操作题 4 中的 4 个查询的功能。

(2)创建宏,完成可以分别打开第 4 题"学生的基本信息"窗体的功能。

(3)创建宏,完成可以分别打开第 5 题报表的功能。

(4)创建一个有多个命令按钮的窗体,在窗体的设计视图中,分别在按钮上引用新建的宏组中的宏,来完成相应的操作,不同的命令按钮打开对应的查询、窗体、报表等对象。

第二部分

计算机网络技术

复习指导

项目一 认识计算机网络

复习要求

1. 掌握计算机网络的定义;
2. 掌握计算机网络的主要功能;
3. 掌握计算机网络的系统组成;
4. 掌握计算机网络的软件种类;
5. 掌握常见计算机网络的分类方法;
6. 了解校园网的典型网络拓扑结构;
7. 了解计算机网络的形成过程。

复习内容

一、计算机网络的定义

计算机网络是计算机技术与通信技术相融合的产物。

计算机网络是把分布在不同地理区域的计算机与专门的外部设备用通信线路互连成一个规模大、功能强的系统，从而使众多计算机可以方便地互相传递信息，共享硬件、软件、数据信息等资源。简单来说，计算机网络就是由通信线路互相连接的许多自主工作的计算机构成的集合体。

二、计算机网络的功能

计算机网络具有以下功能。

（1）数据通信。数据通信是计算机网络最基本的功能，可用于在计算机与终端、计算机与计算机之间快速传送文字信件、新闻消息、咨询信息、图片资料、视频资源、电视电影等各种信息。利用这一特点，可将单位或部门分散在各个地区的计算机网络连接起来，进行统一调配、控制和管理。

（2）资源共享。充分利用计算机网络中的资源（包括硬件、软件和数据）是组建计算机网络的主要目标之一。

（3）提高系统的可靠性。在一些用于计算机实时控制和要求高可靠性的场合，通过计算机网络实现备份技术可以提高计算机系统的可靠性。

（4）分布式网络处理和负载均衡。

三、计算机网络的组成

1．计算机网络的系统组成

（1）通信子网：计算机网络中实现网络通信功能的设备及其软件的集合。通信子网负责计算机间的数据通信，即信息的传输，包括传输信息的物理媒体、转发器、交换机等通信设备。

（2）资源子网：网络中实现资源共享功能的设备及其软件的集合。

2．计算机网络的软件种类

（1）网络协议软件。
（2）网络通信软件。
（3）网络操作系统。
（4）网络管理软件和网络应用软件。

四、计算机网络的分类

1．按网络的作用范围分类

（1）局域网（LAN）：一般在几十米至几十千米范围内。
（2）城域网（MAN）：一般在几十千米至数百千米范围内。
（3）广域网（WAN）：将分布在各地的局域网连接起来，其地理范围非常大，从数百千米至数千千米，甚至上万千米，可以跨越国界，覆盖全球。

2. 按网络的传输技术分类

（1）广播式网络。广播式网络仅有一条通信信道，网络上的所有计算机都共享这个通信信道。

在广播式网络中，若某个分组发出信息以后，网络上的每一台计算机都接收并处理它，这种传输方式称为广播；若分组是将信息发送给网络中的某些计算机的，则称为多点播送或组播；若分组只将信息发送给网络中的某一台计算机，则称为单播。无线网和总线型网络一般采用广播传输方式。

（2）点到点网络。点到点网络由计算机之间的多条连线组成，从源到目的地的分组传输过程可能要经过多个中间计算机，而且可能存在多条传输路径，因此，点到点网络中的路由算法十分重要。星型网、环型网、网状型网一般采用点到点的方式传输数据。一般来讲，小的网络采用广播的方式，大的网络则采用点到点的方式。

3. 按网络的使用范围分类

（1）公用网。
（2）专用网。

4. 按传输介质分类

（1）有线网：采用双绞线、同轴电缆、光纤连接的计算机网络。有线网的传输介质包括双绞线、同轴电缆、光纤。

（2）无线网：使用电磁波传播数据，它可以传送无线电波和卫星信号，一般包括以下几个方面。

① 无线电话。
② 无线电视网。
③ 微波通信网。
④ 卫星通信网。

5. 按企业和公司管理分类

（1）内联网：企业的内部网，由企业内部原有的各种网络环境和软件平台组成。

（2）外联网：与企业内部网相对，泛指企业之外，需要扩展连接到与自己相关的其他企业网。

（3）因特网：目前十分流行的一种国际互联网。

五、校园网的典型网络拓扑结构

（1）星型拓扑结构：多个节点连接在一个中心节点上。

（2）树型拓扑结构：网络中的各节点形成了一个层次化的结构，树中的各个节点都为计算机。

（3）总线型拓扑结构：所有节点共享一条数据通道，一个节点发出的信息可以被网络上的多个节点接收，所以又称广播方式的网络。

（4）环型拓扑结构：节点通过点到点通信线路连接成闭合环路。

（5）网状型拓扑结构：分为完全连接网状型和不完全连接网状型。

六、计算机网络的形成过程

（1）以单计算机为中心的联机系统。

（2）分组交换网的诞生。

（3）网络体系结构与协议标准化。

（4）高速计算机网络。

项目二　认识局域网

复习要求

1. 了解网卡的特点及分类；
2. 了解网卡的安装方法；
3. 掌握局域网中常见网线的制作及测试方法；
4. 掌握两台计算机的连接与测试方法；
5. 了解常见传输介质的特点；
6. 了解网络协议的定义；
7. 了解网络协议的安装方法；
8. 了解 OSI/RM 体系结构；
9. 掌握 TCP/IP 体系结构及其各层功能；
10. 掌握 TCP/IP 协议簇；
11. 了解安装客户端和服务组件的方法；
12. 掌握计算机网络标识的设置方法；
13. 掌握 TCP/IP 的设置方法；
14. 掌握 IP 地址的划分、特殊 IP 地址、专用 IP 地址；
15. 掌握对等网的组建方法；
16. 了解 IEEE 802 标准及数据链路层两个子层功能；
17. 了解交换机的互连方式及分类方法；
18. 掌握子网划分的方法、子网掩码及其标注、子网划分的规则；
19. 掌握常用网络操作命令；
20. 了解访问控制的设置方法；
21. 了解设置和访问共享文件夹的方法；
22. 了解设置和取消映射网络驱动器的方法。

复习内容

一、两台计算机的互连与通信

1．网卡

网卡是网络接口卡（NIC）的简称，也叫网络适配器，是计算机连接网络的重要硬件设备。

对网卡而言，每块网卡都有唯一的网络节点地址，它被网卡生产厂家在生产时录入 ROM，这就是 MAC 地址。因此每个以太网卡的生产厂家必须申请一组 MAC 地址。任何两个网卡的 MAC 地址都不相同。

2．网卡安装的注意事项

每一台网络计算机安装上网卡后都必须安装网卡驱动程序，通过该程序可以控制计算机中网卡的工作。Windows XP 支持 PnP 功能，因为在 Windows XP 中已经包括了一个庞大的驱动程序库，收集了各个厂家不同的硬件驱动程序，其中也包括大多数网卡的驱动程序。因此安装网卡后，重新启动 Windows XP，系统可自动检测到新的硬件并识别网卡的种类，然后自动安装最合适的网卡驱动程序，从而省去手动安装驱动程序的步骤。

二、网线的制作与测试

网络设备（网卡、集线器、交换机）之间一般采用双绞线进行连接。双绞线有 4 组，共 8 根线，其用颜色来区分，白橙与橙、白蓝与蓝、白绿与绿、白棕与棕两两绞在一起，常用于星型拓扑结构的网络中。双绞线的 8 根线要接入 RJ-45 连接头（俗称"水晶头"）。

1．双绞线电缆及双绞线连接器

（1）双绞线的结构。双绞线电缆由两股彼此绝缘而又拧在一起的导线组成。双绞线的作用是抵消电缆中由于电流流动而产生的电磁场干扰，对绞的两条线的扭绞次数越多，抗干扰的能力越强。为了提高双绞线的抗干扰能力，还可以在双绞线的外壳上加一层金属屏蔽护套，它可分为非屏蔽双绞线电缆 UTP 和屏蔽双绞线电缆 STP。屏蔽双绞线电缆比非屏蔽双绞线电缆的传输更可靠，其串音较少，具有更高的数据传输速率，传输的距离更远。

（2）双绞线连接器。双绞线连接器通常称为 RJ 插头。

（3）非屏蔽双绞线类型如表 2-1 所示。

表 2-1　非屏蔽双绞线类型

类　型	导线对数	传　输　率	应　用　特　性
1 类线	2	话音级	用于电话场合，但不适合数据传输（虽然也可以用于短距离场合）
2 类线	2	4Mbps	可以用于数据通信，但实际很少使用；568A 标准中没有此种类型
3 类线	4	10Mbps	用于 10BASE-T 网络及语音通信
4 类线	4	16Mbps	用于语音传输和 IBM 令牌环网
5 类线	4	100Mbps	用于语音传输和以太网 100BASE-TX 网络
超 5 类线	4	1000Mbps	满足大多数应用需要，尤其支持千兆位以太网 1000BASE-T
6 类线	4	1000Mbps	支持千兆位以太网 1000BASE-T

2．RJ-45 接头及跳线

一般而言，RJ-45 接头用于局域网中双绞线电缆的连接。在 8 根 4 对的双绞线中，实际上只有 4 根 2 对双绞线用于传输数据。其中，1、2 线对用于发送数据，3、6 线对用于接收数据。

TIA/EIA 568A 标准规定线对顺序为：

1—白绿、2—绿、3—白橙、4—蓝、5—白蓝、6—橙、7—白棕、8—棕。

TIA/EIA 568B 标准规定线对顺序为：

1—白橙、2—橙、3—白绿、4—蓝、5—白蓝、6—绿、7—白棕、8—棕。

双绞线的连接方式主要有直通方式和交叉方式。直通方式一般用于计算机与集线器或配线架与集线器之间的连接。交叉方式一般用于集线器与集线器或网卡与网卡之间的连接。

3．网线的制作

网线的制作步骤如下。

（1）准备。

（2）剥线。

（3）抽出外套层。

（4）露出 4 对线对。

（5）按序号排好。

（6）排列整齐。

（7）剪断。

（8）放入插头。

（9）准备压实。

（10）压紧。

4．网线的测试

测试线路是否通畅应使用 RJ-45 测试仪。

测试时，将网线插头分别插入主测试器和远程测试器，如果测试直通线，则主测试器和远程测试器的 8 个指示灯 1-2-3-4-5-6-7-8 依次闪亮；如果测试交叉线，则主测试器的 8 个指示灯 1-2-3-4-5-6-7-8 依次闪亮，而远程测试器对应的 8 个指示灯按 3-6-1-4-5-2-7-8 的顺序闪亮。

5．设备的连接与测试

（1）计算机的连接。一根交叉网线连接两台安装网卡的计算机。若网卡的指示灯亮（通常亮绿灯），则表示物理上已经连通了。

（2）设备的测试。

① 设置两台计算机的 IP 地址：第一台计算机的 IP 地址为 192.168.0.1，第二台计算机的 IP 地址为 192.168.0.2。

② 测试网卡的设置是否正确：进入第一台计算机的系统，在 DOS 命令行提示符下输入"ping 192.168.0.1"或输入"ping 127.0.0.1"。

③ 检查网络是否畅通：在 DOS 命令行提示符下输入"ping 192.168.0.2"。

6．认识传输介质

在网络中，各台计算机之间的通信必须依靠传输介质。传输介质对网络的数据传输影响很大。

7．认识同轴电缆

（1）同轴电缆的结构：由铜导体、绝缘材料、铝套、保护层 4 部分绕同一轴心组成。
（2）同轴电缆的分类：RG-8，RG-11，RG-58，RG-59。
（3）同轴电缆的特点：传输距离较远；有一定的安全性；适用于语音与视频的传输。

8．认识光纤

（1）光纤：使用玻璃纤维或塑料纤维传输数据信号的网络传输介质。光纤一般由纤芯、反射层和塑料保护层组成。
（2）光纤的分类：单模光纤和多模光纤。
（3）光纤接头的制作：熔接。

9．认识无线网络

（1）无线介质的分类：无线电波、微波、红外线等。
（2）无线网络的优点和缺点。
优点：不破坏建筑结构，美观、方便。
缺点：安全性差。

三、设置计算机的网络属性

1．网络协议的定义

网络协议是为网络数据交换而制定的规则、约定与标准。
一个功能完备的计算机网络需要制定一整套复杂的协议集，网络协议是按层次结构来组织的，网络层次结构模型与各层协议的集合称为网络体系结构。

2．OSI/RM 的结构

OSI/RM 结构的模型共分 7 层，从下往上分别是物理层、数据链路层、网络层、传输层、会话层、表示层和应用层。层与层是通过各层之间的接口来进行联系的，上层通过接口向下层提出服务请求，下层通过接口向上层提供服务。

3．TCP/IP 体系结构

TCP/IP 是指传输控制协议/网际协议。它是目前普遍使用的 Internet 上的协议。
TCP/IP 是一个 4 层的体系结构，包括网络接口层、网络层、传输层和应用层。

4．TCP/IP 体系结构中各层的功能

（1）网络接口层：也称网络访问层，包括了能使用 TCP/IP 与物理网络进行通信的协议，它对应 OSI 的物理层和数据链路层，该层的主要功能如下。
① OSI 参考模型中的最低层，负责通过网络发送和接收 IP 数据包。
② 允许主机连入网络时使用多种现成的、流行的协议。
③ 当一种物理网被用作传送 IP 数据包的通道时，就可以认为是这一层的内容。

④ 充分体现出 TCP/IP 的兼容性与适应性，为 TCP/IP 的成功奠定了基础。

（2）网络层：IP 是这一层的核心协议。该层的主要功能如下。

① 相当于 OSI 参考模型中的网络层无连接网络服务。

② 处理互联的路由选择、流量控制与网络拥塞问题。

③ IP 是无连接的、提供"尽力而为"服务的网络层协议。

（3）传输层：对应 OSI 参考模型中的传输层，该层的主要功能如下。

① 在互联网中源主机与目的主机的对等实体间建立用于会话的端到端连接。

② 传输控制协议 TCP 是一种可靠的面向连接协议。

③ 用户数据报协议 UDP 是一种不可靠的无连接协议。

（4）应用层：TCP/IP 中的应用层对应 OSI 参考模型中的会话层、表示层和应用层。应用层的主要功能是通过基于特定协议的应用软件为用户提供各项针对性的服务。

5．TCP/IP 协议簇

（1）网络层的协议：IP、ICMP、IGMP、ARP、RARP。

（2）传输层议：TCP、UDP。

（3）应用层协议：FTP、HTTP、DNS、Telnet、SMTP、SNMP、NFS。

四、客户端和服务组件的安装

1．客户端组件的安装

（1）在"本地连接 属性"窗口中，单击"安装"按钮，在弹出的"选择网络组件类型"窗口中，选择"客户端"组件，然后单击"添加"按钮。

（2）在弹出的"选择网络客户端"窗口中，选择"Microsoft 网络客户端"选项，然后单击"确定"按钮。

2．服务组件的安装

（1）在"选择网络组件类型"窗口中，选择"服务"组件，然后单击"添加"按钮。

（2）在"选择网络服务"窗口中，选择"Microsoft 网络的文件和打印机共享"选项，然后单击"确定"按钮。

（3）最终弹出"本地连接 属性"窗口。

五、网络标识的设置

（1）规划一台计算机的网络标识。

（2）设置计算机的网络标识。

① 右击桌面上的"我的电脑"图标，在弹出的快捷菜单中单击"属性"命令。在弹出的"系统属性"对话框中，选择"计算机名"选项卡，在"计算机名"选项卡中显示了目前该计算机完整的计算机名和所在工作组。修改计算机描述为"第一台计算机"，然后单击"更改"按钮。

② 在弹出的"计算机名称更改"对话框中，修改计算机名和工作组名，然后单击"确定"按钮。

③ 在弹出的对话框中，选择重新启动计算机使设置生效。

六、TCP/IP 的设置

（1）在"本地连接 属性"窗口中，选择"常规"选项卡，接着在"此连接使用下列项目"列表框中选择"Internet 协议（TCP/IP）"选项，然后单击"属性"按钮。

（2）在"Internet 协议（TCP/IP）属性"窗口中，设置 IP 地址、子网掩码、网关和 DNS 服务器的 IP 地址，然后单击"确定"按钮。

七、IP 编址技术

1．IP 地址的划分

在 Internet 中，网络地址唯一标识一台计算机，这个地址就称为 IP 地址。

IP 地址由 4 字节、32 位二进制数组成。为了便于记忆和表示，采用"点分十进制"表示 IP 地址。每个 IP 地址被划分为地址类别、网络号和主机号。

IP 地址可分为 A 类、B 类、C 类、D 类和 E 类（见表 2-2）。其中常用的是 A 类、B 类、C 类。

在 A 类 IP 地址中，第 1 字节表示网络号，且规定最高 1 位为 0，后 3 字节表示主机号，故 A 类地址的范围是 0.0.0.0～127.255.255.255。

在 B 类 IP 地址中，前 2 字节表示网络号，且规定最高 2 位为 10，后 2 字节表示主机号，故 B 类地址的范围是 128.0.0.0～191.255.255.255。

在 C 类 IP 地址中，前 3 字节表示网络号，且规定最高 3 位为 110，后 1 字节表示主机号，故 C 类地址的范围是 192.0.0.0～223.255.255.255。

表 2-2　IP 地址的分类及应用

分　类	第 1 字节数字范围	子　网　掩　码	应　用
A	1～127	255.0.0.0	大型网络
B	128～191	255.255.0.0	中型网络
C	192～223	255.255.255.0	小型网络
D	224～239		多播组
E	240～247		备用

2．几种特殊的 IP 地址

（1）广播地址。

如果主机地址为全 1，则代表广播地址，广播地址是针对标识网络上所有主机的地址。例如，136.147.255.255 就是一个 B 类网广播地址。

（2）有限广播地址。

有时需要在本网内广播，但又不知道本网的网络号，于是 TCP/IP 规定，32 比特全为"1"的 IP 地址用于本网广播。因此，该地址称为"有限广播地址"，即 255.255.255.255。

（3）回环地址。

A 类 IP 地址中网络号为 127 的地址是回环地址，所谓回环的含义是任何分组都不发向网络，而是又回到了应用程序中。回环地址主要用于对所安装的 TCP/IP 软件是否配置正确进行合理的测试，最常用的回环地址是 127.0.0.1。

（4）0 地址。

TCP/IP 规定，主机号全为"0"时，表示"本地网络"。例如，"10.0.0.0"表示"10"这个 A 类网络，"192.168.1.0"表示"192.168.1"这个 C 类网络。

3．专用 IP 地址

互联网上的 IP 地址统一由"IANA"（互联网网络号分配机构）来管理。IANA 在 IP 地址中保留了 3 个地址字段，它们只在某机构的内部有效，不会被路由器转发到公网中。这些 IP 地址存在的意义是：假定在一个机构内部的计算机通信也采用 TCP/IP，则从原则上讲，这些仅在机构内部使用的计算机就可以由本机构自行分配其 IP 地址。也就是说，让这些计算机使用仅在本机构有效的 IP 地址，而不需要向 Internet 管理机构申请全球唯一的 IP 地址，这样做既可以避免与合法的 Internet 地址产生冲突，又可以节省宝贵的全球 IP 地址资源。这样的 IP 地址被称为私用地址。这些私用地址只能用作本地地址而不能用作全球地址。在 Internet 中，所有路由器对于目的地址是专用地址的数据包一律不进行转发。这些专用地址如下。

A 类：10.0.0.0～10.255.255.255；
B 类：172.16.0.0～172.31.255.255；
C 类：192.168.0.0～192.168.255.255。

八、对等网的组建

1．对等网的定义

对等网是指网络上每个计算机都把其他计算机看作平等的或对等的。在对等网络中，没有专用的服务器，计算机之间也没有层次的差别，所有计算机地位都相同，因而称为对等网络。

在对等网络中，每台计算机既可以作为客户机，又可以作为服务器。在对等网中没有负责整个网络的管理员，而是由每台计算机的用户决定该计算机上的哪些资源可以放在网络上供其他用户使用。

2．组建对等网

（1）组建对等网配置需求：计算机网卡、电缆介质、交换机等硬件，以及操作系统等相关软件。

（2）组建对等网的具体操作步骤如下（3 台计算机组建对等网）。

① 在 3 台计算机上安装 Windows XP 操作系统，并确认网卡及网卡驱动程序安装正确。
② 用直通线正确连接计算机和交换机。
③ 规划对等网中每台计算机的 IP 地址和网络标识。
④ 分别打开计算机，设置其 TCP/IP 属性和网络标识。

⑤ 通过任意一台计算机的"网上邻居",可以查看计算机的连接情况。使用"资源管理器"打开"网上邻居",并依次单击文件夹树型目录中的"Microsoft Windows Network"和"Tools",此时可看到 3 台计算机的名称和描述。

3．认识局域网

对等网是局域网的一种简单形式。局域网按照局域网标准委员会（简称"IEEE 802 委员会"）制定的 IEEE 802 标准实现。

IEEE 802 标准所描述的局域网参考模型将数据链路层划分为两个子层：逻辑链路控制（LLC）子层与介质访问控制（MAC）子层。

MAC 子层管理网络设备的物理地址，又称 MAC 地址。MAC 地址由 48 位构成，前 24 位是分配给厂商的代码，后 24 位是唯一的设备代码。MAC 地址是在设备出厂时烧录到设备的固件中的，这就使得 MAC 地址一般不能修改，因此可以标识设备的唯一性。

LLC 子层主要负责对各种网络协议进行封装，使得协议能在物理线路上传输。

IEEE 802 委员会为局域网制定了一系列标准，它们统称为 IEEE 802 标准。

4．交换机

局域网中常用的交换机工作于 OSI 参考模型的第二层。局域网交换机拥有许多端口，每个端口都有自己的专用带宽，并且可以连接不同的网段。交换机各个端口之间的通信是同时的、并行的，这就大大提高了信息吞吐量。

（1）交换机互连方式有两种：级联和堆叠。

交换机有两种堆叠方式：菊花链堆叠和主从式堆叠。

（2）交换机的分类方法。

按照管理方式划分：不可网管交换机和网管交换机。

按照配置形式划分：固定端口交换机、模块化交换机和可堆叠交换机。

九、子网的划分

1．划分子网的目的

（1）更安全地管理网络。

（2）充分利用地址。

2．划分子网的方法

从网络的主机号借用若干比特作为子网号，而主机号也就相应减少了若干比特。于是，一个 IP 数据包的路由分为三步：网络号、子网号和主机号，如图 2-1 所示。

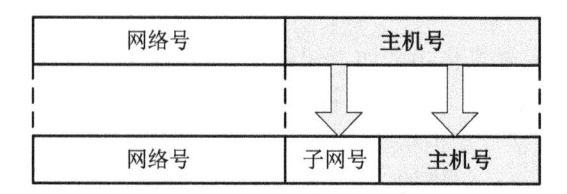

网络号	主机号	
网络号	子网号	主机号

图 2-1　子网的划分

值得注意的是，路由器的每个端口连接不同的网段，即属于不同的主网络或子网络，并且每划分一个子网，就丢失两个地址。子网中的主机地址同样不能是全 0 或全 1。

3．子网掩码

子网掩码用来区分 IP 地址，如图 2-2 所示。

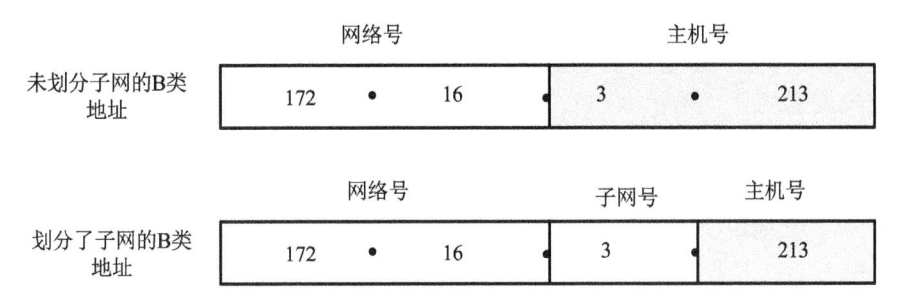

图 2-2 子网掩码

子网掩码与 IP 地址一样，也是一个 32 位的二进制数，可以用 8 位位组的方法来表示。给出子网掩码，当某位对应网络号或子网号时，使该位为 1；当某位对应主机号时，使该位为 0。标准的 A 类、B 类和 C 类地址都有一个默认的子网掩码，如表 2-3 所示。

表 2-3 子网掩码

地 址 类 别	点分十进制表示	子网掩码的二进制位		
A	255.0.0.0	11111111	00000000	00000000	00000000
B	255.255.0.0	11111111	11111111	00000000	00000000
C	255.255.255.0	11111111	11111111	11111111	00000000

为了识别网络地址，TCP/IP 对子网掩码和 IP 地址进行"按位与"运算。"按位与"就是两比特之间进行"与"运算，若两个值为 1，则结果为 1；若其中任何一个值为 0，则结果为 0。子网掩码的作用是与 IP 地址进行"按位与"运算后可以得到该 IP 地址所在的网络号，如图 2-3 所示。

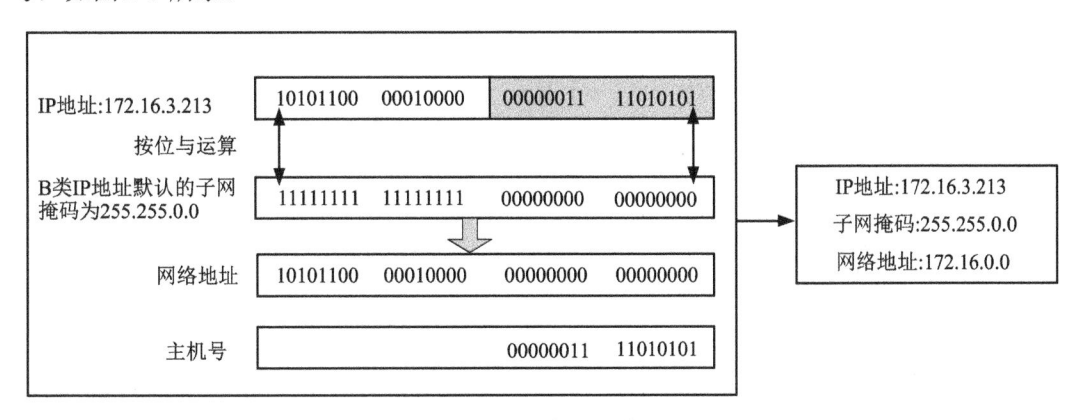

图 2-3 子网掩码的作用

4．子网掩码的标注

子网掩码决定了可能的子网数目和每个子网的主机数目。

（1）无子网的标注法。

无子网的 IP 地址可写成主机号为 0 的掩码。例如，IP 地址 210.73.140.5，子网掩码为 255.255.255.0，也可以默认子网掩码，只写 IP 地址。

（2）有子网的标注法。

有子网时，IP 地址与子网掩码一定要配对出现。

① 如果两个 IP 地址属于同一网络区间，则这两个 IP 地址间的信息交换就不需要通过路由器。如果两个 IP 地址不属于同一网络区间，也就是子网号不同，则两个 IP 地址的信息交换就需要通过路由器进行。

② 子网掩码的作用是说明有子网和有几个子网，但子网数只能表示一个范围，不能确定具体有几个子网，子网掩码不说明具体子网号，只有 IP 地址与子网掩码"按位与"运算后才能得出该 IP 地址所在的子网。

5．子网划分的规则

在 RFC 文档中，RFC950 规定了子网划分的规范，其中对网络地址中的子网号进行了如下规定。

由于网络号全为 0 代表本网络，所以网络地址中的子网号也不能全为 0，子网号全为 0 时，表示本子网网络。

由于网络号全为 1 代表广播地址，所以网络地址中的子网号也不能全为 1，全为 1 的地址用于向子网广播。

十、常用网络操作命令

（1）ping 命令：一个基于 ICMP 的实用程序，其主要功能是用来检测网络的连通情况和分析网络速度。

网络故障可能由许多原因引起，如本地配置错误、远程主机协议失效、设备故障等。下面列出了一个典型的排除网络故障的步骤。

① 使用 ipconfig/all 观察本地网络设置是否正确。

② ping 127.0.0.1。127.0.0.1 是回环地址，ping 回环地址是为了检查本地的 TCP/IP 是否已经设置好。

③ ping 本机 IP 地址，这样可以检查本机的 IP 地址是否设置有误。

④ ping 本网网关或本网 IP 地址，这样做的目的是检查硬件设备是否有问题，也可以检查本机与本地网络连接是否正常（在非局域网中可以忽略这一步骤）。

⑤ ping 远程 IP 地址，检查本网或本机与外部的连接是否正常。

（2）ipconfig/winipcfg 命令：可以查看和修改网络中与 TCP/IP 有关的配置。

十一、网络资源的共享

1．访问控制

（1）启用 Guest 账户。

① 右击桌面的"我的电脑"图标，在弹出的快捷菜单中选择"管理"选项，弹出"计算机管理"窗口。

② 依次单击"计算机管理（本地）"→"系统工具"→"本地用户和组"→"用户"，找到 Guest 账户。

③ Guest 账户出现一个红色的叉号，表明该账户已被停用，右击该账户，选择"属性"选项，弹出"Guest 属性"对话框。

④ 取消勾选"账户已停用"复选框，单击"确定"按钮后，就启用了 Guest 账户。

（2）创建新账户。

① 右击"计算机管理"窗口中的"用户"项，在弹出的快捷菜单中选择"新用户"选项。

② 选择"新用户"选项后，将弹出"新用户"对话框，依次填入"用户名""全名""描述""密码""确认密码"信息，取消勾选"用户下次登录时须更改密码"复选框，勾选"用户不能更改密码"和"密码永不过期"复选框。

③ 单击用户"car"，根据需要可把用户添加到一个组内，如加入系统管理员组。

（3）修改用户访问策略。

① 单击"开始"→"运行"命令，在运行文本框中输入"gpedit.msc"，弹出"组策略"窗口。

② 在"组策略"窗口中依次单击"'本地计算机'策略"→"计算机配置"→"Windows 设置"→"安全设置"→"本地策略"→"用户权利指派"。

③ 双击"从网络访问此计算机"，弹出"从网络访问此计算机 属性"窗口。

④ 选择"Everyone"，单击"确定"按钮。

2．设置共享文件夹

（1）设置资源共享。

① 双击桌面上的"我的电脑"图标，打开"驱动器"窗口，选择要设置的共享文件夹所在的驱动器。

② 右击欲设置成共享的文件夹，在弹出的快捷菜单中选择"共享和安全"选项。

③ 在弹出的"所选文件夹属性"对话框中选择"共享此文件夹"选项。

④ 在"共享名"文本框中，可以更改该文件夹共享时的名称。在"用户数限制"可以选择"允许最多用户"选项，也可选择"允许的用户数量"选项，设定可以同时连接的用户数量。

⑤ 单击"权限"按钮，在弹出的"所选文件夹权限"对话框中设置该文件夹的访问权限，然后单击"确定"按钮。

⑥ 选择"安全"选项卡，设置该文件夹的访问权限。

⑦ 连续单击"确定"按钮，完成共享文件夹的设置。这时，双击"我的电脑"图标，找到共享文件夹，可以看见在此文件夹图标上多了一个"手"的图样。

提示：在 NTFS 文件系统中，多了安全选项。一般来说，共享权限是网络权限，安全权限是本地权限，通过共享访问时得到的权限是二者的交集。

（2）取消资源共享。

① 右击共享文件夹，在弹出的快捷菜单中选择"共享和安全"选项。

② 在弹出的"所选文件夹属性"对话框中选择"不共享此文件夹"选项，单击"确定"按钮，即可取消资源共享。

3. 访问共享文件夹

① 打开可共享的计算机名。

② 双击共享文件夹，即可对该文件夹进行访问。

4. 映射网络驱动器

（1）设置映射网络驱动器。

① 右击共享文件夹，在弹出的快捷菜单中选择"映射网络驱动器"命令。

② 在弹出的"映射网络驱动器"窗口中设置欲将共享文件夹映射成的驱动器号；选择"登录时重新连接"选项，用户在每次登录时需要重新对该文件夹进行连接。

③ 系统默认使用当前的用户名来连接共享文件夹，如果希望以其他用户名来连接共享文件夹，则可以单击"其他用户名"超链接，在弹出的"连接身份"对话框中输入欲使用的用户名和密码，然后单击"确定"按钮。

④ 设置完成后，单击"完成"按钮，完成映射网络驱动器的设置。

⑤ 双击桌面的"我的电脑"图标或运行"资源管理器"，会发现映射的网络驱动器如同计算机原有的驱动器一样，可以方便地访问了。

（2）取消映射网络驱动器。

右击映射的网络驱动器图标，在弹出的快捷菜单中选择"断开"选项即可取消映射网络驱动器。

项目三 网络操作系统 Windows Server 2008 R2 的安装和配置

复习要求

1. 了解 Windows Server 2008 R2 的特点；
2. 了解安装 Windows Server 2008 R2 的系统要求；
3. 掌握 Windows Server 2008 R2 的安装方法；
4. 掌握活动目录的安装方法；
5. 掌握 Windows 7 客户机登录到活动目录域的方法；
6. 了解域及活动目录的含义；
7. 了解域中计算机的分类；
8. 了解网络打印共享与管理方法；
9. 掌握 DHCP 的含义及其常用术语；
10. 掌握架设 DHCP 服务器的方法；
11. 掌握 IIS 的作用；
12. 掌握架设 Web 服务器的运行环境设置；
13. 掌握架设 Web 服务器的方法；
14. 掌握 DNS 的含义及作用；
15. 掌握架设域名服务器的方法；
16. 掌握 FTP 的含义及作用；
17. 掌握架设 FTP 服务器的方法。

复习内容

一、Windows Server 2008 R2 的特点

1．Windows Server 2008 R2 简介

Windows Server 2008 R2 是微软服务器操作系统，在功能和特性上基于现有的 Windows Server 2008，且得到了进一步增强和完善。它由 Windows Server 2008 R2 基础版、标准版、企业版、数据中心版、Web 版及安腾版等组成。

2. Windows Server 2008 R2 安装需求

（1）CPU 最小速度。

Windows Server 2008 R2 只提供 X64 版本，目前主流的处理器都能够支持 64 位。处理器的最小速度为 1.4GHz，基于安腾版本的需要 Intel Itanium 2 处理器。

（2）最小内存。

最小内存：512 MB；推荐内存：2 GB。

（3）安装所需空间。

最小空间：10 GB；推荐空间：40 GB。

3. Windows Server 2008 R2 的安装类型

Windows Server 2008 R2 的安装类型有全新安装和升级安装。

4. 硬盘的分区方式

执行全新安装时，需要决定硬盘的分区方式。一块硬盘通常分成多个分区：一个主分区和多个扩展分区，每个分区以一个盘符形式表示。安装 Windows Server 2008 R2 操作系统的分区称为引导分区，运行 Windows Server 2008 R2 所需要的文件通常安装在主分区。

5. 文件系统

Windows Server 2008 R2 所支持的文件系统包括 NTFS、FAT、FAT32。其中，NTFS 安全级别最高，是最佳的配置方式。

二、Windows Server 2008 R2 的安装方法

（1）设置从光驱启动主机。

（2）重启计算机后，系统自动从光驱启动，出现安装 Windows 界面，选择需要安装的语言，单击"下一步"按钮。

（3）单击"现在安装"按钮。

（4）选择要安装的操作系统版本，选择"Windows Server 2008 R2 Standard（完全安装）"，单击"下一步"按钮。

（5）阅读许可条款后，勾选"我接受许可条款"复选框，单击"下一步"按钮。

（6）单击"自定义（高级）"，因为是全新安装操作系统，所以在此窗口不可以运行升级安装。

（7）选择将要安装 Windows Server 2008 R2 的磁盘分区，单击"驱动器选项（高级）"。

（8）单击"新建"按钮，创建磁盘分区。

（9）单击"格式化"按钮，格式化选中的系统磁盘分区。

（10）安装程序开始安装 Windows Server 2008 R2。

（11）安装完成后，计算机将自动重启进入 Windows Server 2008 R2 操作系统。第一次启动 Windows Server 2008 R2 时，系统需求用户以系统管理员账户（Administrator）登录系统，并要求更改 Administrator 的密码。单击"确定"按钮后输入新密码，并确认新密码。

（12）输入用户名和新密码登录后，将自动弹出"初始配置任务"窗口，用户可以根据自己的需要对服务器系统进行进一步配置。

三、活动目录的安装方法

1．域

域是一种管理边界，实际上域就是一组服务器和工作站的集合。

2．域控制器

在域中的计算机分为三种，域控制器、成员服务器和工作站。安装 Windows Server 2008 R2 且启用了 AD 服务的计算机称为域控制器。安装 Windows Server 2008 R2 但不启用 AD 服务的计算机称为成员服务器，它可以提供文件服务，并接收域控制器管理。安装了 Windows XP Professional、Windows Vista 或 Windows 7 的计算机加入域后称为工作站，可接收域控制器管理，当然也可以用本地账号登录工作站，但不能访问域内资源。

3．活动目录

活动目录是一种动态的服务，可将与某用户名相关的电子邮件账号、出生日期、电话等信息存储在不同的计算机上。Microsoft 的活动目录用于实现 Windows Server 的目录服务，涉及可以将哪些信息存储在数据库中，存储的方式是什么，如何查询特定的信息及如何对结果进行处理等内容。

4．活动目录的安装

（1）进入 Windows Server 2008 R2 主机，设置 IP 地址为 192.168.0.1，子网掩码为 255.255.255.0，DNS 地址为 192.168.0.1。

（2）单击"开始"菜单，在"运行"文本框中输入"dcpromo"命令启动活动目录的安装，单击"确定"按钮。

（3）进入域控制器安装准备阶段。

（4）安装准备完成后，进入域服务安装向导。

（5）在"操作系统兼容性"窗口中，单击"下一步"按钮。

（6）在"选择某一部署配置"窗口中，选择"在新林中新建域"单选按钮，单击"下一步"按钮。

（7）在"命名林根域"窗口中，输入目录林根级域的 FQDN 名为"hazj.net"，单击"下一步"按钮。

（8）在"域 NetBIOS 名称"窗口中，输入域的 NetBIOS 名为"HAZJ"，单击"下一步"按钮。

（9）在"设置林功能级别"窗口中，选择"Windows Server 2008 R2"，单击"下一步"按钮。

（10）在"其他域控制器选项"窗口中，选择"DNS 服务器"，单击"下一步"按钮。

（11）单击"是"按钮，继续安装。

（12）在"数据库、日志文件和 SYSVOL 的位置"窗口中，指定数据库、日志和 SYSVOL 文件夹路径，单击"下一步"按钮。

（13）在"目录服务还原模式的 Administrator 密码"窗口中，输入目录服务还原密码，单击"下一步"按钮。

（14）在"摘要"窗口中，可以查看以上设置，确定不需要更改后，单击"下一步"按钮。接下来，开始安装 Active Directory。

（15）安装完成后，在"完成 Active Directory 域服务安装向导"窗口中，单击"完成"按钮。

（16）升级到域后，系统需要重新启动，在弹出的对话框中，单击"立即重新启动"按钮，重新启动计算机。

（17）单击"开始"→"管理工具"，进入"Active Directory 用户和计算机"，右击"Users"，在弹出的快捷菜单中选择"新建"→"用户"选项，创建用户。

（18）创建姓名为"wx"的用户，单击"下一步"按钮。

（19）设置"wx"用户的密码为"Admin123"（A 用大写），并且勾选"用户下次登录时须更改密码"复选框，单击"下一步"按钮。

（20）创建完成后，单击"完成"按钮。最后可以看到新创建的"wx"用户。

5. Windows 7 客户机登录到活动目录域

（1）首先以本地管理员账户（Administrator）进入 Windows 7 客户机，设置 IP 地址为 192.168.0.2，子网掩码为 255.255.255.0，DNS 地址为 192.168.0.1。

（2）右击"我的电脑"，进入"系统属性"窗口，在"计算机名"选项卡中单击"更改"按钮。

（3）在"计算机名称更改"窗口中，选择"域"单选按钮，并在文本框中输入域的名称，单击"确定"按钮。

（4）在弹出的对话框中输入服务器管理员用户名和密码，单击"确定"按钮。加入域成功后，会弹出提示对话框，单击"确定"按钮。要想使更改生效，还要重新启动计算机。

（5）重新启动计算机后进入用户界面，单击"其他用户"，以域用户名"wx"身份登录到域。

（6）由于前面选择了"用户下次登录时须更改密码"，所以会弹出提示对话框，提示"您必须在第一次登录时更改密码"，单击"确定"按钮。

（7）修改密码后，单击"确定"按钮，弹出提示对话框，提示"您的密码已更改"。

四、网络打印共享与管理

1. 设置打印机共享

（1）在 Windows Server 2008 R2 中，依次单击"开始"→"控制面板"→"硬件"→"设备和打印机"命令，打开"设备和打印机"窗口。

（2）右击需要共享的打印机，在弹出的快捷菜单中选择"打印机属性"选项。

（3）在打印机属性对话框的"共享"选项卡中，选择"共享这台打印机"选项，并输入共享时该打印机的名称。建议选择"列入目录"选项,以便将该打印机发布到 Active Directory,让域用户可以通过 Active Directory 找到这台打印机。

(4)单击"其他驱动程序"按钮,在弹出的对话框中根据用户计算机情况进行选择,以便用户计算机可以直接从打印机服务器下载打印机驱动程序。

(5)在"安全"选项卡中,可以看到每一个用户都可以通过网络使用此打印机打印。当然,也可以添加其他用户,并设置相应的权限,实现只对指定的用户共享打印。

(6)单击"确定"按钮,则该打印机就可以作为网络打印机共享给其他网络用户使用了,此时在"设备和打印机"窗口可见打印机状态为共享状态。

2. 取消打印机共享

右击"共享打印机"选项,在弹出的快捷菜单中选择"共享"选项。在弹出的该打印机属性对话框中,选择"不共享这台打印机"选项,则取消了打印机共享。

3. 添加网络打印机

(1)在 Windows 7 中,依次单击"开始"→"控制面板"→"硬件和声音"→"设备和打印机"命令,打开"设备和打印机"窗口。

(2)单击"添加打印机"按钮,在弹出的"要安装什么类型的打印机"对话框中,选择"添加网络、无线或 Bluetooth 打印机"选项,单击"下一步"按钮。

(3)计算机会自动搜索网络中可用的打印机,选择搜索到的打印机,再单击"下一步"按钮。

(4)计算机连接到打印机服务器,并下载驱动程序,安装打印机,然后显示成功添加打印机,单击"下一步"按钮。

(5)设置添加的打印机为默认打印机,单击"完成"按钮,最后在"设备和打印机"窗口中显示成功添加了打印机。

五、架设 DHCP 服务器

1. 什么是 DHCP 服务器

DHCP 是动态主机配置协议的简称,是一个简化主机 IP 分配管理的 TCP/IP。用户可利用 DHCP 服务器动态分配 IP 地址,或者进行其他相关的环境配置工作(如 DNS、网关的设置)。

2. DHCP 的常用术语

(1)作用域:一个网络中所有可分配的 IP 地址的连续范围,主要用来定义网络单一的物理子网的 IP 地址范围,是服务器用于管理分配给网络客户的 IP 地址的主要手段。

(2)排除地址:不用于分配的 IP 地址序列,确保被排除的 IP 地址不会被 DHCP 服务器分配给客户机。

(3)地址池:在用户自定义了 DHCP 范围及排除范围后,剩余的地址就构成了一个地址池。地址池中的地址可以动态地分配给网络中的客户机使用。

(4)租约:客户机向 DHCP 服务器租用 IP 地址的时间长度。

（5）保留地址：用户可利用其创建一个永久的地址租约，以保证子网中的指定硬件设备始终使用同一个 IP 地址。

3．架设 DHCP 服务器的过程

（1）单击"开始"→"服务器管理器"命令，打开"服务器管理器"窗口，单击"角色"下的"添加角色"命令。

（2）在弹出的"添加角色向导"对话框中选择服务器角色，选择"DHCP 服务器"选项，单击"下一步"按钮，安装 DHCP 服务器。

（3）安装程序会自动检测并显示这台计算机中采用静态 IP 地址设置的网络连接，在"网络连接绑定"中选择要提供给 DHCP 服务的网络连接，单击"下一步"按钮。

（4）在"IPv4 DNS 设置"中将 DNS 域名（父域）设置为 hazj.net，将 DNS 服务器的 IPv4 地址设置为 192.168.0.1，单击"验证"按钮来确认该 DNS 服务器确实存在。单击"下一步"按钮。

（5）在"IPv4 WINS 设置"中选择"此网络上的应用程序需要"，设置首选 WINS 服务器 IP 地址为 192.168.0.1，单击"下一步"按钮。

（6）在"DHCP 作用域"中设置可以出租给客户端的 IP 地址范围，单击"添加"按钮。

（7）在"添加作用域"窗口中，设置作用域的名称、欲出租给客户端的起始 IP 地址和结束 IP 地址、子网掩码、默认网关与租用期限（可根据需要选择有限网络的 6 天或无线网络的 8 小时）、传播到 DHCP 客户端的子网掩码与默认网关，选择"激活此作用域"选项，单击"确定"按钮，然后单击"下一步"按钮。

（8）在"DHCPv6 无状态模式"中选择"对此服务器禁用 DHCPv6 无状态模式"，单击"下一步"按钮。

（9）在"DHCP 服务器授权"中选择对这台服务器进行授权，必须是 Enterprise Admins 组的成员才有权利执行授权操作，登录时使用的域 Administrator 是此组的成员，因此选择"使用当前凭据"选项，单击"下一步"按钮。

（10）若确认设置无误，则单击"安装"按钮，显示安装成功后单击"关闭"按钮。

（11）安装完成后，单击"开始"→"管理工具"→"DHCP"命令，打开 DHCP 控制台，设置需要排除的 IP 地址，对 DHCP 服务器授权。

六、架设 Web 服务器

1．Internet 信息服务

Windows 自带的 Internet 信息服务（IIS）支持 Web 站点创建、配置和管理，并附带网络文件传输协议（FTP）和简单的邮件传输协议（SMTP）。中小企业完全可以使用 IIS 创建和管理网站。

2．架设 Web 服务器的过程

用户可以通过 Web 浏览器查看网站中的网页。

（1）在"添加角色向导"对话框中选择服务器角色，选择"Web 服务器（IIS）"选项，单击"下一步"按钮，安装 Web 服务器。

（2）IIS 成功安装后，单击"开始"→"管理工具"→"Internet 信息服务（IIS）管理器"

命令，打开"Internet 信息服务（IIS）管理器"，其中已经有一个名为 Default Web Site 的默认网站。

（3）建立一个 Web 站点。

（4）测试 Web 站点。

七、架设域名服务器

1. DNS 服务器

DNS 是 Domain Name System（域名系统）的缩写，用于 TCP/IP 网络中，通过以简单的域名（如 www.hnbook.com）代替难记的 IP 地址（如 192.168.0.1）来定位计算机和服务。域名系统是一个分布式的主机信息数据库，它管理着整个 Internet 主机名与 IP 地址。域名系统是采用分层管理的，因此，这个分布式主机信息数据库也是分层结构的，它类似计算机中文件系统的结构。

DNS 配置中的正向查找区域是一个将名称转换成 IP 地址的数据，Windows 命令行下可用命令 nslookup www.hnbook.com 验证；反向查找区域是将 IP 地址转换成 DNS 名称的数据库，可用命令 nslookup 192.168.0.1 验证。

2. 架设域名服务器的过程

（1）在"添加角色向导"对话框中选择服务器角色，选择"DNS 服务器"选项，按提示安装 DNS 服务器。

（2）打开 DNS 管理控制台，右击服务器名称"SERVER"，在弹出的快捷菜单中选择"配置 DNS 服务器"选项。

（3）选择动态更新和转发查询方式。

（4）在本地网络的其他计算机上测试新创建的 DNS 服务器。

八、架设 FTP 服务器

文件传输协议（FTP）是 Internet 上应用十分广泛的文件传送协议，主要用于在计算机之间实现文件的上传与下载，其中一台计算机作为 FTP 客户端，其他计算机作为 FTP 的服务器端。

创建一个新的 FTP 站点需要以下几个步骤。

（1）在"添加角色向导"对话框中选择"Web 服务器（IIS）"下的"角色服务"，选择"FTP 服务器"选项，单击"下一步"按钮，安装 FTP 角色服务。

（2）打开"Internet 信息服务（IIS）管理器"，选择"网站"选项，单击"操作"栏的"添加 FTP 站点"，弹出"添加 FTP 站点"对话框，设置 FTP 站点名称为"测试 FTP"，主目录物理路径为 D:\www，单击"下一步"按钮。

（3）在"绑定和 SSL 设置"对话框中设置绑定 IP 地址为 192.168.0.1，端口号默认为 21，让 FTP 站点自动启动，设置 SSL 为"无"，单击"下一步"按钮。

（4）弹出"身份验证和授权信息"对话框，选择"匿名"和"基本"选项进行验证，并授权"匿名用户"拥有"读取"权限，单击"完成"按钮。

（5）验证创建的站点是否有效，打开本地网络内任意一台计算机，访问 FTP 站点。

项目四 交换机与路由器

复习要求

1. 掌握交换机配置线的连接方法和超级终端的设置方法；
2. 掌握交换机配置的基本操作；
3. 掌握配置交换机支持 Telnet 的方法；
4. 了解交换机的基本概念和内部地址表；
5. 了解以太网交换机的体系结构；
6. 掌握交换机分层网络设计；
7. 掌握 VLAN 产生的原因、标准、类型、端口和路由；
8. 掌握同一交换机上的 VLAN 内通信的配置方法；
9. 掌握多个交换机上的 VLAN 内通信的配置方法，了解基于三层交换机的 VLAN 间通信；
10. 掌握路由器配置的基本操作；
11. 掌握配置路由器支持 Telnet 的方法；
12. 了解路由器的硬件结构；
13. 掌握路由器的内存体系结构；
14. 了解路由器的配置方法的种类；
15. 掌握路由器的命令状态；
16. 掌握路由协议类型及其概念；
17. 掌握静态路由协议及配置方法；
18. 掌握 RIP 和 OSPF 路由协议的概念；
19. 掌握动态路由协议的分类；
20. 掌握动态路由协议 RIP 的配置；
21. 掌握动态路由协议 OSPF 的配置；
22. 了解访问控制列表的概念及配置方法。

复习内容

一、交换机的工作方式及相关知识

1. 交换机简介

交换机是目前局域网中使用十分广泛的网络设备，其主要作为工作站、服务器、路由器、集线器和其他交换机的集中点。

交换机拥有一条高带宽的内部总线和内部交换机构。交换机的所有端口都挂接在这条内部总线上,控制电路收到数据包以后,端口处理程序会查找内存中的地址对照表,以确定目的 MAC 地址的 NIC 挂接在哪个端口上,通过内部交换机迅速将数据包传送到目的端口。

总之,交换机是一种基于 MAC 的地址识别,能完成封装、解封及转发帧的数据链路层网络设备,它可以"学习"MAC 地址,并把该地址存放在内部端口——地址表中,通过在数据帧的始发者和接收者之间建立临时的交换路径,使数据帧直接由源站到达目的站。

2. 以太网交换机的体系结构

交换机是一台专用的特殊的计算机,它包括中央处理器(CPU)、随机存储器(RAM)、接口、Flash 和操作系统等。

3. 以太网交换机与分层网络设计

分层网络设计把以太网交换机在网络中的应用分为 3 个层次:核心层、汇聚层和接入层。

二、交换机的基本配置

1. 连接配置线

为了配置交换机,需要用反转线缆连接交换机背面的控制台端口(Console port)和计算机背面的串口。

2. 设置超级终端

3. 交换机配置的基本操作

交换机的 IOS 软件将命令分为用户模式、特权模式和配置模式。

(1)用户模式。该模式只允许有限数量的基本监视命令,不允许任何改变交换机配置的命令,其提示符是">"。

(2)特权模式。该模式提供了对交换机所有命令的访问,可以通过输入用户 ID 和口令来保护,其提示符是"#"。

在没有进行任何配置的情况下,默认的 Cisco 交换机特权模式提示符为:
```
Switch#
```
从用户模式进入特权模式的命令:
```
Switch>enable
```
返回用户模式命令:
```
Switch#exit 或"Ctrl+C"组合键
```

(3)配置模式。该模式又分为全局配置模式、接口配置模式等子模式。全局配置模式和所有其他特定的配置模式都只能从特权模式到达。

① 全局配置模式。全局配置模式用于配置交换机的整体参数。

从特权模式进入全局配置模式的命令:
```
Switch#configure terminal
```

返回特权用户模式命令：

```
Switch(config)#exit
Switch#
```

② 接口配置模式。接口配置模式用于配置交换机的接口参数。若要进入各种配置模式，则首先必须进入全局配置模式。从全局配置模式出发，可以进入各种配置子模式。

接口配置子模式的命令：

```
Switch(config-if)#
```

VLAN 配置子模式的命令：

```
Switch(config-vlan)#
```

从全局配置模式进入接口配置子模式的命令：

```
Switch(config)#interface FastEthernet 0/1
```

返回全局配置模式的命令：

```
Switch(config-if)#exit
Switch(config)#
```

从子模式下直接返回特权模式的命令：

```
Switch(config-if)#end
Switch#
```

4. 配置交换机支持 Telnet

配置交换机支持 Telnet 是为了对设备进行远程管理。

配置的步骤如下。

（1）在 PC 上进行设置。设置 PC 的 IP 地址和子网掩码。
（2）在交换机上配置管理 IP 地址。
（3）配置交换机远程登录密码。
（4）配置交换机特权模式密码。
（5）保存在交换机上所做的配置。

注意：交换机的管理接口默认是关闭的（shut down），因此在配置管理接口 interface Vlan 1 的 IP 地址后需用命令"no shutdown"开启该接口。

三、交换机的 VLAN 配置

1. VLAN

虚拟网（VLAN）技术就是将一个交换网络从逻辑上划分为若干子网，每一个子网就是一个广播域。逻辑上划分的子网与传统物理上划分的子网在功能上相同，可以根据交换机的端口、MAC 地址、IP 地址来进行划分。

2. VLAN 标准

802.1Q VLAN 的体系结构如图 4-1 所示。

802.1Q 使用 4 字节标签头定义 TAG（标签）。802.1Q 标签头包含 2 字节的标签协议标识（TPID）和 2 字节的标签控制信息（TCI）。

TPID（Tag Protocol Indentilfier）：表明这是一个加了802.1Q标签的帧。TPID包含一个固定的值0X8100。

TCI包含的是帧的控制信息，它包含下面一些元素。

（1）Priority：3bits 指明帧的优先级。

（2）Canonical Format Indicator（CFI）：如果CFI的值为0则说明是规范格式；如果CFI的值为1则说明是非规范格式。

（3）VLAN Identified（VLAN ID）：这是一个12bits的域，指明VLAN的ID，共4096个，每个支持802.1Q协议的交换机发送出来的数据包都包含这个域，以指明自己属于哪一个VLAN，其中VLAN1是不可删除的默认VLAN。

目的MAC	源MAC	长度/类型	DATA	FCS
6字节	6字节	2字节	46~1500字节	4字节

以太网帧格式

目的MAC	源MAC	TPID	TCI	长度/类型	DATA	FCS

0X8100 2B	优先级 3bits	CFI 1bit	VLAN ID 12bits

802.1Q帧格式　　4B

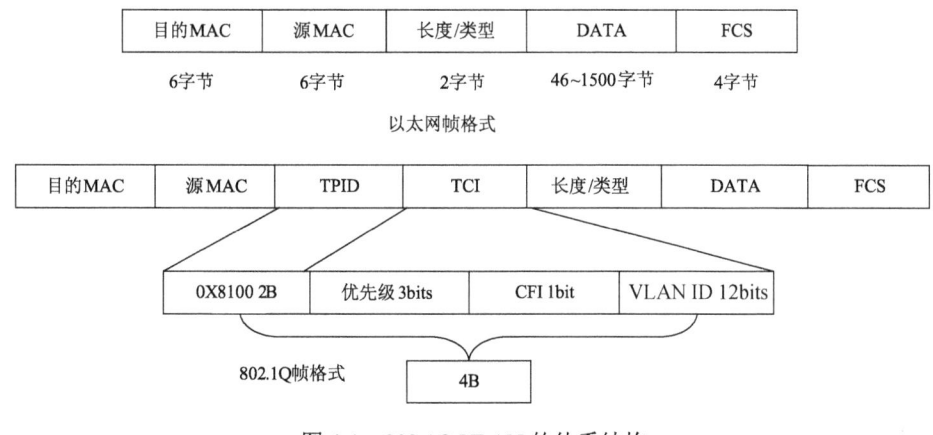

图 4-1　802.1Q VLAN 的体系结构

3．VLAN 的类型

（1）基于端口的 VLAN。

（2）基于 MAC 地址的 VLAN。

（3）基于协议的 VLAN。

4．VLAN 的端口

VLAN 的端口可以分为两种：Access 和 Trunk。

（1）接入链路（Access Link）。

接入链路是用于连接主机和交换机的链路。在通常情况下，主机并不需要知道自己属于哪些 VLAN，主机的硬件也不一定支持带有 VLAN 标记的帧。主机要求发送和接收的帧都是没有打上标记的帧。

（2）干道链路（Trunk Link）。

干道链路是可以承载多个不同 VLAN 数据的链路。干道链路通常用于交换机间的互连，或者用于交换机和路由器之间的连接。

（3）帧在网络通信中的变化。

在一般情况下，干道链路上传送的都是带标签的报文，接入链路上传送的都是未带标签的报文。这样做的最终结果是：网络中配置的 VLAN 可以被所有交换机正确处理，而主机不需要了解 VLAN 信息。

5. 同一交换机上的 VLAN 内通信

同一交换机上的 VLAN 内通信如图 4-2 所示。

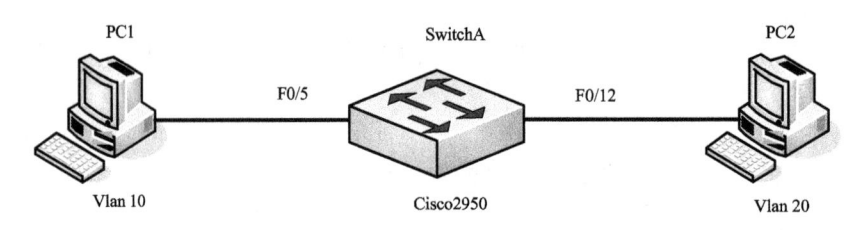

图 4-2 同一交换机上的 VLAN 内通信

操作步骤如下。
（1）配置 PC1 和 PC2。
设置 PC1 的 IP 地址和子网掩码分别为 192.168.1.1，255.255.255.0。
设置 PC2 的 IP 地址和子网掩码分别为 192.168.1.2，255.255.255.0。
在未划分 VLAN 前，两台 PC 可以互相 ping 通。
（2）创建 VLAN。

```
SwitchA#vlan database              !进入Vlan配置子模式
SwitchA(vlan)#vlan 10 name test10  !创建Vlan 10,并命名为test10
SwitchA(vlan)#vlan 20 name test20  !创建Vlan 20,并命名为test20
```

验证测试：

```
SwitchA#show vlan
```

（3）将接口分配到 VLAN（以接口 F0/5 为例）。

```
SwitchA(config)#interface fastethernet 0/5
                                   !进入F0/5的接口配置模式
SwitchA(config-if)#switchport mode Access
                                   !设置端口为静态VLAN访问模式,本命令可省略
SwitchA(config-if)#switchport Access vlan 10
                                   !将F0/5端口加入Vlan 10
```

（4）两台 PC 互相 ping 不通。

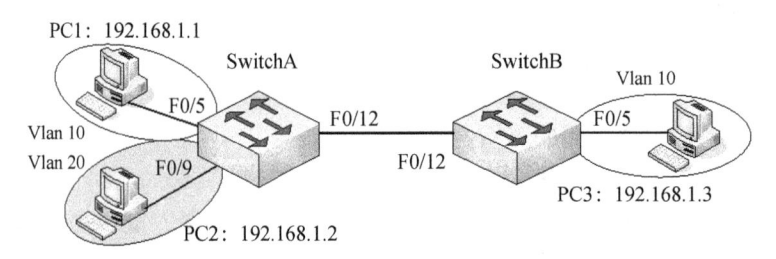

6. 多个交换机上的 VLAN 内通信

多个交换机上的 VLAN 内通信如图 4-3 所示。

图 4-3 多个交换机上的 VLAN 内通信

操作步骤如下。

(1) 配置 PC1、PC2 和 PC3。

设置 PC1 的 IP 地址和子网掩码分别为 192.168.1.1，255.255.255.0。

设置 PC2 的 IP 地址和子网掩码分别为 192.168.1.2，255.255.255.0。

设置 PC3 的 IP 地址和子网掩码分别为 192.168.1.3，255.255.255.0。

在未划分 VLAN 前，三台 PC 可以互相 ping 通。

(2) 在交换机 SwitchA 上创建 Vlan 10，并将 F0/5 端口划分到 Vlan 10 中。

(3) 在交换机 SwitchA 上创建 Vlan 20，并将 F0/9 端口划分到 Vlan 20 中。

(4) 在交换机 SwitchA 上设置 VTP 模式。

(5) 在交换机 SwitchA 上将与 SwitchB 相连的端口（假设为 F0/12 端口）定义为干道链路模式。

(6) 在交换机 SwitchB 上创建 Vlan 10，并将 F0/5 端口划分到 Vlan 10 中。

(7) 在交换机 SwitchB 上设置 VTP 模式。

(8) 在交换机 SwitchB 上将与 SwitchA 相连的端口（假设为 F0/12 端口）定义为干道链路模式。

(9) 验证 PC1 和 PC3 能互相通信，但 PC2 和 PC3 不能互相通信。

注意：两台交换机之间相连的端口应该设置为干道链路模式。

7．VLAN 的路由

前面的 VLAN 都是基于两层交换功能的，但是不同 VLAN 之间的信息还需要互通，这就需要通过 VLAN 的三层路由功能来实现。

VLAN 之间的通信的解决方法如下。

(1) 在 VLAN 之间配置路由器。

(2) 利用三层交换机实现 VLAN 间的通信。

四、路由器的基础知识

1．路由器

路由器工作在网络层，用于实现局域网之间及局域网与 Internet 的互联，将所有网络连接在一起。现在较高档的交换机也可直接在网络层上工作，并提供路由功能，俗称三层交换机。

2．路由器的组成

路由器由硬件和软件组成。

硬件：

(1) CPU。

(2) 路由器存储器（ROM、FLASH、DRAM、NVRAM）。

(3) 路由器端口。

软件：网络操作系统（IOS）。

3．路由器的端口

（1）高速同步串口。
（2）以太网端口。
（3）Console 端口（控制台端口）。
（4）AUX 端口（辅助端口）。
（5）ISDN 端口（BRI 端口）。
（6）高密度异步端口。

4．路由器连接线缆

（1）反转线。
（2）V.35 路由器线缆。在实际工作环境中，路由器必须通过 CSU/DSU 设备（也称 DTU）接入广域网。路由器与 DTU 之间的连接有几种标准，常见的就是使用 V.35 标准的接口和线缆。V.35 路由器线缆又分为 DTE 线缆和 DCE 线缆，V.35DTE 线缆接口处为针状，V.35DCE 线缆接口处为孔状。

5．路由器的配置方法

（1）控制台方式。
（2）远程登录（Telnet）方式。
（3）网管工作站方式。
（4）TFTP 服务器方式。

6．路由器的命令状态

路由器的配置操作有三种模式，即用户模式、特权模式和配置模式。
（1）用户模式。如果设置了路由器的名字，则提示符为：路由器的名字>。
（2）特权模式。
在 Router>提示符下输入 enable，路由器进入特权模式，即：

```
Router>enable
Router#
```

（3）配置模式。
① 全局配置模式。在 Router#提示符下输入 configure terminal，路由器进入全局配置模式，即：

```
Router#configure terminal
Router(config)#
```

② Setup 模式。这是一台新路由器开机时自动进入的状态，系统会自动进入 Setup 模式，并询问是否用 Setup 模式进行配置。要进入 Setup 模式，可在特权模式下输入 Setup。
③ RXBOOT 模式。在路由器加电 60s 内，在 Windows 系统的超级终端下，同时按 "Ctrl+Break" 组合键 3～5s 即可进入 RXBOOT 模式，这时路由器不能完成正常的功能，只能进行软件升级和手工引导，或者进行路由器口令恢复时进入该状态。
④ 其他配置模式。在全局配置模式下，输入相应命令，便可进入 Router(config-if)#、

Router(config-line)#和 Router(config-router)#等子模式，这时可以设置路由器的某个局部参数。

五、路由器的初始配置

操作步骤如下。
（1）在 PC 上进行设置。
设置 PC 的 IP 地址和子网掩码分别为 192.168.0.138，255.255.255.0。
（2）在路由器上配置 F 0/1 端口的 IP 地址。
（3）配置路由器远程登录密码。
（4）配置路由器特权模式密码。
（5）保存在路由器上所做的配置。
注意：执行命令 RouterA#show running-config，可显示 RouterA 的全部配置。

六、静态路由的配置

1．路由协议

路由协议（Routing Protocol）是用于路由器动态寻找网络的最佳路径，保证所有路由器拥有相同的路由表，在一般情况下，路由协议决定数据包在网络上的行走路径。

可被路由的协议（Routed Protocol）由路由协议传输，前者也称为网络协议。可被路由的协议和路由协议经常被混淆。可被路由的协议在网络中被路由，如 IP、DECnet、AppleTalk、Novell NetWare、OSI 等。而路由协议是实现路由算法的协议，简单地说，它给网络协议做导向。路由协议有 RIP、IGRP、EIGRP、OSPF、IS-IS、EGP、BGP 等。

典型的路由选择方式有两种：静态路由和动态路由。

2．路由器可配置的路由

路由器可配置的路由有三种：静态路由、动态路由和默认路由。

路由器查找路由的顺序为静态路由、动态路由，如果路由表中没有合适的路由，则通过默认路由将数据包传输出去。在一个路由中，可以综合使用三种路由。

路由器路由协议配置的基本步骤是：第一步，选择路由协议；第二步，指定网络或端口。

3．静态路由

静态路由是指由网络管理员手动配置的路由信息。当网络的拓扑结构或链路的状态发生变化时，网络管理员需要手动修改路由表中相关的静态路由信息。

通过配置静态路由，用户可以指定某一网络访问时所要经过的路径，在网络结构比较简单且一般到达某一网络所经过的路径唯一时，可采用静态路由。

4．配置静态路由的相关命令

（1）ip address <本端口 IP 地址> <子网掩码>：为端口设置一个 IP 地址。
在同一端口中，可以设置两个以上的不同网段的 IP 地址，这样可以实现连接在同一局域网上不同的网段之间的通信。如果一个网段对用户来说不够用，则可以采用以下方法。

在端口配置模式下输入以下命令，即可在同一端口中设置另一个不同网段的 IP 地址。

`ip address <本端口 IP 地址> <子网掩码> secondary`

（2）ip route <目的子网地址> <子网掩码> <相邻路由器相邻端口地址或者本地物理端口号>：设置静态路由。

ip route 0.0.0.0 0.0.0.0 <相邻路由器相邻端口地址或本地物理端口号>：设置默认路由。

（3）show ip route：显示 IP 路由表。

（4）ping：测试网络连通性。

5. 配置静态路由

操作步骤如下。

（1）配置 PC1 和 PC2。

设置 PC1 的 IP 地址、子网掩码和网关分别为 172.16.1.11、255.255.255.0 和 172.16.1.1。

设置 PC2 的 IP 地址、子网掩码和网关分别为 172.16.3.22、255.255.255.0 和 172.16.3.1。

（2）在路由器 RouterA 上配置接口的 IP 地址和串口上的时钟频率。

验证测试：验证路由器接口配置。

`RouterA#show ip interface brief` 或 `RouterA#show interface serial 0`

（3）在路由器 RouterA 上配置静态路由。

验证测试：验证 RouterA 上的静态路由配置。

`RouterA#show ip route`

（4）在路由器 RouterB 上配置接口的 IP 地址和串口上的时钟频率。

（5）在路由器 RouterB 上配置静态路由。

（6）测试网络的互联互通性，PC1 与 PC2 可以互相 ping 通。

注意：如果两台路由器通过串口直接互联，则必须在其中一端设置时钟频率（DCE）。

七、动态路由及动态路由协议的分类

1. 动态路由

动态路由是指路由器能够自动建立自己的路由表，并且能够根据实际情况的变化适时地进行调整。动态路由机制的运作依赖路由器的两个基本功能：对路由表的维护，路由器之间适时地交换路由信息。路由器之间的路由信息交换是基于路由协议实现的。交换路由信息的最终目的在于通过路由表找到一条数据交换的最佳路径。每一种路由算法都有其衡量的最佳原则。大多数算法使用一个量化的参数来衡量路径的优劣，一般来说，参数值越小，路径越好。该参数既可以通过路径的某一特性进行计算，又可以在综合多个特性的基础上进行计算。几个比较常用的特征是：路径所包含的路由器跳数（Hop Count）、网络传输费用（Cost）、带宽（Bandwidth）、延迟（Delay）、负载（Load）、可靠性（Reliability）和最大传输单元 MTU（Maximum Transmission Unit）。

2. 动态路由协议的分类

根据是否可在一个自治系统内部使用，动态路由协议分为内部网关协议（Interior

Gateway Protocol，IGP）和外部网关协议（Exterior Gateway Protocol，EGP）。这里的自治系统是指一个在同一公共路由选择策略和公共管理下的网络集合，具有统一管理机构、统一路由策略的网络。例如，大的公司或学校、小的站点常常是其 Internet 服务提供商自治系统的一部分。

（1）内部网关协议：在自治系统内交换路由选择信息的路由协议，常用的 Internet 内部网关协议有 RIP、OSPF。

（2）外部网关协议：在自治系统之间交换路由选择信息的互联网络协议，如 BGP。

一般企业或学校较少涉及外部网关协议。最常见的外部网关协议是边界网关协议 BGP（Border Gateway Protocol）。

八、动态路由协议 RIP 的配置

1．RIP 简介

RIP（Routing Information Protocol）是应用较早、使用较普遍的内部网关协议，适用于小型同类网络，是典型的距离矢量路由选择协议。

RIP 通过广播 UDP 报文来交换路由信息，每 30s 发送一次路由信息更新。RIP 提供跳数作为尺度来衡量路由距离，跳数是一个包到达目标所必须经过的路由器的数目。如果到达相同目标有两个不等速或不同带宽的路由器，但跳数相同，则 RIP 认为两个路由是等距离的。RIP 最多支持的跳数为 15，即在源和目的网之间所要经过的路由器的数目最多为 15，跳数 16 表示不可达。

RIP 版本 2 还支持无类域间路由、可变长子网掩码和不连续子网，并且使用组播地址发送路由信息。

2．RIP 配置步骤

在全局配置模式下的步骤如下。

（1）启动 RIP 路由，输入命令：

```
router rip
```

（2）设置 RIP 的版本（可选）。RIP 路由协议有两个版本，在与其他厂商路由器相连时要注意版本一致。在默认状态下，Cisco 路由器接收 RIP 版本 1 和版本 2 的路由信息，但只发送 RIP 版本 1 的信息。

可用命令"version<1 或 2>"设置 RIP 的版本。

（3）设置本路由器参加动态路由的网络，其格式为：

```
network <与本路由器直连的网络号>
```

注意：network 命令中的<与本路由器直连的网络号>不能包含子网号，而应包含主类网络号。

（4）允许在非广播型网络中进行 RIP 路由广播（可选），其格式为：

```
neighbor<相邻路由器相邻端口的 IP 地址>
```

3．动态路由协议 RIP 配置实例

RIP 配置实例如图 4-4 所示。

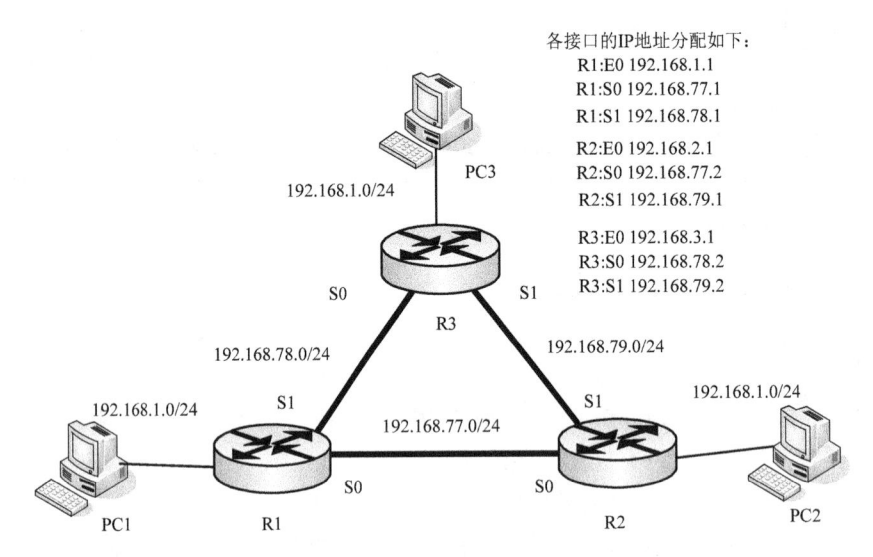

图 4-4　RIP 配置实例

（1）配置 PC1、PC2 和 PC3。

设置 PC1 的 IP 地址、子网掩码和网关分别为 192.168.1.11、255.255.255.0 和 192.168.1.1。
设置 PC2 的 IP 地址、子网掩码和网关分别为 192.168.2.22、255.255.255.0 和 192.168.2.1。
设置 PC3 的 IP 地址、子网掩码和网关分别为 192.168.3.33、255.255.255.0 和 192.168.3.1。

（2）在路由器上配置接口的 IP 地址和串口上的时钟频率（以 R1 为例）。

（3）在路由器 R1 上配置 RIPv2 路由协议。

（4）在路由器 R3 上配置 RIPv2 路由协议。

4．路由表中的项目

R192.168.1.0 [120/1] via 192.168.78.1, 00:02:30, Serial0 解释如下。

（1）R 表示此项路由是由 RIP 协议获取的。

（2）192.168.1.0 表示目标网段。

（3）[120/1]中的 120 表示 RIP 协议的管理距离默认为 120，1 是该路由的度量值，即跳数。

（4）via 表示经由。

（5）192.168.78.1 表示从当前路由器出发到达目标网的下一跳点的 IP 地址。

（6）00:02:30 表示该条路由产生的时间。

（7）Serial0 表示该条路由使用的接口。

注意：

① 在串口上配置时钟频率时，一定要在电缆 DCE 端的路由器上配置，否则链路不通。为了查明串行接口所连的电缆类型，从而正确配置串行接口，可以使用 show controllers serial 命令来查看相应的控制器。

② 定义关联网络时，命令 network 后面必须是与该路由器直连的主类网络地址。

九、动态路由协议 OSPF 的配置

1. OSPF 简介

OSPF（Open Shortest Path First）是一个内部网关协议，用在单一自治系统内决策路由。与 RIP 相比，OSPF 是链路状态路由协议，而 RIP 是距离矢量路由协议。

链路是路由器接口的另一种说法，因此 OSPF 也称为接口状态路由协议。OSPF 通过路由器之间通告网络接口的状态来建立链路状态数据库，生成最短路径树，每个 OSPF 路由器使用这些最短路径构造路由表。

2. OSPF 配置步骤

（1）启用 OSPF 动态路由协议，其格式为：
`Router ospf <进程号>`
进程号在 1~65535 范围内可以随意设置，只用于标识 OSPF 为本路由器内的一个进程。
（2）定义参与 OSPF 的子网。该子网属于哪一个 OSPF 路由信息交换区域，其格式为：
`network <本路由器直连的 IP 子网号> <通配符> area <区域号>`

路由器将限制只能在相同区域（自治系统）内交换子网信息，不同区域间不交换路由信息。区域号的取值范围为 0~4294967295，区域 0 为主干 OSPF 区域。不同区域交换路由信息时必须经过区域 0。某一区域要接入 OSPF 路由区域 0，该区域至少有一台路由器为区域边缘路由器，即它参与本区域路由又参与区域 0 路由。

说明：该命令中可以包括子网号，其中的<通配符>就是该子网的反掩码。反掩码是用广播地址（255.255.255.255）减去掩码地址所得到的地址。如掩码地址为 255.255.255.0，则反掩码为 0.0.0.255。

3. 操作步骤

（1）配置 PC1 和 PC2。
设置 PC1 的 IP 地址、子网掩码和网关分别为 192.168.1.11、255.255.255.0 和 192.168.1.1。
设置 PC2 的 IP 地址、子网掩码和网关分别为 192.168.2.22、255.255.255.0 和 192.168.2.1。
（2）对两台路由器进行基本配置。
（3）启动 OSPF 路由协议。
注意：
① 在广域网口 DCE 端配置时钟速率。
② OSPF 进程号要相同。
③ 声明网段后，掩码用反掩码。

十、访问控制列表

1. ACL

ACL（Access Control List，访问控制列表）直接的功能便是对网络设备上的所有数据

包进行过滤。通过在路由器或在三层交换机上进行网络安全属性配置，实现对进入路由器、三层交换机上的输入/输出数据流进行过滤，禁止非法数据通过，从而获得网络安全。

2. ACL 的类型

ACL 的类型主要分为 IP 标准访问控制列表和 IP 扩展访问控制列表，主要动作为允许（Permit）和拒绝（Deny），主要应用方法是入栈（In）应用和出栈（Out）应用。

十一、标准访问控制列表的配置

1. IP 标准访问控制列表（Standard IP ACL）

IP 标准访问控制列表是对基本 IP 数据包中的 IP 地址进行控制，如图 4-5 所示。

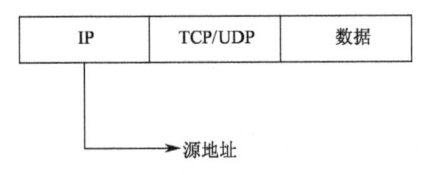

图 4-5 标准访问控制列表

所有访问控制列表都是在全局配置模式下生成的。IP 标准访问控制列表的格式如下：

```
Access-list listnumber {permit |deny } address {wildcard-mask}
```

其中，listnumber 是规则序号，标准访问控制列表的规则序号范围是 1～99；permit 和 deny 表示允许或禁止满足该规则的数据包通过；address 是源地址 IP；wildcard-mask 是源地址 IP 的通配比较位，也称反掩码。例如：

```
(config)#Access-list 1 permit 172.16.0.0  0.0.255.255
(config)#Access-list 1 deny 0.0.0.0 255.255.255.255
```

（1）使用通配符 any。

使用二进制通配掩码很不方便，某些通配掩码可以使用缩写形式替代。这些缩写形式减少了在配置地址检查条件时的键入量。

假如想任何目标地址都被允许，为了检查该地址，需要输入 0.0.0.0。要使 ACL 忽略任意值，反掩码为 255.255.255.255。可以使用如下缩写形式来指定相同的测试条件。

```
(config)# Access-list 1 permit 0.0.0.0 255.255.255.255
```

等价于

```
(config)# Access-list 1 permit any
```

（2）使用通配符 host。

当想要与整个 IP 主机地址的所有位相匹配时，相应的反掩码位全为 0（也就是 0.0.0.0）。可以使用如下缩写形式，来指定相同的测试条件。

```
(config)# Access-list 1 permit 172.16.9.36 0.0.0.0
```

等价于

```
(config)# Access-list 1 permit host 172.16.9.36
```

2. 操作步骤

（1）配置 3 个不同网段的主机。

设置网段 192.168.1.0 主机的 IP 地址、子网掩码和网关分别为 192.168.1.11、255.255.255.0 和 192.168.1.1。

设置网段 192.168.2.0 主机的 IP 地址、子网掩码和网关分别为 192.168.2.22、255.255.255.0 和 192.168.2.1。

设置网段 192.168.3.0 主机的 IP 地址、子网掩码和网关分别为 192.168.3.33、255.255.255.0 和 192.168.3.1。

（2）路由器的基本配置。
（3）配置 IP 标准访问控制列表。
（4）在接口下应用访问控制列表。

注意：
① 访问控制列表的网络掩码是反掩码。
② 标准控制列表要应用在尽量靠近目的地址的接口。
③ 注意标准访问控制列表的编号是 1~99。
④ 执行 R1#show running-config 命令，可查看路由器的配置。

十二、扩展访问控制列表的配置

1. 扩展访问控制列表

扩展访问控制列表（Extended IP ACL）既可检查分组的源地址和目的地址，又可检查协议类型和 TCP（或 UDP）的端口号，如图 4-6 所示。

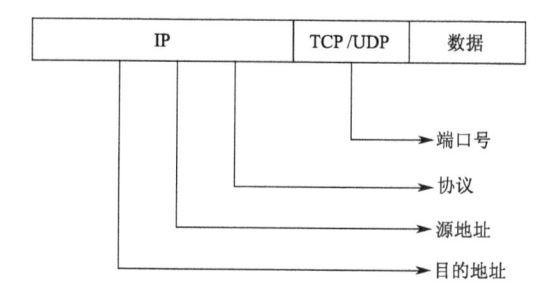

图 4-6　扩展访问控制列表

IP 扩展访问控制列表也都是在全局配置模式下生成的。IP 扩展访问控制列表的格式如下：

```
Access-list listnumber{permit |deny } protocol source source-wildcard-mask destination destination-wildcard-mask [operator operand]
```

其中，扩展访问控制列表的规则序号是 100~199；protocol 是指定的协议，如 IP、TCP、UDP 等；destination 是目的地址；destination-wildcard-mask 是目的地址的反掩码；operator operand 用于指定端口的范围，默认全部端口号为 0~65535，只有 TCP 和 UDP 协议需要指定端口范围。

2. 操作步骤

某学校规定教师在教工宿舍可以访问教工之家的 WWW 服务器，在学生宿舍的学生不能访问教工之家的 WWW 服务器，学校规定学生所在的网段是 172.16.10.0/24，学校服务器所在的网段是 172.16.20.0/24，教师所在的网段是 172.16.30.0/24。

（1）配置 3 个不同网段的主机。

设置网段 172.16.10.0 一主机的 IP 地址、子网掩码和网关分别为 172.16.10.11、255.255.255.0 和 172.16.10.1。

设置 WWW 服务器的 IP 地址、子网掩码和网关分别为 172.16.20.22、255.255.255.0 和 172.16.20.1。

设置网段 172.16.30.0 一主机的 IP 地址、子网掩码和网关分别为 172.16.30.33、255.255.255.0 和 172.16.30.1。

（2）路由器的基本设置。
（3）配置扩展 IP 访问控制列表。
（4）在接口下应用访问控制列表。

注意：

① 访问控制列表要在接口下应用。
② 扩展访问控制列表尽量放在靠近源地址的端口上。
③ 在所有访问控制列表最后，有一条隐含规则——拒绝所有。要注意拒绝某个网段后允许其他网段。
④ 在编号访问控制列表里要特别注意，删除其中的一个条目，其他条目也一并删除。

十三、命名访问控制列表的配置

命名访问控制列表允许在标准访问控制列表和扩展访问控制列表中，使用名字代替数字来表示访问控制列表编号。使用命名访问控制列表有以下优点。

（1）通过一个由字母数字串组成的名字直观地表示特定的访问控制列表。
（2）不受 99 条标准访问控制列表和 100 条扩展访问控制列表的限制。
（3）网络管理员可以方便地对访问控制列表进行修改而无须删除访问控制列表之后再对其进行重新配置。

使用 ip Access-list 命令可创建命名访问控制列表，其语法格式如下：

```
ip Access-list{extend|standard} name
```

这将用户置于访问控制列表配置模式下：

```
Router(config-std-nacl)#或Router(config-ext-nacl)#
```

在访问控制列表配置模式下，通过指定一个或多个允许及拒绝条件，来决定一个分组是允许通过还是被丢弃。其语法格式如下：

```
Router(config-ext-acl)#{permit|deny}protocolsource  source-wildcard-mask
[operator [port]] destination destination-wildcard-mask [operator [port]]
```

在访问控制列表配置命令中，允许或拒绝操作符用于通知路由器，当一个分组满足某一访问控制列表语句时，应执行转发操作还是丢弃操作。

项目五 接入 Internet

复习要求

1. 了解 ADSL 技术；
2. 掌握 ADSL 硬件的安装；
3. 掌握虚拟拨号安装设置；
4. 掌握拨号接入 Internet；
5. 掌握宽带路由器的作用；
6. 掌握宽带路由器的硬件安装；
7. 掌握宽带路由器的参数设置；
8. 掌握使用宽带路由器实现多机共享上网；
9. 了解网络地址转换（NAT）的概念及类型；
10. 了解使用路由器的 NAT 功能接入 Internet；
11. 掌握接入无线网的配置方法。

复习内容

一、ADSL 基础知识

1. ADSL 简介

ADSL 称为非对称数字用户线路。这是因为 ADSL 被设计成向下流（下行，即从中心局到用户侧）比向上流（上行，即从用户侧到中心局）传送的带宽要宽，其下行速率最高为 8Mbps，而上行速率最高 1Mbps。

2. ADSL 两种接入方式

（1）ADSL 虚拟拨号接入。
（2）ADSL 专线接入。

二、使用 ADSL 拨号接入 Internet

1. ADSL 硬件的安装

（1）安装网卡并安装好驱动程序。
（2）连接信号分离器。
（3）连接 ADSL 调制解调器和计算机。

2. 虚拟拨号安装设置

（1）依次单击"开始"→"所有程序"→"附件"→"通信"→"新建连接向导"，在弹出的窗口中选择"下一步"按钮。

（2）在新弹出的窗口中选择"连接到 Internet"，再单击"下一步"按钮。

（3）在新弹出的窗口中选择"手动设置我的连接"，再单击"下一步"按钮。

（4）在新弹出的窗口中有三个选项，第一个选项用来建立 56K 调制解调器和 ISDN 连接，而下面两个选项中的一个用来建立 ADSL 或 CABLE 虚拟拨号（"用要求用户名和密码的宽带连接来连接"），另一个用来建立 ADSL 或 CABLE 专线接入（"用一直在线的宽带连接来连接"），虚拟拨号就选择"用要求用户名和密码的宽带连接来连接"，然后单击"下一步"按钮。

（5）在新弹出的窗口中输入"连接名"，任意输入一个名称即可。

（6）单击"下一步"按钮，在新弹出的窗口中输入在 ISP 网络服务提供商那里申请宽带时获得的"用户名"和密码。

（7）单击"下一步"按钮，选中"在我的桌面上添加一个到此连接的快捷方式"，以方便拨号，最后单击"完成"按钮。

3. 拨号接入 Internet

在桌面上或在"控制面板"的"网络连接"图标中打开新建立的连接，在弹出的窗口中单击"连接"按钮，即可成功连接 Internet。

三、使用宽带路由器接入 Internet

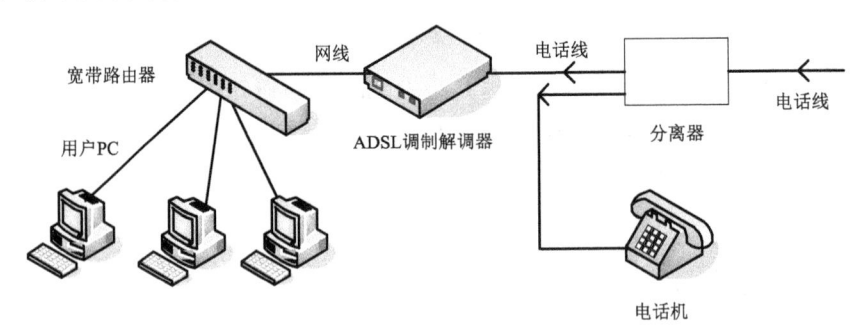

1. 宽带路由器的硬件安装

宽带路由器的硬件安装拓扑图如图 5-1 所示。

图 5-1　宽带路由器的硬件安装拓扑图

根据拓扑图用网线正确连接宽带路由器的"WAN"口和"LAN"口。

2. 宽带路由器的参数设置

（1）登录宽带路由器。

（2）进入路由器的设置界面。

（3）选择"网络参数"选项，然后选择"LAN口设置"，在"LAN口设置"界面中对路由器LAN口的基本网络参数进行设置。

（4）选择"网络参数"选项，然后选择"WAN口设置"，在"WAN口设置"界面中对上网方式和权限进行设置。

（5）DHCP服务器设置。

3．使用宽带路由器实现多机共享上网

四、使用路由器的 NAT 功能接入 Internet

1．地址转换的提出背景

（1）地址转换是在IP地址日益短缺的情况下提出的。

（2）一个局域网内部有很多台主机，可是不能保证每台主机都拥有合法的IP地址，为了达到所有内部主机都可以连接Internet网络的目的，可以使用地址转换。

（3）地址转换技术可以有效隐藏内部局域网中的主机，同时也是一种有效的网络安全保护技术。

（4）地址转换可以按照用户的需要，在内部局域网提供给外部 FTP、WWW、Telnet 服务。

2．地址转换的术语

（1）内部本地地址：分配给网络内部设备的IP地址，这个地址可能是非法的未向相关机构注册的IP地址，也可能是合法的私有网络地址。

（2）内部全局地址：合法的IP地址，是由网络信息中心（NIC）或服务提供商提供的可在互联网传输的地址，在外部网络代表一个或多个内部本地地址。

（3）外部本地地址：外部网络的主机在内部网络中表现的IP地址，该地址不一定是合法的地址，也可能是内部可路由地址。

（4）外部全局地址：外部网络分配给外部主机的IP地址，该地址是合法的全局可路由地址。

3．地址转换（NAT）的类型

地址转换（NAT）有3种类型：静态NAT、动态NAT和端口地址转换（PAT）。

静态NAT是建立内部本地地址和内部全局地址一对一的永久映射。这意味着对于每一个预设的内部本地地址，静态NAT都需要在查找表中建立一个内部全局地址。

动态NAT是建立内部本地地址和内部全局地址的临时对应关系，在路由器收到需要转换的通信之前NAT表中不存在转换。

PAT则是把内部多个本地地址映射到外部网络的一个IP地址的不同端口上。

4．静态内部源地址转换 NAT 的配置方法

为了配置静态内部源地址转换，执行如下步骤。

（1）建立一个内部本地地址与一个内部全局地址间的静态转换。

```
Router(config)#ip nat inside source static local-ip global-ip
```

（2）指定内部接口。

```
Router(config-if)#ip nat inside
```

（3）指定外部接口。

```
Router(config-if)#ip nat outside
```

5. 动态内部源地址转换 NAT 的配置方法

为了配置动态内部源地址转换，执行如下步骤。

（1）定义一个供分配的全局地址池。

```
Router(config)#ip nat pool name start-ip end-ip {netmask netmask | prefix-length prefix-length}
```

（2）创建一个访问控制列表来标识要转换的主机。

```
Router(config)#Access-list    Access-list-number    permit    source source-wildcard-mask
```

（3）配置基于源地址的动态 NAT。

```
Router(config)#ip nat inside source list Access-list-number pool name
```

（4）指定内部接口。

```
Router(config-if)#ip nat inside
```

（5）指定外部接口。

```
Router(config-if)#ip nat outside
```

五、接入无线网的配置

（1）无线路由器连接。
（2）给管理主机配置静态 IP。
（3）进入路由器。
（4）无线路由器基本配置。
① 拨号设置。
② 网络参数。
（5）无线网络设置。
① 无线基本设置。
② 无线安全设置。
（6）查看连接的主机。
（7）DHCP 动态 IP 分配设置。
（8）笔记本电脑无线上网。
① 有线上网。
② 无线上网。

项目六　计算机网络安全与管理

复习要求

1．了解防火墙的含义；
2．了解天网防火墙的安装与设置；
3．了解 Windows XP 防火墙的使用；
4．了解硬件防火墙的设置；
5．了解安装杀毒软件及其定期升级的方法；
6．了解杀毒软件的使用方法；
7．掌握网络漏洞的扫描与防范；
8．掌握网络后门工具的使用；
9．掌握网络攻击的步骤；
10．掌握网络漏洞的防范方法及人员安全意识；
11．掌握网络管理的概念；
12．掌握网络管理的功能；
13．掌握 SNMP 协议。

复习内容

一、防火墙技术

1．防火墙的定义

防火墙是在两个网络之间实现访问控制的一个或一组软件或硬件系统。其主要功能是：对流经它的网络通信进行扫描，过滤危险的数据或访问请求，以免在目标计算机上被执行。防火墙还可以关闭不使用的端口、禁止特定端口的通信、封锁木马、禁止来自特殊站点的访问，从而防止入侵者的所有通信。多数防火墙通过设置的访问规则来检查内外网的通信数据，防止非法访问等，这些规则可以通过人工设置或防火墙自动学习来完成。

2．防火墙的应用规则

防火墙的应用规则通常从顶端的第一条规则开始执行。如果满足第一条规则，则允许数据通过并再判断是否满足第二条规则，以此类推。如果其中有一条规则不允许数据通过，则不再进行判断而直接阻止数据通过。

3. 防火墙的分类

防火墙分为硬件防火墙和软件防火墙。

二、天网防火墙的安装与设置

1. 天网防火墙

天网防火墙是由天网安全实验室研发制作用于个人计算机的网络安全工具。安装天网防火墙，对其中的安全级别和局域网信息进行设置，使用应用程序规则、IP 规则对网络访问进行管理。

2. 天网防火墙的安装

（1）双击安装程序，弹出"欢迎"对话框，勾选"我接受此协议"复选框。
（2）单击"下一步"按钮，选择安装路径，然后单击"下一步"按钮。
（3）弹出"选择程序管理器程序组"对话框，单击"下一步"按钮。
（4）弹出"开始安装"对话框，单击"下一步"按钮。
（5）继续安装时，出现一个复制文件的过程，复制完成后直接单击"下一步"按钮，会自动弹出"天网防火墙设置向导"对话框。
（6）单击"下一步"按钮，弹出"安全级别设置"对话框。为了保证能够正常上网并免受他人的恶意攻击，在一般情况下，建议大多数用户和新用户选择中等安全级别，对于熟悉天网防火墙设置的用户可以选择自定义级别，单击"下一步"按钮。
（7）弹出"局域网信息设置"对话框，勾选"开机的时候自动启动防火墙"和"我的电脑在局域网中使用"复选框，在"我在局域网中的地址是"栏中输入本机的 IP 地址，也可通过刷新按钮自动加载该 IP 地址，然后单击"下一步"按钮。
（8）弹出"常用应用程序设置"对话框，选择允许访问网络的应用程序，也可取消勾选"不允许访问的应用程序"前的复选框，默认为允许，单击"下一步"按钮。
（9）弹出"向导设置完成"对话框，单击"结束"按钮，设置完成。
（10）弹出"安装已完成对话框"对话框，单击"完成"按钮，提示必须重新启动系统，单击"确定"按钮，重启计算机，即完成安装操作。

3. 天网防火墙的设置

（1）系统设置。

启动天网防火墙后，在防火墙的控制面板中单击"系统设置"按钮即可展开防火墙系统设置面板。可设置开机后是否自动启动天网防火墙、是否设置管理员密码、在线升级提示、日志是否保存及入侵检测设置等选项。

（2）IP 规则管理。

IP 规则是针对整个系统的网络层数据包监控而设置的。天网防火墙个人版已经默认设置了相当完善的默认规则，一般用户并不需要进行任何 IP 规则修改，可以直接使用。

（3）应用程序规则设置。

应用程序规则设置可以将某个应用程序对网络发生访问时的协议服务进行设置，当该程序不符合设定条件时，可以询问或禁止操作，还可以设定 TCP 可访问的端口范围。

（4）查看日志。

日志里记录了本机程序访问网络的记录、局域网和网上被 IP 扫描本机端口的情况，供用户参考以便采取相应的对策。

（5）新建 IP 规则。

当需要一些网络应用（如开启 FTP 服务端服务）时，天网防火墙的默认设置将会带来麻烦，如其他机器连不上这台机器，这时就需要新建 IP 规则来开放相应的端口。如流行的 BT 使用的端口为 6881～6889，而防火墙的默认设置是不允许访问这些端口的，关闭了防火墙将导致机器不安全。

三、Windows XP 防火墙的使用

1．Windows XP 防火墙

Windows XP 防火墙是一个基于主机的状态防火墙，只丢弃所有未经请求的传入流量，避免那些依赖未经请求的传入流量来攻击网络上的计算机的恶意用户和程序。

2．配置 Windows XP 防火墙

（1）要配置 Windows 防火墙，可以先打开控制面板，再打开其中的安全中心；或者打开网络连接，从中选择更改 Windows 防火墙设置。

（2）在"常规"选项卡中，选择了"启用"时，Windows 防火墙将对除例外中的程序以外的所有网络请求进行拒绝。当选择了"不允许例外"时，Windows 防火墙将拦截所有连接到该主机的网络请求，包括在"例外"选项卡中列表的应用程序和系统服务。另外，防火墙也将拦截文件和打印机共享，还有网络设备的侦测。

（3）在"例外"选项卡中，允许添加阻止规则例外的程序和端口来允许特定的进站通信。

提示：在"例外"选项卡中，包含文件和打印共享、远程协助（默认启用）、远程桌面、UPnP 框架，这些预定义的程序和服务不可删除。

（4）在"高级"选项卡中可以配置以下设定：应用在每个网络连接上的连接特定规则、安全日志记录设置、全局 ICMP 规则和默认设置。单击"ICMP 规则"选项中的"设置"按钮，弹出"ICMP"设置对话框，"允许传入回显请求"选项已默认选择，所以在网络中用其他主机 ping 本地主机，可以看到回显请求。

四、硬件防火墙的设置

像路由器一样，在使用之前，硬件防火墙也需要经过基本的初始配置。

设置硬件防火墙有以下注意事项。

（1）接口的安全级别。

（2）访问控制列表。

五、计算机病毒的防范

瑞星杀毒软件的安装、升级与使用方法如下。

（1）双击运行瑞星杀毒软件安装包，选择安装语言、安装路径，然后勾选"我已经阅读并同意瑞星许可协议"复选框，单击"开始安装"按钮。

（2）开始安装杀毒软件，安装完成后启动瑞星杀毒软件。

（3）进入瑞星杀毒软件主界面，单击左下角"检测更新"按钮，升级杀毒软件。

（4）选择"病毒查杀"选项，可以选择快速查杀、全盘查杀或自定义查杀。

（5）选择"电脑防护"选项，可以开启计算机实时监控和主动防御功能。

（6）选择"安全工具"选项，可以立即下载或运行瑞星安全工具维护系统安全。

六、网络漏洞的扫描与防范

1．网络漏洞扫描系统

网络漏洞扫描系统是指通过网络远程检测目标网络和主机系统漏洞的程序，对网络系统和设备进行安全漏洞检测和分析，从而发现可能被入侵者非法利用的漏洞。

2．网络漏洞扫描方法

漏洞扫描主要通过以下两种方法来检测目标主机是否存在漏洞。

（1）在端口扫描后得知目标主机开启的端口及端口上的网络服务，将这些相关信息与网络漏洞扫描系统提供的漏洞库进行匹配，查看是否有满足匹配条件的漏洞存在。

（2）通过模拟黑客的攻击手法，对目标主机系统进行攻击性的安全漏洞进行扫描。

3．X-Scan 扫描工具

X-Scan 扫描工具是一款常用的漏洞扫描工具，它采用多线程方式对指定 IP 地址段（或单机）进行安全漏洞检测，支持插件功能。其扫描的内容包括：远程服务类型、操作系统类型及版本，各种弱口令漏洞、后门、应用服务漏洞、网络设备漏洞、拒绝服务漏洞等二十几类。对于多数已知漏洞，它均可以检测出来。

七、网络后门工具的使用

1．网络后门工具

不通过正常登录进入系统的途径都称为网络后门。网络后门的好坏取决于被管理员发现的概率。只要是不容易被发现的网络后门都是"好"后门。

网络攻击者经过踩点、扫描、入侵以后，总想留下网络后门，以便长期保持对目标主机的控制。对常见网络后门工具的使用，能帮助网络管理员提高网络的安全防范能力。

2．网络攻击的步骤

一次成功的网络攻击，可以归纳为 5 个基本步骤，根据实际情况可以随时调整这 5 个步骤。

（1）隐藏 IP。

通常有两种方法可以实现 IP 的隐藏。

第一种方法是首先入侵互联网上的一台计算机（俗称"肉鸡"），利用这台计算机进行攻击，这样即使被发现了，也是"肉鸡"的 IP 地址；

第二种方法是做多级跳板"Sock 代理"，这样在入侵的计算机上留下的是代理计算机的 IP 地址。

（2）踩点扫描。

利用工具对特定的一台主机或某一个 IP 地址范围进行扫描，以确定主机漏洞是否存在。

（3）漏洞分析。

对已存在的主机漏洞进行分析，以便确定攻击方法。

（4）种植后门。

为了长期保持对漏洞主机的访问权，在已经攻破的计算机上种植一些供自己访问的后门。

（5）网络隐身。

一次成功入侵之后，通常会清除登录日志和其他相关的日志，以免暴露行踪，同时也为下一次入侵做好准备。

3. 网络漏洞的防范方法及人员安全意识

要防止或减少网络漏洞的攻击，最好的方法是尽量避免主机端口被扫描和监听，先于攻击者发现网络漏洞，并采取有效措施。提高网络系统安全的方法主要有如下几种。

（1）在安装操作系统和应用软件之后及时安装补丁程序，并密切关注国内外著名的安全站点，及时获得最新的网络漏洞信息。

（2）及时安装防火墙，建立安全屏障。防火墙可以尽可能屏蔽内部网络的信息和结构，降低来自外部网络的攻击。

（3）利用系统工具和专用工具防止端口扫描。要利用网络漏洞攻击，必须通过主机开放的端口。因此，黑客常利用 QckPing、ScanLook、SuperScan 等工具进行端口扫描。防止端口扫描的方法是：在系统中将特定的端口关闭。

（4）通过加密、网络分段、划分虚拟局域网等技术防止网络监听。

（5）利用密罐技术，使网络攻击的目标转移到预设的虚假对象，从而保护系统的安全。

（6）提高安全意识。

（7）对于重要的个人数据做好严密的保护，并养成数据备份的习惯。

八、网络管理

1. 网络管理的概念

网络管理包括对硬件、软件和人力的使用、综合与协调，以便对网络资源进行监视、测试、配置、分析、评价和控制，这样就能以合理的价格满足网络的使用需求，例如实时运行性能、服务质量等。

2. 简单网络管理协议

简单网络管理协议（Simple Network Management Protocol，SNMP）是基于 TCP/IP 协议簇的网络管理标准。SNMP 最重要的设计思想就是要尽可能简单。

SNMP 的网络管理由 3 部分组成，即管理信息库 MIB、管理信息结构 SMI 及 SNMP 本身。

3. 网络管理的功能

（1）配置管理：自动发现网络拓扑结构，构造和维护网络系统的配置。监测网络被管对象的状态，完成网络关键设备配置的语法检查，配置自动生成和自动配置的备份系统，对配置的一致性进行严格的检验。

（2）故障管理：过滤、归并网络事件，有效地发现、定位网络故障，给出排错建议与排错工具，形成整套的故障发现、警告与处理机制。

（3）性能管理：采集、分析网络对象的性能数据，监测网络对象的性能，对网络线路质量进行分析。同时，统计网络运行状态信息，对网络的使用发展做出评测、估计，为进一步规划与调整网络提供依据。

（4）安全管理：结合使用用户认证、访问控制、数据传输、存储的保密与完整性机制，以保障网络管理系统本身的安全。维护系统日志，使系统的使用和网络对象的修改有据可查。控制对网络资源的访问。

（5）计费管理：对网际互连设备按 IP 地址的双向流量统计，产生多种信息统计报告及流量对比，并提供网络计费工具，以便用户根据自定义的要求实施网络计费。

项目七 局域网络的综合布线

复习要求

1．了解结构化布线系统的定义及与传统的布线系统的区别；
2．掌握综合布线系统的组成；
3．掌握各子系统的范围和功能；
4．了解网络布线的方案设计；
5．了解网络布线的施工。

复习内容

一、综合布线系统的组成

1．综合布线系统

综合布线系统一般分为传统布线系统和结构化布线系统。结构化布线系统是指在一座办公大楼或楼群中安装的传输线路。

2．结构化布线系统的组成

（1）工作区子系统。

工作区子系统是由跳线与信息插座所连接的设备组成的，其中信息插座包括墙上型、地面型、桌面型等，常用的终端设备包括计算机、电话机、传真机、报警探头、摄像机、监视器、各种传感器件等。

（2）水平布线子系统。

水平布线子系统是从工作区的信息插座开始到管理间子系统的配线架，其结构一般为星状结构。

（3）管理间子系统。

管理间子系统由交连、互连和输入/输出组成。管理间子系统为连接其他子系统提供工具，它是连接垂直布线子系统和水平布线子系统的设备，其主要设备是配线架、交换机、机柜和电源等。

（4）垂直布线子系统。

垂直布线子系统也称为干线系统。它是建筑物布线系统中的主干线路，用于接线间、设备间和建筑物引入设施之间的线缆连接。

(5) 建筑群子系统。

建筑群子系统是将一个建筑物中的电缆延伸到另一个建筑物的通信设备和装置，通常由光缆和相应设备组成。建筑群子系统支持楼宇之间通信所需的硬件，其中包括导线电缆、光缆及防止电缆上脉冲电压进入建筑物的电气保护装置。

(6) 设备间子系统。

设备间子系统也称为设备子系统，由相关支撑硬件组成。它把各种公共系统设备的不同光缆、同轴电缆、交换机等组织存放到一起。

二、局域网组网实训

1. 设计组建 50 台计算机网络教室

(1) 总体方案确定。
① 需求分析。
② 网络连接技术选择。
③ 接入方式选择。
(2) 组网设备选择。
① 交换机选择。
② 网卡选择。
③ 双绞线选择。
(3) 布线设计与施工。
① 网络布线设计。
② 布线施工。
③ 布线测试。

2. 设计组建一所学校的局域网布线

(1) 需求分析。
① 提供的网络服务。
② 主要信息点分布。
(2) 网络系统的总体结构。
① 网络互联技术的选择。
② 网络设备的选择。
③ 中心网络建设。
④ 汇聚层网络建设。
⑤ 接入层网络建设。
⑥ 互联网接入平台建设。
⑦ 网管、认证计费平台建设。
(3) 综合布线系统的分析和设计。
① 综合布线系统的结构设计。
② 工作区子系统。
③ 水平布线子系统。

④ 管理间子系统。

⑤ 垂直布线子系统。

⑥ 设备间子系统。

⑦ 建筑群子系统。

(4) 布线施工与测试。

① 工程开工前的准备。

② 施工过程中的注意事项。

③ 测试。

④ 工程施工结束时的注意事项。

⑤ 总结报告。

项目八 模拟实训环境的搭建

复习要求

1. 了解虚拟机 VMware 的安装；
2. 了解虚拟机 VMware 的基本使用；
3. 了解模拟器 Boson NetSim 的界面；
4. 了解模拟器 Boson NetSim 的基本使用。

复习内容

一、用 VMware 构建虚拟网络

（1）了解 VMware 的安装方法及设置。
（2）创建虚拟机。
（3）在虚拟机上安装操作系统。
（4）安装虚拟机的设备驱动程序。
（5）克隆虚拟机。
（6）用 VMware 搭建网络实验环境。

二、VMware 的相关知识

1. VMware Workstation 简介

VMware Workstation 软件可以在一台计算机上模拟出若干台 PC，每台 PC 都可以单独运行操作系统且互不干扰，达到一台计算机可"同时"运行几个不同操作系统的目的。此外，它还可以将这个操作系统连成一个网络。

VMware Workstation 的主要功能有虚拟网络、实时快照、拖放、共享文件夹和支持 PXE 等。

2. 用 VMware 创建虚拟机的方式

（1）典型方式。
（2）定制方式。

3. 虚拟机可虚拟的硬件设备

（1）CPU。

（2）内存。

（3）硬盘。

（4）USB。

（5）通信接口。

（6）SCSI。

（7）网卡。

（8）声卡。

（9）其他设备。

4．虚拟机的网络连接类型

（1）使用桥接网络：使用（连接）VMnet0 虚拟交换机，此时虚拟机和物理网络直接连接，如果虚拟机的地址和物理主机的 IP 地址设置在同一网段上，虚拟机就相当于网络内的一台独立的主机，网络内的其他主机和虚拟机之间可以相互进行通信。

（2）使用 NAT 网络：使用（连接）VMnet8 虚拟交换机，此时的虚拟机共享使用物理主机的 IP 地址，虚拟机可以通过主机单向访问网络上的其他工作站（包括 Internet），其他工作站不能访问虚拟机。

（3）使用主机网络：使用（连接）VMnet1 虚拟交换机，此时虚拟机只能与虚拟机、主机互连，不能访问网络上的其他工作站。

5．VMware 指定磁盘容量的方式

（1）动态分配。

（2）立即分配。

6．虚拟机的机箱按钮

（1）POWER OFF：关机，类似于物理主机机箱上的电源开关，不过，它只负责关闭虚拟机。

（2）Suspend：挂起，可以让虚拟机保存当前虚拟系统工作的状态，下次可以用 Resume 重新恢复选择挂起时的运行状态，以便继续工作。

（3）POWER ON：启动，类似于物理主机机箱上的电源开关，不过，它只负责开启虚拟机。

（4）Reset：复位，使虚拟机重新启动，类似于物理主机机箱上的复位按钮。

7．键盘、鼠标在主机/虚拟机之间的切换

（1）从物理主机到虚拟机。

在默认情况下，启动虚拟机操作系统时，鼠标指针自动进入虚拟机，这时在主机上看不到鼠标指针。可以采用以下方式之一把鼠标指针切换到虚拟机上。

① 在虚拟机窗口单击。

② 单击 VMware Workstation 窗口中 VM 菜单下的 Grab Input 菜单项。

③ 直接使用组合键"Ctrl+G"。

（2）把键盘、鼠标从虚拟机切换到主机的方式。

使用组合键"Ctrl+Alt"即可把键盘、鼠标切换到主机上。

（3）虚拟机切换/释放全屏幕的方式。

① 单击 VMware 窗口工具栏上的 Full Screen 图标按钮即可切换虚拟机的屏幕为全屏幕。

② 使用组合键"Ctrl+Alt+Enter"也可将虚拟机切换/释放全屏幕。

（4）在虚拟机上登录操作系统的组合键。

由于登录操作系统时所使用的组合键"Ctrl+Alt+Del"与主机系统存在冲突，按下该组合键即可打开主机系统的任务管理器，因此，在虚拟机上，VMware 用组合键"Ctrl+Alt+Insert"替换了组合键"Ctrl+Alt+Del"。

8．VMware Workstation 的多重快照拍摄功能

多重快照拍摄是 VMware Workstation 的一个重要功能，它可以存储虚拟机当前的状态。

9．虚拟机软件工具包

10．VMware 虚拟机的克隆功能

（1）链接克隆。
（2）完全克隆。

三、用 Boson NetSim 构建网络设备调试环境

1．认识 Boson NetSim

Boson NetSim 是一款好用的模拟软件。

Boson NetSim 有两个组成部分：Boson Network Designer（实验拓扑设计软件）和 Boson NetSim（实验环境模拟器）。

2．Boson NetSim 的基本使用

（1）启动 Boson NetSim 软件。
（2）网络实验拓扑的设计。
（3）实验环境模拟器中的设备配置。
（4）打开已存在的网络拓扑图和网络设备配置。

计算机网络技术题型示例

一、填空题

1. _____为美国国防部高级研究计划署开发的世界上第一个运营的封包交换网络，它是全球互联网的始祖。
2. 计算机网络的主要功能是_____、_____、_____和_____。
3. 通信子网负责计算机间的_____，也就是信息的传输。
4. 计算机网络的软件一般包括网络操作系统、_____、_____，以及网络管理软件和网络应用软件等。
5. _____是对局域网的延伸，用来连接局域网，在传输介质和布线结构方面牵涉范围较广。
6. 第二代计算机网络的主要特点是_____。
7. 局域网体系结构中_____被划分成 MAC 和 LLC 两个子层。
8. 在 Internet 上浏览时，浏览器和 WWW 服务器之间传输网页使用的协议是_____。
9. 从用户角度来看，计算机网络则是一个_____的数据传输机构，网上的用户可以不必考虑网络的存在而访问网络中的任何资源。
10. 一般来说，用户上网要通过因特网服务提供商，其英文缩写为_____。
11. 计算机网络按照使用范围划分，可分为_____、_____。
12. 收发电子邮件，属于 ISO/OSIRM 中_____层的功能。
13. 广域网技术主要有_____、_____、_____；广域网使用的主要技术为_____。
14. 常见的实用网络协议有_____、IPX/SPX 和 NetBEUI。
15. 在广播式网络中，若某个分组发出以后，网络上的每一台机器都接收并处理它，则称这种方式为_____，若分组是发送给网络中的某些计算机的，则被称为_____，若分组只发送给网络中的某一台计算机，则称为_____。无线网和总线型网络一般采用广播传输方式。
16. 在局域网参考模型中，_____与媒体无关，_____则依赖于物理媒体和拓扑结构。
17. 串行数据通信的方向性结构有三种，即单工、_____和_____。
18. 在 8 根 4 对的双绞线中，实际上只有_____根_____对线用于传输数据。
19. 计算机内传输的信号是_____，而公用电话系统的传输系统只能传输_____。
20. ping 命令后面，-t 参数的含义是_____。
21. 100Base-T 中的 Base 表示_____；100 表示_____；T 表示_____。
22. 同轴电缆 RG-58 的特性阻抗为_____，用于_____，即 10Base-2 网络。
23. 数据交换有_____、_____、_____三种主要交换技术。

· 143 ·

24．光纤是指使用玻璃纤维或塑料纤维传输数据信号的网络传输介质。光纤一般由_____、_____、_____组成。

25．计算机网络系统是非常复杂的系统，计算机之间相互通信涉及许多复杂的技术问题，为实现计算机网络通信，实现网络资源共享，计算机网络采用的是对解决复杂问题十分有效的_____的方法。

26．局域网标准化工作是由_____来制定的。

27．MAC 地址用来表示互联网上每一个站点的标识符，采用_____进制数表示，共 6 字节（48 个二进制位）。

28．一般来说，协议由语义、语法和_____三部分组成。

29．物理层并不是指连接计算机的具体的物理设备，或具体的传输媒体，而是指在物理媒体之上的为上一层_____提供一个传输原始比特流的物理连接。

30．数据链路层向高层提供的服务可分为三种，即无应答无连接服务、有应答无连接服务、_____。

31．Tracert 命令可以_____。

32．双绞线的连接方式主要有_____和_____。前者一般用于计算机与集线器或配线架与集线器之间的连接。后者一般用于集线器与集线器或网卡与网卡之间的连接。

33．网络层是_____的最高层，它在数据链路层提供服务的基础上，向_____子网提供服务。

34．图 1 所示的传输介质是_____。

35．图 2 所示的连接设备是_____。

图 1   图 2

36．图 3 所示的工具名称是_____。

37．图 4 所示的工具名称是_____。

图 3   图 4

38．图 5 所示的网线线序的标准是_____。

```
RJ-45连接器              8线 UTP
                          白橙
1                         橙
2                         白绿
3                         蓝
4                         白蓝
5                         绿
6                         白棕
7                         棕
8
```

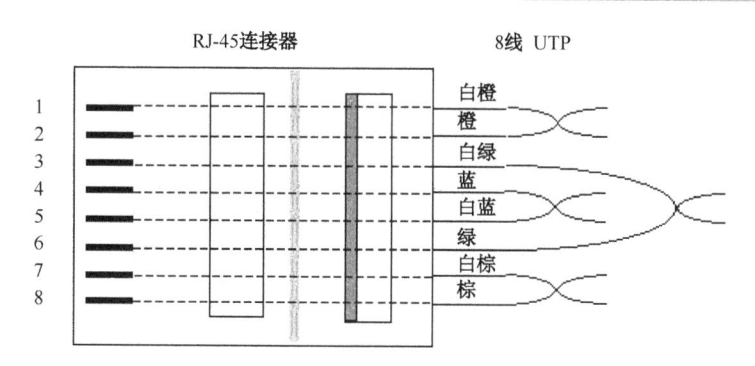

图 5

39．在 DOS 提示符下输入"ping 192.168.0.2"（ping 后面的数字是第二台计算机的 IP 地址）。若屏幕上出现如图 6 所示的信息，则表明网络_____。

40．图 7 所示的网络设备是_____。

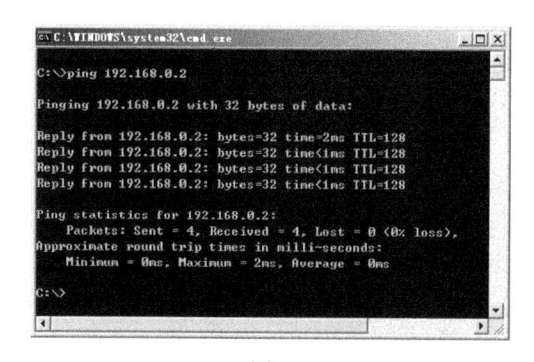

图 6   图 7

41．图 8 所示的网络设备是_____。

42．图 9 所示的网络介质是_____。

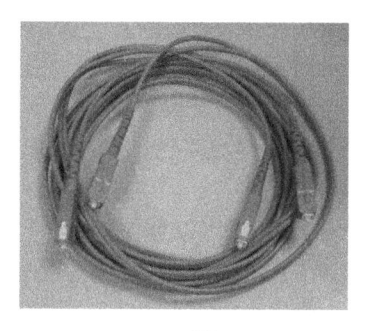

图 8   图 9

43．图 10 为 TCP/IP 协议。图中的 A 层是指 TCP/IP 参考模型的_____层。图中的 B、C、D 协议分别是_____协议、_____协议、_____协议，对应的中文名字分别是_____协议、_____协议、_____协议。图中的 E、F、G 分别是_____协议，默认端口号是_____；_____协议，默认端口号是_____；_____协议，默认端口号是_____。

·145·

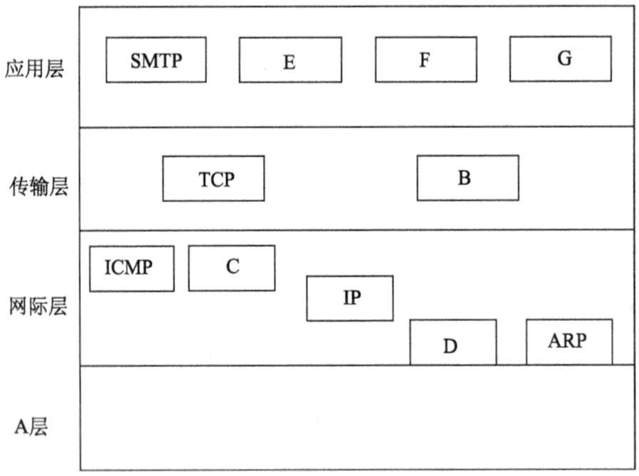

```
应用层    | SMTP |  | E |  | F |  | G |
传输层         | TCP |          | B |
网际层   | ICMP | | C |    | IP |
                              | D | | ARP |
A层
```

图10

44．载体侦听多路访问技术，是为了减少_____，它在源结点发送报文之前，侦听信道是否忙（有冲突），如果侦听到信道上有信号，则推迟发送报文。

45．OSI参考模型共分7层，从下往上分别是：_____、_____、_____、_____、_____、_____、_____。每一层都具有清晰的功能。

46．快速以太网是指速度在_____以上的以太网，采用的是IEEE802.3μ标准。

47．层与层之间的联系是通过各层之间的接口来进行的，_____提出服务请求，而_____提供服务。

48．第_____层至第_____层用来处理数据源和数据目的地之间的端到端的通信，而第_____层至第_____层用来处理网络设备间的通信。

49．_____是一个简单的远程终端协议。

50．定义TCP/IP标准的文档被称为_____。

51．在同一个系统内，相邻层之间交换信息的连接点称为_____，而低层模块向高层提供功能性的支持称为_____。

52．计算机网络采用_____技术，而传统电话网络则采用电路交换技术。

53．Outlook等常用电子邮件软件接收邮件时使用的协议是_____，发送邮件时使用的协议是_____。

54．IP协议提供无连接的数据报传输机制，IP数据报也分为_____和_____两个部分。

55．一个VLAN可以看作是一个_____。

56．用TCP/IP协议的网络在传输信息时，如果出了错误需要报告，采用的协议是_____。

57．在Internet与Intranet之间，由_____负责对网络服务请求的合法性进行检查。

58．TCP/IP网络中，物理地址与_____层有关，逻辑地址与_____层有关，端口地址和_____层有关。

59．网络协议IP（Internet Protocol）的任务是对数据包进行相应的_____，并从一个网络转发到另一个网络。IP是一个_____。无连接是指主机之间不建立用于可靠通信的_____的连接，_____只是简单地将IP数据包发送出去，而数据包可能会丢失、重复、延迟时间大或IP包的次序会混乱。

60．在计算机网络中，_____只隔离冲突，但不隔离广播。

61．所谓_____就是从一个结点到相邻的段物理线路（有或无），而中间没有其他任何的交换结点。

62．地址解析协议 ARP（Address Resolution Protocol）在 TCP/IP 网络环境下完成_____功能。

63．世界上第一个网络是在_____年诞生。

64．传输控制协议 TCP（Transmission Control Protocol）是位于哪一层的协议？_____。

65．地址解析协议，即_____，是根据 IP 地址获取物理地址的一个 TCP/IP 协议。

66．在 TCP/IP 参考模型中，应用层包括了所有高层协议，而且总是不断有新的协议加入，应用层的协议主要有以下几种：_____、_____、_____、_____、_____、_____、_____。

67．若网络形状是由站点和连接站点的链路组成的一个闭合环，则称这种拓扑结构为_____。

68．_____用于 Internet 中的客户机与 WWW 服务器之间的数据传输。

69．两端用户传输文件，应属于 OSI 的_____层处理。

70．WWW（World Wide Web）的中文全称是_____。

71．按 IP 地址分类，地址 126.3.3.10 属于_____类地址。

72．在分类 IP 地址中，_____类地址通常是不用的实验性地址，保留作为以后使用。

73．_____实现对主机的地址分配和配置工作。

74．按照网络规模大小及使用目的的不同，可以将 Internet 的 IP 地址分为 5 种类型，包括_____、_____、_____、_____、_____。

75．在 Internet 网络中，网络地址唯一标识一台计算机，这个地址就称为_____。IP 协议的地址是_____比特，IP 地址被划分为_____、_____、_____。

76．计算机网络的_____是计算机网络的各层及其协议的集合。

77．B 类 IP 地址用前面_____位来标识网络号，其中最前面两位规定为"10"。

78．在计算机网络中_____只隔离冲突，但不隔离广播。

79．TCP 协议的 53 端口由因特网的_____协议使用。

80．TCP/IP 规定，主机号全为"0"时，表示_____。

81．WWW 上的每一个网页（Home Page）都有一个独立的地址，这些地址称为_____。

82．对等网络是指网络上每个计算机都把其他计算机看作_____。在对等网络中，没有专用的_____，计算机之间也没有层次的差别，所有计算机地位都相同，因而称为对等网络。

83．专用 IP 地址只能在_____使用，A 类保留的专用 IP 地址是_____，B 类保留的专用 IP 地址是_____，C 类保留的专用 IP 地址是_____。

84．IP 地址的类别就是将 IP 地址划分为若干个固定类，每一类别的地址都由两个固定长度的字段组成，分别为网络号和主机号。网络号用来标识_____，主机号用来标识_____。

85．为了便于进行路由选择，Internet 将整个网络划分为许多较小的单位，即 AS。因此，路由选择协议也分为两大类，即内部网关协议和_____。

86．每一个网络都有唯一的网络地址，所有连接到这个网络中的主机，都有相同的_____。

87. 网络文件系统（NFS）实现主机之间的_____的共享。
88. 在局域网中，硬件地址又称为_____或_____。
89. 802.3 局域网的 MAC 帧的最小长度是_____字节，MAC 地址长度为_____位。
90. _____管理网络设备的物理地址，物理地址也被称作 MAC 地址。MAC 地址由_____位构成，前_____位是分配给厂商的代码。
91. 在 OSI 参考模型中能实现路由选择、拥塞控制和互连功能的层是_____。
92. 交换机互连方式有两种：_____和_____。
93. IPv4 版本的因特网共有_____个 A 类地址网络。
94. 网络 166.37.32.0/26 中最多可用的主机地址是_____。
95. IP 地址 163.176.178.1/21 所属网络的有限广播地址是_____。
96. 网络 192.168.1.128/26 的广播地址是_____。
97. 在网络地址 192.168.1.0/24 中划分出 10 个大小相同的子网，每个子网最多有_____个可用的主机地址。
98. 如果 IP 地址是 200.32.5.122，子网掩码为 255.255.255.224，则网络地址是_____。
99. 主机地址 101.11.100.100/255.255.252.0 的广播地址是_____。
100. 按照国际标准化组织制定的开放系统互联参考模型，实现端用户之间可靠通信的协议层是_____。
101. Internet 网所采用的协议是_____，其前身是_____。
102. 标准的 A 类、B 类和 C 类网络地址都有一个默认的子网掩码，分别是_____、_____和_____。
103. VLAN 的中文名称是_____。
104. IP 地址 219.25.23.56 的默认子网掩码有_____位。
105. 对于主机域名 for.zj.edu.cn 来说，其中_____表示主机名。
106. 在以太网中，ARP 报文分为 ARP Request 和 ARP Response，其中 ARP Request 在网络中是_____传送，ARP Response 是_____传送。
107. 在调制解调器中把数字信号转换成模拟信号的过程称为_____。
108. 在调制解调器上，Line 用来连接_____，Phone 用来连接_____，Power 用来连接_____。
109. 10.254.255.19/255.255.255.248 的网络地址是_____。
110. 192.168.110.199/255.255.192.0 的广播地址是_____。
111. 在一个 C 类地址的网段中要划分出 25 个子网，子网掩码是_____。
112. 主机地址 10.10.10.10/255.255.254.0 的广播地址是_____。
113. 网络上每个节点的 IP 地址必须是_____。
114. IP 地址 10.10.20.5/255.255.255.252 的网络地址是_____。
115. TCP 协议通过_____来区分不同的连接。
116. 对地址段 212.114.20.0/24 进行子网划分，采用/27 子网掩码，可以得到_____个子网，每个子网拥有_____台主机。
117. 计算机网络传输的信息单位是数据单元，对等实体间传送的数据单元是_____。
118. 双绞线中第_____和_____根用来发送数据，而第_____和_____根用来接收数据。
119. 子网掩码为 255.255.255.0，则反掩码为_____。

120．有 3 个子网 172.16.12.0/24、172.16.13.0/24、172.16.14.0/24，将它们聚合为_____。

121．192.168.210.32/255.255.255.224 代表的是_____地址。

122．国际上负责分配 IP 地址的专业组织划分了几个网段作为私有网段，可以供人们在私有网络上自由分配使用，这些私有地址的范围是_____、_____、_____。

123．某公司申请到 1 个 C 类 IP 地址，但要连接 15 个子公司，最大的 1 个子公司有 15 台计算机，每个子公司在 1 个网段中，则子网掩码是_____。

124．将一个 C 类网络划分为 6 个子网，每个子网最少要容纳 30 台主机，使用的子网掩码是_____。

125．IP 报文中一部分字段专门用来描述报文的生命周期，即 TTL 值，它的最大值是_____。

126．对于 C 类 IP 地址，子网掩码为 255.255.255.248，则能提供的子网数为_____。

127．网络层、数据链路层和物理层的数据单位分别是_____、数据帧、比特。

128．TCP/IP 体系结构的传输层上定义的两个传输协议分别为_____和_____。

129．把网络 212.12.38.0 划分为多个子网（子网掩码是 255.255.255.128），则各子网中可用的主机地址总数是_____。

130．协议就是为实现网络中的数据交换而建立的_____或_____。

131．在计算机网络中，将网络的层次结构模型和各层协议的集合称为计算机网络的_____。其中，实际应用最广泛的是_____协议，由它组成了 Internet 的一整套协议。

132．物理层协议是为了把信号一方经过物理媒体传到另一方，物理层所关心的是把通信双方连接起来，为数据链路层实现_____的数据传输创造环境。物理层不负责_____和_____服务。

133．网络层向传输层提供的服务包括_____、_____及其服务。

134．一个 B 类地址，有 5 个比特加入默认掩码中用来划分子网，则每个子网最多可以容纳_____台主机。

135．某公司申请到 1 个 C 类 IP 地址，若要分成 8 个子网，其掩码应为_____。

136．地址 96.2.37.16/255.255.240.0 的子网网络地址是_____。

137．交换机互连方式有两种：_____是交换机的普通端口通过普通线缆简单连接起来；_____是通过堆叠线缆将交换机的背板连接起来，扩大级联带宽。

138．IP 地址 192.168.1.65 的子网掩码是 255.255.255.192，它所在子网的网络号是_____。

139．图 11 所示是将交换机设备采用_____方式堆叠。

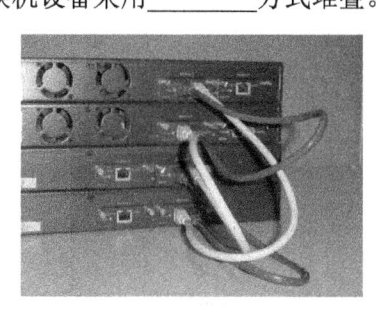

图 11

140．图 12 所示的选项卡可以修改主机的_____。

141．图 13 所示的选项卡可以完成_____的设置。

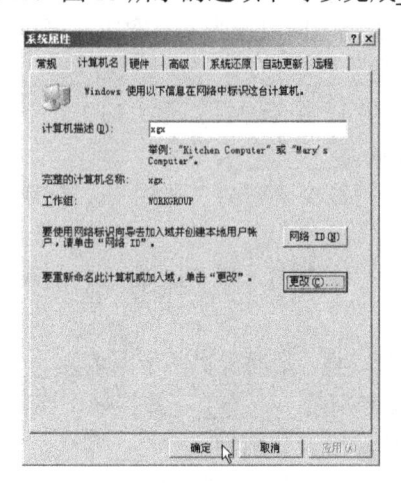

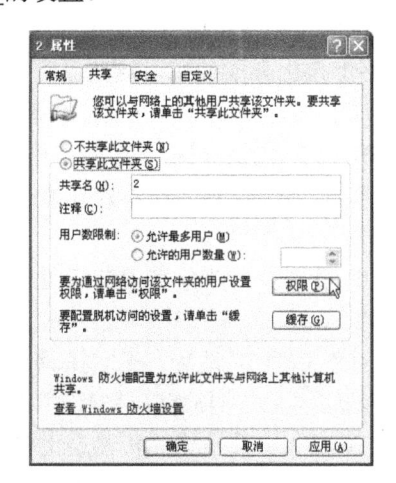

图 12　　　　　　　　　　图 13

142．决定局域网性能的主要技术要素是网络拓扑、传输介质和_____。

143．图 14 所示的窗口完成了对_____的操作。

图 14

144．局域网中物理层的信号编码采用的是_____。

145．通过图 15 所示的界面可以完成对_____的操作。

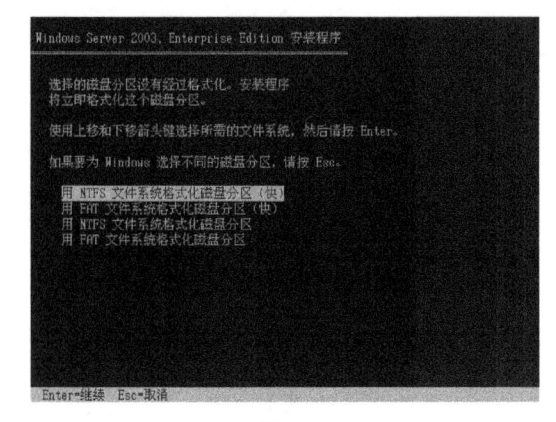

图 15

146．通过图16所示的界面可以对服务器的_____进行配置。

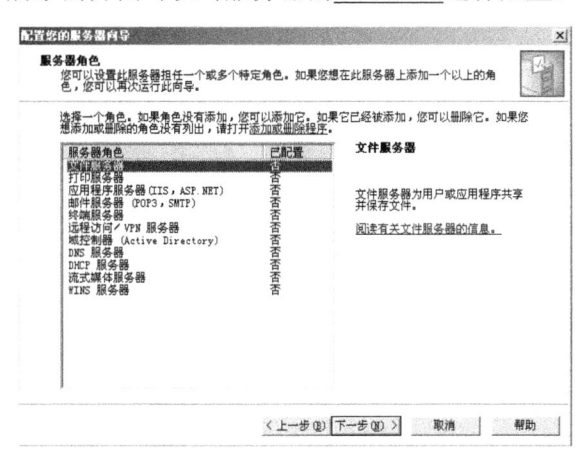

图 16

147．Windows Server 2008 R2 所支持的文件系统包括_____，其中_____安全级别最高，是最佳的配置方式。

148．DNS 区域分为_____和_____。

149．首次启动计算机管理控制台并打开用户列表时，两个内置用户账户分别是_____和_____。

150．应用层是向网络的使用者提供一个有效且方便的_____。

151．工作组网络也称为_____，因为网络上的每一台计算机的地位都是平等的，它们的资源与管理分散在各个计算机上。

152．中继器是运行在 OSI 模型的_____层上的。它扩展了网络传输的_____，是最简单的网络互连产品。

153．在局域网中，从功能的角度上来说，网卡起着_____的作用，工作站或服务器连接到网络上，实现资源共享和相互通信都是通过_____实现的。

154．DNS 域名系统采用_____结构，以"www.sina.com"为例，"www"是_____，"sina"是_____，"com"是_____。

155．作为一项安全功能，交换机 IOS 软件将命令分为_____、_____和_____。

156．DHCP 租约过程分为四个步骤，分别为_____、_____、_____和_____。

157．在交换机 Switch 中，从用户模式进入特权模式的命令是_____；返回用户模式的命令是_____。

158．现行解决"最后一公里"问题的接入技术有_____、_____、_____、_____、_____。

159．在交换机 Switch 中，从特权模式进入全局配置模式的命令是_____；返回特权用户模式的命令是_____。

160．在交换机 Switch 中，从全局配置模式进入 Fa0/1 接口配置子模式的命令是_____；返回全局配置模式的命令是_____；从子模式下直接返回特权模式的命令是_____。

161．ISO 组织提出物理层的四个技术特性是_____、_____、_____和_____。

· 151 ·

162．在交换机 Switch A 中，配置交换机管理 IP 为 192.168.0.1/24 的命令是_____、_____、_____。

163．配置交换机 Switch 远程登录密码为"cisco"的命令是_____、_____、_____。

164．配置交换机 Switch A 特权模式密码为"rg"的命令是_____。

165．保存到交换机 Switch A 上所做的配置命令是_____。

166．交换机配置命令"show run"的含义是_____。

167．在网络应用中把以太网交换机分为三个层次_____、_____和_____。

168．交换机是一种基于 MAC 的地址识别，且能完成_____的数据链路层网络设备，它可以学习_____，并把它存放在内部端口——地址表中，通过在数据帧的_____之间建立临时的交换路径，使数据帧直接由源站到达目的站。

169．交换式局域网的核心设备是_____，当交换机的端口为 100Mbps 时，如果该端口是全双工的，那么其带宽是_____。

170．VLAN 的封装类型中属于 IEEE 标准的是_____。

171．安全接口的安全地址有_____、_____和_____三种。

172．网桥也称桥接器，它是_____层上局域网之间的互连设备。网桥同中继器不同，网桥处理的是一个完整的_____，并使用和计算机相同的接口设备。

173．交换机局域网使用_____（单工、半双工、全双工）通信方式。

174．在交换机 Switch A 上，将 fastEthernet 0/12 端口设为干道链路（Trunk Link）模式的命令是_____、_____。

175．_____就是将一个交换网络逻辑地划分成若干子网，每一个子网就是一个广播域。

176．VLAN 的端口可以分为_____和_____两种。

177．一个网络在使用 VLAN 隔离多个广播域后，各个 VLAN 之间是不能互相访问的，因为_____。隔离网络不是建网的最终目的，需要通过_____功能来实现 VLAN 间的通信。

178．FDDI 是一种高速令牌环网，是 1982 年 ANSI 组织 X3T9.5 委员会制订的高速环形局域网标准，该标准和 IEEE802.5 十分相似，以_____作为传输媒体。

179．如图 17 所示的网络连接线是_____。

图 17

180．如图 18 所示的网络连接线是_____。

图 18

181．路由器是一台专用的特殊的计算机，它包括_____、_____、_____、_____、_____、_____。

182．将数据传输到 DCE 的客户设备是_____。

183．路由器查找路由的顺序为_____、_____。

184．如果一个内部网络对外的出口只有一个，那么最好配置_____路由。

185．设置默认静态路由的命令是_____。

186．在串口上配置时钟频率时，一定要在电缆_____端的路由器上配置，否则链路不通。

187．为了查明串行接口所连的电缆类型，从而正确配置串行接口，可以使用_____命令来查看相应的控制器。

188．路由器可配置的 3 种路由为：_____、_____、_____。

189．www.tsinghua.edu.cn 在这个完整名称（FQDN）里，_____是主机名。

190．RIP 通过_____报文来交换路由信息，每_____秒发送一次路由信息更新。RIP 提供跳数作为尺度来衡量路由距离，跳数是指_____。

191．RIP 最多支持的跳数为_____，即在源和目的网间所要经过的最多路由器的数目为_____，跳数 16 表示_____。

192．RIP 版本 2 还支持_____，_____并且使用_____发送路由信息。

193．RIP 协议的路由项在多少时间内没有更新会变为不可达？_____。

194．RIP 路由协议路由器宣告本地网络号的命令是_____。

195．根据是否在一个自制系统内部使用，路由协议分为_____和_____。

196．显示 IP 路由表的命令是_____。

197．在串口上配置时钟频率时，一定要在_____的路由器上配置，否则_____，为了查明串行接口所连的电缆类型，从而正确配置串行接口，可以使用_____命令来查看相应的控制器。

198．OSPF（Open Shortest Path First）是一个_____，用在单一_____内决策路由。OSPF 是_____路由协议，而 RIP 是距离矢量路由协议。

199．OSPF 也称为接口状态路由协议。OSPF 通过路由器之间通告网络接口的状态来建立_____，生成_____，每个 OSPF 路由器使用这些最短路径构造_____。

200．_____是在自治系统内交换路由选择信息的路由协议，常见的有 RIP、OSFP。

201．OSPF 路由协议路由器宣告本地网络号的命令是_____。

202．_____采用距离矢量路由选择算法，它确定到任一网络的方向（向量）与距离。

203．PPP 协议是_____层的协议。

204．_____是指路由器能够自动地建立自己的路由表，并且能够根据实际情况的变化适时进行调整。

205．路由器之间的路由信息交换是基于_____实现的。

206．扩展访问控制列表要应用在尽量靠近_____的接口。

207．_____是在自治系统之间交换路由选择信息的互联网络协议，如 BGP。

208．_____是一系列运用到网络地址或上层协议上的允许或拒绝指令的集合。

209．ACL 的类型主要分为_____和_____，主要的动作为_____和_____。主要的应用方法是_____和_____应用。

210．所有访问控制列表都是在_____模式下生成的，标准访问控制列表是对基本 IP 数据包中的_____进行控制。

211．标准控制列表要应用在尽量靠近_____的接口。

212．标准访问控制列表（Standard IP ACL）的规则序号范围是_____。

213．标准访问控制列表"Access-list 1 permit 0.0.0.0 255.255.255.255"等价于_____。

214．扩展访问控制列表既可检查分组的_____，又可检查_____。

215．命令"Access-list 1 permit 204.211.19.0 0.0.0.255"的含义是_____。

216．扩展访问控制列表（Standard IP ACL）的规则序号范围是_____。

217．在所有访问控制列表最后有一条隐含规则是_____。访问控制列表的网络掩码是_____。

218．_____的 VLAN 是划分虚拟局域网最简单也是最有效的方法，它实际上是某些交换端口的集合，网络管理员只需要管理和配置交换端口，而不管交换端口连接什么设备。

219．二进制数据编码技术中的三种主要编码方案是：_____、_____和_____。

220．_____提供了一种掩饰网络内部本质的方法，是一种把内部专用 IP 地址转换成合法 IP 地址的技术。

221．_____是外部网络的主机在内部网络中表现的 IP 地址；_____是外部网络分配给外部主机的 IP 地址，该地址是合法的全局可路由地址。

222．防火墙实现技术主要有_____技术、应用代理技术、状态检测技术。

223．通过 Console 口管理交换机，在超级终端里应设为波特率_____、数据位 8、停止位 1、奇偶校验无。

224．二层交换机级联时，涉及跨越交换机的多个 VLAN 需要交互信息时，Trunk 端口能够实现的是_____。

225．数据的加密和解密属于 OSI 参考模型_____层的功能。

226．图 19 所示的网络设备是_____。

227．图 20 所示的 ADSL 设备的"POWER"灯不亮说明是由_____原因造成的；"LINK"灯不亮说明是由_____原因造成的；"PC"灯不亮说明是由_____原因造成的；"DATA"灯闪烁说明_____。

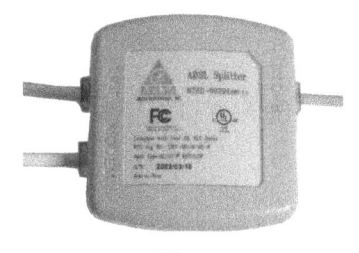

图 19 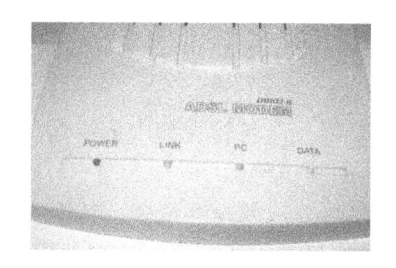   图 20

228. _____就是利用数字技术来扩大现有电话线（双绞铜线）传输频带宽度的技术，也就是利用电话线进行宽带高频信号传输的技术。

229. ADSL（Asymmetric Digital Subscriber Line）称为_____。这是因为 ADSL 被设计成_____传送的带宽，其下行速率最高为_____，而上行速率最高为_____。

230. 局域网的层次结构中，通信子网只有相当于 OSI/RM 中的下三层中的_____与_____，而且高层功能一般由_____实现。

231. 地址转换（NAT）的 3 种类型是_____、_____、_____。

232. 静态 NAT 是建立内部本地地址和内部全局地址_____。

233. 动态 NAT 是建立_____的临时对应关系。

234. 以太网交换机是按照_____进行转发的。

235. 路由器的 S0 端口连接_____。

236. _____是把内部多个本地地址映射到外部网络的一个 IP 地址的不同端口上。

237. 域名系统简称_____，是一种将用户使用的易于理解的名称转换成相应的 IP 地址的系统。

238. 目前有着数量众多的搜索引擎，但按照它们信息搜集方法和服务提供方式的不同，可以大致划分为 3 大主要类型：_____。

239. _____是 Internet 上的一种电子信息服务系统。它提供一块公共电子白板，每个用户都可以在上面书写，可发布信息或提出看法。

240. 以太网交换机组网中有环路出现也能正常工作，是因为运行了_____协议。

241. 电子邮局一般是由_____、_____及_____3 个组件组成的。

242. 要查看交换机端口加入 VLAN 的情况，可以通过_____命令来查看。

243. 电子邮件系统提供的是一种_____服务，WWW 服务模式为_____。

244. 杀毒软件的主要作用是_____、_____、_____、_____。_____是对个人用户设计的杀毒软件，_____是对一个中小或大型的企业设计的网络杀毒软件。

245. 一个网络管理系统从逻辑上由管理者、管理代理、管理协议和_____组成。

246. _____是指通过网络远程检测目标网络和主机系统漏洞的程序，它对网络系统和设备进行安全漏洞检测和分析，从而发现可能被入侵者非法利用的漏洞。

247. DNS 的作用是_____。

248. _____是整个网络管理系统的核心，它通常是具有良好图形界面的高性能的工作站，并由网络管理员直接操作和控制。

249. 在网络中有很多被管设备（包括设备中的软件）。被管设备可以是_____。

250. 简单网络管理协议（Simple Network Management Protocol，SNMP）是基于_____

的网络管理标准。SNMP 最重要的设计思想就是要尽可能简单。它的基本功能包括_____、_____、_____、_____。

251．在每一个被管设备中都要运行一个程序，以便和管理站中的管理程序进行通信。这些运行着的程序称为_____。

252．网络管理的功能很多，其中_____、_____、_____、安全管理和计费管理是网络管理最基本的功能；典型的网络管理产品主要有 HP 公司的_____、IBM 公司的_____和 SUN 公司的_____。

253．根据网络故障的对象，把网络故障分为_____、路由器故障和主机故障。

254．一个 TCP 连接过程分三个阶段，即_____、_____和连接释放。

255．用双绞线连接两台交换机，采用_____。

256．最具代表性的内部网关协议有使用链路状态路由选择算法的_____和使用距离向量路由选择算法的_____。

257．计算机内传输的信号是_____，而公用电话传输系统传输的信号是_____。

258．两端用户传输文件，应属于 OSI 参考模型的_____层。

259．10BASE-T 标准规定的网络拓扑结构是_____，网络速率是_____，网络所采用的网络介质是_____，信号是_____。

260．在每一个被管设备中都要运行一个程序以便和管理站中的管理程序进行通信。这些运行着的程序称为_____，网络管理员利用_____通过管理站对网络中的被管设备进行管理。

261．令牌访问技术可用于_____和_____两种拓扑结构网，这种访问方式在环型和总线型网中建立起来的"环"是一种逻辑环。

262．在网络正常工作时，SNMP 可实现_____、_____和_____等功能。当网络出现故障时，可实现各种差错检测和恢复功能。

263．通过交换机连接的一组工作站，组成一个_____，但不是一个冲突域。

264．ATM 是建立在_____和_____的基础上的一种新的快速分组交换技术。

265．以千兆位以太网技术为基础、万兆位以太网为目标，采用"万兆核心、千兆汇聚、百兆接入"的三层设计思路，分为_____、_____、_____。

266．电子邮件的传递都是通过_____来完成的。

二、判断题

1．在数据传输中，UTP 的性能优于 STP。　　　　　　　　　　　　　　　　（　　）
2．网络域名地址便于用户记忆，通俗易懂，可以采用英文名称命名，也可以用中文名称命名。　　　　　　　　　　　　　　　　　　　　　　　　　　　　　　　　　（　　）
3．网关：又称网间连接器、协议转换器。默认网关在网络层上以实现网络互连，是最复杂的网络互连设备。　　　　　　　　　　　　　　　　　　　　　　　　　　（　　）
4．网络域名地址一般都通俗易懂，大多采用英文名称的缩写来命名。　　　（　　）
5．按网络的传输技术划分，计算机网络可以分为广播式网络和点到点网络。（　　）
6．网络协议的三要素是语法、语义、时序。　　　　　　　　　　　　　　（　　）
7．双绞线排线标准中 TIA/EIA568B 的效果比 TIA/EIA568A 的好。　　　　（　　）
8．TCP 属于传输层协议，UDP 也属于传输层协议。　　　　　　　　　　　（　　）

9．在 TCP/IP 体系中，ARP 属于网络层协议。（   ）

10．传输层的主要功能是向用户提供可靠的端到端服务，以及处理数据包错误、数据包次序等关键问题。（   ）

11．目前使用的广域网基本都采用星型拓扑结构。（   ）

12．HTTPS 是安全的超文本传输协议，是安全版的 HTTP 协议，使用安全套接字层（SSL）进行信息交换。（   ）

13．ICMP 封装在 IP 数据报的数据部分。（   ）

14．分组交换只能提供无连接的服务。（   ）

15．ICMP 报文封装在 ICMP 包的数据部分。（   ）

16．ISO 划分网络层次的基本原则是：不同节点具有不同的层次，不同节点的相同层次有相同的功能。（   ）

17．每个域只能有一个域控制器。（   ）

18．一个局域网就是一个自治系统（AS）。（   ）

19．VLAN 是由一些局域网网段构成的与物理位置无关的逻辑组。（   ）

20．在因特网的层次体系结构中，网络层的作用是在收发双方主机中的应用进程之间的传输数据。（   ）

21．TCP/IP 可以用于同一主机上不同进程之间的通信。（   ）

22．172.32.1.1 是一个私用地址，只能在内网中使用。（   ）

23．Windows 中的 Guest 账号是系统默认账号。（   ）

24．网络文件系统（NFS）基于 UDP 提供透明的网络文件访问。（   ）

25．NVRAM 中的内容在系统断电时不会丢失。（   ）

26．OSPF 是基于 L-S 算法的路由协议。（   ）

27．IS-IS 协议是可被路由的协议。（   ）

28．共享权限是网络权限，安全权限是本地权限，通过共享访问时得到的权限是两者的交集。（   ）

29．如果要将 138.10.0.0 网络分为 6 个子网，则子网掩码应设为 255.255.192.0。（   ）

30．由于 TCP 为用户提供的是可靠的、面向连接的服务，因此该协议对于一些实时应用，如 IP 电话、视频会议等比较适合。（   ）

31．因特网路由器在选择转发路径时不仅要考虑目的站 IP 地址，还要考虑目的站的物理地址。（   ）

32．TCP 和 UDP 分别拥有自己的端口号，二者互不干扰，可以共存于同一台主机。（   ）

33．广播式网络中无须网络层。（   ）

34．在域中的计算机分为 3 种，即域控制器、成员服务器和工作站。（   ）

35．交换式局域网的基本结构可以是星型的，也可以是总线型的。（   ）

36．双绞线的线对绞的次数越多其抗干扰能力越强。（   ）

37．10Base-2 中的 2 表示最大传输距离为 200 米。（   ）

38．双绞线较同轴电缆更适宜于传输语音信号。（   ）

39．ARP 的请求和应答报文都是一对一的，这样可以进行正确解析。（   ）

40．在域控制器内，未经授权的 DHCP 服务器也可以工作。（   ）
41．DNS 配置中反向查找区域是一个将名称转换成 IP 地址的数据。（   ）
42．IP 地址 127.0.0.1 作为一个保留地址，称为"回环地址"。（   ）
43．交换机的管理接口默认一般是关闭的（shutdown）。（   ）
44．可以根据网卡的 MAC 地址判断安装该网卡的主机所在的网络位置。（   ）
45．交换机的干道链路模式端口必须属于所有 VLAN。（   ）
46．UTP 代表的是一种非屏蔽双绞线，STP 代表的是一种屏蔽双绞线。（   ）
47．在 OSI 层次体系中，实际的通信是在物理层实体之间进行的。（   ）
48．网络中机器的标准名称包括域名和主机名，采取多段表示方法，各段间用圆点分开。（   ）
49．静态路由是手动输入路由表中且不会被路由协议更新的路由。（   ）
50．STP 与 UTP 的不同之处在于双绞线和塑料外层之间增加了一层金属屏蔽保护膜，这层金属屏蔽保护膜可以减小电磁干扰和辐射，并防止信息被窃听。（   ）
51．所有以太网交换机端口既支持 10BASE-T 标准，又支持 100BASE-T 标准。
（   ）
52．通常的路由器可以支持多种网络层协议，并提供不同协议之间的分组转换。
（   ）
53．计算机网络发展经历了面向终端的计算机通信系统、计算机-计算机通信网络和计算机网络三个阶段。（   ）
54．局域网的安全措施首选防火墙技术。（   ）
55．现行解决"最后一公里"问题的接入技术有综合业务数字网、高速数字接入设备、同轴电缆宽调制解调器、局域网、无线接入。（   ）
56．调制器和解调器合起来称为调制解调器。所谓调制是指在发送端将数字信号转换成适用于电话线传输的模拟信号。（   ）
57．ADSL 采用上、下行不对称的高速数据调制技术。（   ）
58．在对等网中的每台计算机之间没有主从关系，是平等的，它们没有控制与被控制关系。（   ）
59．OSPF 是一种基于距离向量的内部网关协议。（   ）
60．在以太网中，根据 MAC 地址来区分不同的设备。（   ）
61．一个完整的 E-mail 地址主要由两大部分构成：邮箱所在主机的地址（域名）和用户的邮箱名。（   ）
62．Ethernet、Token Ring 与 FDDI 是构成虚拟局域网的基础。（   ）
63．用户把远程邮箱中的个人邮件取回到本地计算机一般采用 POP3 协议。（   ）
64．根据网络故障的对象把网络故障分为线路故障、路由器故障和主机故障。（   ）
65．网络管理的功能很多，其中配置管理、性能管理、故障管理、安全管理和计费管理是网络管理最基本的功能。（   ）
66．对于同一目标，路由器只提供延迟最小的最佳路由。（   ）
67．Telnet 程序是基于 UDP 的一种上层应用程序，它使用的端口号是 23。（   ）
68．PPP（Point-to-Point Protocol，点到点的协议）是一种在同步或异步线路上对数据进行封装的数据链路协议。早期的家庭拨号上网主要采用 SLIP 协议，而现在，更多的是采用 PPP 协议。（   ）

69．NAT 使得 IP 协议从面向无连接变成面向连接。（　　）

70．DHCP 在计算机客户端与 DHCP 服务器之间建立、保持一个 TCP 连接，使得客户端计算机自动获取一个暂时固定的 IP 地址。（　　）

71．对讲机、共享式局域网等设备采用的是半双工操作方式。（　　）

72．通过引入 CRC 校验及确认和重传机制，使得网络实现可靠的数据传输。（　　）

73．在 Internet 主机域名的格式中，顶级域名位于主机域名的最后位置。（　　）

74．TTL 主要是为了防止 IP 报文在网络中的循环转发，浪费网络带宽。（　　）

75．对用户而言，计算机网络与分布式计算机系统的主要区别不是它们的物理结构，而是高层软件。（　　）

三、选择题

1．计算机网络明显的优势在于（　　）。
　　A．精度高　　　　　　　　　　B．内存容量大
　　C．运算速度快　　　　　　　　D．共享资源

2．以下属于物理层的设备是（　　）。
　　A．中继器　　　　　　　　　　B．以太网交换机
　　C．网桥　　　　　　　　　　　D．网关

3．IEEE802.3u 标准是指（　　）。
　　A．以太网　　　　　　　　　　B．快速以太网
　　C．令牌环网　　　　　　　　　D．FDDI 网

4．计算机网络中可以共享的资源包括（　　）。
　　A．硬件、软件、数据　　　　　B．主机、外设、软件
　　C．硬件、程序、数据　　　　　D．主机、程序、数据

5．以通信子网为中心的计算机网络称为（　　）。
　　A．第一代计算机网络　　　　　B．第二代计算机网络
　　C．第三代计算机网络　　　　　D．第四代计算机网络

6．以太网媒体访问控制技术 CSMA/CD 的机制是（　　）。
　　A．争用带宽　　　　　　　　　B．预约带宽
　　C．循环使用带宽　　　　　　　D．按优先级分配带宽

7．TCP 和 UDP 协议的相似之处是（　　）。
　　A．面向连接的协议　　　　　　B．面向非连接的协议
　　C．传输层协议　　　　　　　　D．以上均不对

8．ATM 网络采用固定长度的信元传送数据，信元长度为（　　）。
　　A．1024B　　　　　　　　　　　B．53B
　　C．128B　　　　　　　　　　　D．64B

9．当一台主机从一个网络移到另一个网络时，以下说法正确的是（　　）。
　　A．必须改变它的 IP 地址和 MAC 地址
　　B．必须改变它的 IP 地址，但不需要改动 MAC 地址
　　C．必须改变它的 MAC 地址，但不需要改动 IP 地址
　　D．MAC 地址、IP 地址都不需要改动

10. 如果要将两计算机通过双绞线直接连接，正确的线序是（　　）。
    A．1--1、2--2、3--3、4--4、5--5、6--6、7--7、8--8
    B．1--2、2--1、3--6、4--4、5--5、6--3、7--7、8--8
    C．1--3、2--6、3--1、4--4、5--5、6--2、7--7、8--8
    D．两计算机不能通过双绞线直接连接

11. Internet 的网络拓扑结构是一种（　　）结构。
    A．星型　　　　　　　　　　　　B．树型
    C．网型　　　　　　　　　　　　D．总线型

12. 下面关于路由器的描述中，正确的是（　　）。
    A．路由器中串口与以太口必须是成对的
    B．路由器中串口与以太口的 IP 地址必须在同一网段
    C．路由器的串口之间通常是点对点连接
    D．路由器的以太口之间必须是点对点连接

13. 在 windows95/98 的 dos 窗口下，能用以下命令查看主机的路由表的是（　　）。
    A．NETSTAT–RB　　　　　　　　B．ARP-A
    C．TRACEROUTED　　　　　　　D．ROUTEPRINT

14. Internet 的网络层含有四个重要的协议，分别为（　　）。
    A．IP、UDP、ARP、RARP　　　　B．IP、UDP、TCP、RARP
    C．IP、ICMP、ARP、RARP　　　 D．IP、TCP、ARP、ICMP

15. 路由器的路由表包括目的地址、下一站地址及（　　）。
    A．时间、距离　　　　　　　　　B．距离、计时器、标志位
    C．路由、距离、时钟　　　　　　D．时钟、路由

16. 传输层可以通过（　　）标识不同的应用。
    A．物理地址　　　　　　　　　　B．端口号
    C．IP 地质　　　　　　　　　　　D．逻辑地址

17. 局域网的典型特性是（　　）。
    A．高数据数率、大范围、高误码率
    B．高数据数率、小范围、低误码率
    C．低数据数率、小范围、低误码率
    D．低数据数率、小范围、高误码率

18. 为什么路由器不能像网桥那样快速地转发数据包？（　　）
    A．路由器运行在 OSI 参考模型的第三层，因而要花费更多的时间来解析逻辑地址
    B．路由器的数据缓存比网桥的少，因而在任何时候只能存储较少的数据
    C．路由器在向目标设备发送数据前，要等待这些设备的应答
    D．路由器运行在 OSI 参考模型的第四层，因而要侦听所有数据传输，以致比运行在第三层的网桥慢

19. 第二代计算机网络的主要特点是（　　）。
    A．计算机-计算机网络
    B．以单机为中心的联机系统

C．国际网络体系结构标准化
D．各计算机制造厂商网络结构标准化

20．关于 TCP/IP 参考模型的描述错误的是（　　）。
　　A．它是计算机网络互联的事实标准
　　B．它是因特网发展过程中的产物
　　C．它是 OSI 参考模型的前身
　　D．它具有与 OSI 参考模型相当的网络层

21．三次握手方法用于（　　）。
　　A．传输层连接的建立　　　　　　B．数据链路层的流量控制
　　C．传输层的重复检测　　　　　　D．传输层的流量控制

22．以下的网络分类方法中，哪一组分类方法有误？（　　）
　　A．局域网/广域网　　　　　　　　B．对等网/城域网
　　C．环型网/星型网　　　　　　　　D．有线网/无线网

23．TCP 的协议数据单元被称为（　　）。
　　A．比特　　　　　　　　　　　　B．帧
　　C．分段　　　　　　　　　　　　D．字符

24．在 OSI 中，为网络用户间的通信提供专用程序的是（　　）。
　　A．运输层　　　　　　　　　　　B．会话层
　　C．表示层　　　　　　　　　　　D．应用层

25．在同一层次的对应实体之间交换的数据称为（　　）。
　　A．接口数据单元　　　　　　　　B．协议数据单元
　　C．控制信息　　　　　　　　　　D．服务数据单元

26．正确描述 100Base-TX 特性的是（　　）。
　　A．传输介质为阻抗 100Ω 的 5 类 UTP，介质访问控制方式为 CSMA/CD，每段电缆的长度限制为 100m，数据传输速率为 100Mbps
　　B．传输介质为阻抗 100Ω 的 3 类 UTP，介质访问控制方式为 CSMA/CD，每段电缆的长度限制为 185m，数据传输速率为 100Mbps
　　C．传输介质为阻抗 100Ω 的 3 类 UTP，介质访问控制方式为 TokenRing，每段电缆的长度限制为 185m，数据传输速率为 100Mbps
　　D．传输介质为阻抗 100Ω 的 5 类 UTP，介质访问控制方式为 TokenRing，每段电缆的长度限制为 100m，数据传输速率为 100Mbps

27．网络接口卡的基本功能包括：数据转换、通信服务和（　　）。
　　A．数据传输　　　　　　　　　　B．数据缓存
　　C．数据服务　　　　　　　　　　D．数据共享

28．以下关于 100BASE-T 的描述中错误的是（　　）。
　　A．软件规范　　　　　　　　　　B．网络协议
　　C．路由算法　　　　　　　　　　D．安全规范

29．PPP 协议是哪一层的协议（　　）。
　　A．物理层　　　　　　　　　　　B．数据链路层
　　C．网络层　　　　　　　　　　　D．高层

30. 采用专用线路通信时，可以省去的通信阶段是（　　）。
    A．建立通信线路   B．建立数据传输链路
    C．传送通信控制信号和数据   D．双方确认通信结束

31. 在 Internet/Intranet 中，不需要为用户设置账号和口令的服务是（　　）。
    A．WWW   B．FTP
    C．E-mail   D．DNS

32. 以下网络设备中，工作于应用层的设备是（　　）。
    A．调制解调器   B．以太网交换机
    C．集线器   D．路由器

33. 在 CSMA 的非坚持协议中，当媒体忙时，则（　　）直到媒体空闲。
    A．延迟一个固定的时间单位再侦听   B．继续侦听
    C．延迟一个随机的时间单位再侦听   D．放弃侦听

34. 通信系统必须具备的三个基本要素是（　　）。
    A．终端、电缆、计算机
    B．信号发生器、通信线路、信号接收设备
    C．信源、通信媒体、信宿
    D．终端、通信设施、接收设备

35. 下列不属于表示层功能的有（　　）。
    A．加密   B．压缩
    C．格式转换   D．区分不同服务

36. 下列有关集线器的说法正确的是（　　）。
    A．集线器只能和工作站相连
    B．利用集线器可将总线型网络转换为星型拓扑
    C．集线器只对信号起传递作用
    D．集线器不能实现网段的隔离

37. 系统对 WWW 网页存储的默认格式是（　　）。
    A．ppt   B．doc
    C．html   D．xls

38. 以太网交换机的每一个端口可以看成一个（　　）。
    A．冲突域   B．广播域
    C．管理域   D．阻塞域

39. 具有隔离广播信息能力的网络互连设备是（　　）。
    A．网桥   B．中继器
    C．路由器   D．L2 交换机

40. 在计算机网络中，一般局域网的数据传输速率要比广域网的数据传输速率（　　）。
    A．高   B．低
    C．相同   D．不确定

41. 在 OSI 环境中，不同开放系统对等实体之间的通信，需要（N）实体向相邻的上一层（N+1）实体提供一种能力，这种能力称为（　　）。
    A．协议   B．服务   C．用户   D．功能

42．物理层的主要功能是利用物理传输介质为数据链路层提供物理连接，以便透明地传送（　　）。

  A．比特流   B．帧序列

  C．分组序列   D．包序列

43．传输层可以通过（　　）标识不同的应用。

  A．物理地址   B．端口号

  C．IP 地址   D．逻辑地址

44．TCP/IP 的四层体系结构中，（　　）并没有具体内容。

  A．应用层   B．传输层

  C．网络层   D．网络接口层

45．TCP/IP 网络的体系结构分为应用层、传输层、网络互联层和网络接口层。属于传输层协议的是（　　）。

  A．TCP 和 ICMP   B．IP 和 FTP

  C．TCP 和 UDP   D．ICMP 和 UDP

46．无线设备加入无线局域网服务区时首先要进行的工作步骤是（　　）。

  A．漫游   B．扫频

  C．关联   D．重关联

47．创建用户账户是在（　　）建立的。

  A．活动目录控制台

  B．"用户属性"对话框

  C．"组属性"对话框中成员属于选项

  D．"添加组策略"对话框

48．以下设置不是互联网所必需的是（　　）。

  A．IP 地址   B．工作站

  C．子网掩码   D．网关

49．在 OSI 参考模型系统中实现数据端到端传送层次的是（　　）。

  A．网络层   B．应用层

  C．传输层   D．会话层

50．INTERNET 最初创建的目的是用于（　　）。

  A．政治   B．军事

  C．教育   D．金融

51．下列对常见网络服务对应端口描述正确的是（　　）。

  A．HTTP：80   B．Telnet：20

  C．RIP：21   D．SMTP：110

52．Windows NT 为管理用户账号提供的使用程序称为（　　）。

  A．服务器管理器   B．用户管理器

  C．域用户管理器   D．账号管理器

53. 随着电信和信息技术的发展，国际上出现了所谓"三网融合"的趋势，下列不属于三网之一的是（   ）。
　　A．传统电信网　　　　　　　　　B．计算机网
　　C．有线电视网　　　　　　　　　D．卫星通信网

54. 以下各项中，不是数据报操作特点的是（   ）。
　　A．每个分组自身携带足够的信息，它的传送是被单独处理的
　　B．在整个传送过程中，不需要建立虚电路
　　C．使所有分组按顺序到达目的端系统
　　D．网络节点要为每个分组做出路由选择

55. 一台计算机可以用 IP 地址访问本地服务器，但是不能用域名访问该服务器，出现这种故障的原因可能是（   ）。
　　A．IE 浏览器配置不正确　　　　　B．计算机中侵入了 ARP 病毒
　　C．DNS 服务器配置错误　　　　　D．网卡配置不正确

56. DHCP 服务中不能够向主机提供的内容是（   ）。
　　A．IP 地址　　　　　　　　　　　B．网关地址
　　C．DNS 主机地址　　　　　　　　D．MAC 地址

57. 如果对数据的实时性要求比较高，但对数据的准确性要求相对较低，一般可在传输层采用（   ）协议。
　　A．UDP　　　　　　　　　　　　　B．TCP
　　C．FTP　　　　　　　　　　　　　D．IP

58. 下列交换技术中，节点不采用"存储-转发"方式的是（   ）。
　　A．电路交换技术　　　　　　　　B．报文交换技术
　　C．虚电路交换技术　　　　　　　D．数据报交换技术

59. 下面关于域名的说法正确的是（   ）。
　　A．域名专指一个服务器的名字
　　B．域名就是网址
　　C．域名可以自己任意取
　　D．域名系统按地理域或机构域分层采用层次结构

60. DNS 必须具有一个（   ）。
　　A．动态 IP 地址　　　　　　　　　B．静态 IP 地址
　　C．动态计算机名　　　　　　　　D．固定的计算机名

61. Ipv6 将 32 位地址空间扩展到（   ）位。
　　A．64　　　　　　　　　　　　　　B．128
　　C．256　　　　　　　　　　　　　D．1024

62. IP、Telnet、UDP 分别是 OSI 参考模型的（   ）层协议。
　　A．1、2、3　　　　　　　　　　　B．3、4、5
　　C．4、5、6　　　　　　　　　　　D．3、7、4

63. 网络地址和端口翻译（NAPT）用于（   ）。
　　A．把内部的大地址空间映射到外部的小地址空间

B．把外部的大地址空间映射到内部的小地址空间

C．把内部的所有地址映射到一个外部地址

D．把外部的所有地址映射到一个内部地址

64．DNS 服务器和客户机设置完毕后，有三个命令可以测试其设置是否正确，下面哪个不是其中之一？（　　）

A．ping　　　　　　　　　　　B．login

C．ipconfig　　　　　　　　　　D．nslookup

65．对局域网来说，网络控制的核心是（　　）。

A．工作站　　　　　　　　　　B．网卡

C．网络服务器　　　　　　　　D．网络互连设备

66．当连接两个完全不同结构的网络时，必须使用（　　）。

A．中继器　　　　　　　　　　B．集线器

C．网关　　　　　　　　　　　D．路由器

67．在给网络中的一台主机配置 IP 地址时，以下可以使用的是（　　）。

A．129.110.1.125　　　　　　　B．127.0.1.15

C．192.168.1.255　　　　　　　D．210.10.25.0

68．下列对地址进行子网划分带给网络的好处的描述中，不正确的是（　　）。

A．将一个广播域划分成若干个小的广播域

B．提高网络性能

C．不能简化管理

D．易于扩大地理范围

69．某公司的网络地址为 192.168.1.0，要划分成 5 个子网，每个子网最多有 20 台主机，则适用的子网掩码是（　　）。

A．255.255.255.192　　　　　　B．255.255.255.240

C．255.255.255.224　　　　　　D．255.255.255.248

70．IP 地址中的网络号部分用来识别（　　）。

A．路由器　　　　　　　　　　B．网段

C．主机　　　　　　　　　　　D．网卡

71．决定局域网特性的三个主要技术中，最重要的是（　　）。它对网络特性起着十分重要的作用。

A．拓扑结构　　　　　　　　　B．传输介质

C．介质访问控制方法　　　　　D．链路距离

72．网络 172.16.9.0/24 中最多可用的主机地址是（　　）。

A．250　　　　　　　　　　　　B．254

C．255　　　　　　　　　　　　D．256

73．两端用户传输文件，应属于下列 OSI 的哪一层处理（　　）。

A．表示层　　　　　　　　　　B．会话层

C．传输层　　　　　　　　　　D．应用层

74．在 OSI 模型中，一个层 N 与它的上层（第 N+1 层）的关系是什么（　　）。

A．第 N 层为第 N+1 层提供服务

B．第 N+1 层把从第 N 层接收到的信息添一个报头

C．第 N 层使用第 N+1 层提供的服务

D．第 N 层与第 N+1 层相互没有影响

75．下面给出的网络地址中，属于私网地址的是（　　）。

  A．128.12.73.214　　　　　　　　B．192.32.146.23

  C．172.34.21.18　　　　　　　　　D．10.25.34.124

76．下面的 IP 地址中，属于 C 类地址的是（　　）。

  A．127.19.0.23　　　　　　　　　　B．193.0.25.37

  C．225.21.0.11　　　　　　　　　　D．170.23.0.1

77．假设某网站的域名为 www.zhenjiang.com.cn，可推测此网站类型为（　　）。

  A．教育　　　　　　　　　　　　　B．商业

  C．政府　　　　　　　　　　　　　D．网络机构

78．A 类地址的编址范围是（　　）。

  A．1~126　　　　　　　　　　　　B．127~191

  C．128~191　　　　　　　　　　　D．192~223

79．160.101.3.56 是（　　）IP 地址。

  A．A 类　　　　　　　　　　　　　B．B 类

  C．C 类　　　　　　　　　　　　　D．D 类

80．下列有关计算机网络叙述错误的是（　　）。

  A．利用 Internet 可以使用远程的超级计算中心的计算机资源

  B．计算机网络是在通信协议控制下实现的计算机互联

  C．建立计算机网络的最主要目的是实现资源共享

  D．以接入的计算机多少可以将网络划分为广域网、城域网和局域网

81．由 Internet 地址授权机构（LANA）控制 IP 地址分配方案中，留出了 A 类、B 类和 C 类网络地址，用于不连接到 Internet 上的专用网，其中 B 类是（　　）。

  A．192.168.0.0~192.168.255.255　　B．172.16.0.0~172.31.255.255

  C．192.168.0.0~192.168.0.255　　　D．192.168.1.0~192.168.0.255

82．下列关于广域网的叙述，错误的是（　　）。

  A．广域网能连接多个城市或国家并能提供远距离通信

  B．广域网一般可以包含 OSI 参考模型的 7 个层次

  C．目前大部分广域网都采用存储转发方式进行数据交换

  D．广域网可以提供面向连接和无连接两种服务模式

83．下列有关集线器的说法正确的是（　　）。

  A．集线器只能和工作站相连

  B．利用集线器可将总线型网络转换为星型拓扑

  C．集线器只对信号起传递作用

  D．集线器不能实现网段的隔离

84．在 TCP/IP 协议中，B 类 IP 地址默认的子网掩码是（　　）。

  A．255.0.0.0　　　　　　　　　　　B．255.255.0.0

  C．255.255.255.0　　　　　　　　　D．255.255.255.255

85．RARP 协议用于（   ）。
   A．根据 IP 地址查询对应的 MAC 地址
   B．IP 协议运行中的差错控制
   C．把 MAC 地址转换成对应的 IP 地址
   D．根据交换的路由信息动态生成路由表

86．某公司的几个分部在市内的不同地点办公，各分部联网的最好解决方案是（   ）。
   A．公司使用统一的网络地址块，各分部之间用以太网相连
   B．公司使用统一的网络地址块，各分部之间用网桥相连
   C．各分部分别申请一个网络地址块，用集线器相连
   D．把公司的网络地址块划分为几个子网，各分部之间用路由器相连

87．IP 协议是无连接的，其信息传输方式是（   ）。
   A．点对点   B．数据报
   C．广播   D．虚电路

88．某 Web 服务器的 URL 为 http://www.test.com，在 test.com 区域中为其添加 DNS 记录时，主机名称为（   ）。
   A．https   B．www
   C．https.www   D．test

89．以太网交换机的每一个端口可以看作一个（   ）。
   A．冲突域   B．广播域
   C．管理域   D．阻塞域

90．采用全双工通信方式，数据传输的方向为（   ）。
   A．可以在两个方向上同时传输
   B．只能在一个方向上传输
   C．可以在两个方向上传输，但不能同时进行
   D．以上均不对

91．ADSL 技术主要解决的问题是（   ）。
   A．宽带接入   B．宽带传输
   C．宽带交换   D．多媒体综合网络

92．下列关于 IPv4 地址的描述中错误的是（   ）。
   A．IP 地址的总长度为 32 位
   B．每一个 IP 地址都由网络地址和主机地址组成
   C．一个 C 类地址拥有 8 位主机地址，可给 254 台主机分配地址
   D．A 类地址拥有的网络数最多

93．下列哪个设备只能简单再生信号（   ）。
   A．网卡   B．网桥
   C．中继器   D．路由器

94．Windows Server 2008 R2 所支持的文件系统不包括（   ）。
   A．NTFS   B．EXT3
   C．FAT   D．FAT32

95．HTTP 是 WWW 的核心，当访问一个 URL 为 http://www.ccidedu.com.cn/index.htm 的

网页时，浏览器首先向（　　）请求解析 http://www.ccidedu.com.cn 的 IP 地址。获得解析的 IP 地址后，浏览器与服务器建立连接。

  A．网关   B．DNS
  C．ISP   D．Web 服务器

96．若 Web 站点的 Internet 域名是 www.1wh.com，IP 为 192.168.1.21，现将 TCP 端口改为 8080，则外网用户在浏览器的地址栏中输入（　　）后就可访问该网站。

  A．http://192.168.1.21   B．http://www.1wh.com
  C．http://192.168.1.21:8080   D．http://www.1wh.com/8080

97．在 Windows Server 2008 R2 中，系统安装时自动产生的本地管理员用户名是（　　）。

  A．Guest   B．IUSR_NT
  C．Administrator   D．Everyone

98．E-mail 地址中@后面的内容是指（　　）。

  A．邮件账号   B．因特网服务提供商
  C．邮件服务器主机名   D．统一资源定位符

99．下面哪个设备是网络与网络连接的桥梁，是因特网中最重要的设备？（　　）

  A．中继器   B．集线器
  C．路由器   D．服务器

100．Internet 是一个覆盖全球的大型互联网络，它用于连接多个远程网与局域网的设备主要是（　　）。

  A．网桥   B．防火墙   C．主机   D．路由器

101．配置以太网交换机时把 PC 的串行口与交换机的（　　）用控制台电缆相连。

  A．RJ-45 端口   B．同步串行口
  C．Console 端口   D．AUX 端口

102．局域网互联主要有（　　）和（　　）两种形式。

  A．LAN-LAN   B．LAN-WAN
  C．WAN-WAN   D．LAN-WAN-LAN

103．以太网 100BASE-FX 标准规定的传输介质是（　　）。

  A．3 类 UTP   B．5 类 UTP
  C．无线   D．光纤

104．以下不是分层网络设计中汇聚层特点的是（　　）。

  A．策略   B．安全
  C．工作组级访问   D．接入工作组主机

105．下列关于广域网的叙述，错误的是（　　）。

  A．广域网能连接多个城市或国家并能提供远距离通信
  B．广域网一般可以包含 OSI 参考模型的 7 个层次
  C．目前大部分广域网都采用"存储-转发"方式进行数据交换
  D．广域网可以提供面向连接和无连接两种服务模式

106．协议是（　　）之间进行通信的规则或约定。

  A．同一结点上下层   B．不同结点
  C．相邻实体   D．不同结点对等实体

107．在默认配置的情况下，连接在不同交换机上的，属于同一 VLAN 的数据帧必须通过（　　）传输。
　　　A．接入链路　　　　　　　　　B．干道链路
　　　C．Console 口　　　　　　　　 D．光纤接口

108．路由器在两个网段之间转发数据包时，读取其中的（　　）地址来确定下一跳的转发路径。
　　　A．目标 IP　　　　　　　　　　B．MAC
　　　C．源 IP　　　　　　　　　　　D．ARP

109．利用交换机可以把网络划分成多个虚拟局域网（VLAN）。在一般情况下，交换机默认的 VLAN 是（　　）。
　　　A．VLAN 0　　　　　　　　　　B．VLAN 1
　　　C．VLAN 10　　　　　　　　　 D．VLAN 1024

110．在以下四个 WWW 网址中，哪一个网址不符合 WWW 网址书写规则？（　　）
　　　A．www.163.com　　　　　　　 B．www.nk.cn.edu
　　　C．www.863.org.cn　　　　　　D．www.tj.net.jp

111．VLAN 的划分不包括以下（　　）方法。
　　　A．基于端口　　　　　　　　　B．基于 MAC 地址
　　　C．基于协议　　　　　　　　　D．基于物理位置

112．目前公用电话网广泛使用的交换方式为（　　）。
　　　A．电路交换　　　　　　　　　B．分组交换
　　　C．报文交换　　　　　　　　　D．数据报交换

113．决定网络使用性能的关键是（　　）。
　　　A．网络传输介质　　　　　　　B．网络操作系统
　　　C．网络拓扑结构　　　　　　　D．网络硬件

114．VLAN 在现代组网技术中占有重要地位，同一个 VLAN 中的两台主机（　　）。
　　　A．必须连接在同一交换机上　　B．可以跨越多台交换机
　　　C．必须连接在同一集线器上　　D．可以跨越多台路由器

115．一台主机正在检测所收到的帧的校验和，这个动作发生在 OSI 模型的哪一层？（　　）
　　　A．物理层　　　　　　　　　　B．数据链路层
　　　C．网络层　　　　　　　　　　D．应用层

116．信息高速公路的基本特征是交互、广域和（　　）。
　　　A．方便　　　　　　　　　　　B．灵活
　　　C．直观　　　　　　　　　　　D．高速

117．数据在传输中产生差错的重要原因是（　　）。
　　　A．热噪声　　　　　　　　　　B．脉冲噪声
　　　C．串扰　　　　　　　　　　　D．环境恶劣

118．通过以下哪种方式不能对路由器进行配置？（　　）
　　　A．通过 Console 口进行本地配置　　B．通过 AUX 口进行远程配置
　　　C．通过 Telnet 方式进行配置　　　 D．通过 FTP 方式进行配置

119．路由器上经过保存的配置文件存储在（　　）组件中。
   A．Flash　　　　B．RAM　　　　C．NVRAM　　　　D．ROM
120．路由器的内存体系结构中，（　　）是一种非易失性内存，包含路由器配置文件。
   A．ROM　　　　　　　　　　　　B．Flash
   C．DRAM　　　　　　　　　　　 D．NVRAM
121．数据解封装的过程是（　　）。
   A．段—包—帧—流—数据　　　　B．流—帧—包—段—数据
   C．数据—包—段—帧—流　　　　D．数据—段—包—帧—流
122．下面对三层交换机的描述中最准确的是（　　）。
   A．使用 X.25 交换机　　　　　　B．用路由器代替交换机
   C．二层交换、三层转发　　　　　D．由交换机识别 MAC 地址进行交换
123．两台路由器通过 V.35 线缆连接时，时钟频率必须被配置在（　　）。
   A．DTE 端　　　　　　　　　　　B．DCE 端
   C．以太网接口　　　　　　　　　D．AUX 接口
124．出于安全的考虑，管理员希望阻止由外网进入的 PING 嗅探，那么管理员需要阻止哪一类协议？（　　）
   A．TCP　　　　　　　　　　　　B．UDP
   C．ICMP　　　　　　　　　　　 D．IP
125．在提示符为 Router(config-if)# 的配置模式下，exit 命令的作用是（　　）。
   A．退出当前的接口配置模式　　　B．到达特权配置模式提示符
   C．退出路由器　　　　　　　　　D．切换到用户 EXEC 提示符
126．交换机收到一个帧，但该帧的目标地址在其 MAC 地址表中找不到对应，交换机将（　　）。
   A．丢弃　　　　　　　　　　　　B．退回
   C．洪泛　　　　　　　　　　　　D．转给网关
127．当一台计算机从 FTP 服务器下载文件时，在该 FTP 服务器上对数据进行封装的五个转换步骤是（　　）。
   A．比特，数据帧，数据包，报文段，数据
   B．数据，报文段，数据包，数据帧，比特
   C．数据包，数据帧，比特，数据，报文段
   D．报文段，数据包，数据帧，比特，数据
128．以下配置默认路由的命令正确的是（　　）。
   A．ip route 0.0.0.0 0.0.0.0 172.16.2.1
   B．ip route 0.0.0.0 255.255.255.255 172.16.2.1
   C．ip router 0.0.0.0 0.0.0.0 172.16.2.1
   D．ip router 0.0.0.0 255.255.255.255 172.16.2.1
129．IP 协议是无连接的，其信息传输方式是（　　）。
   A．虚电路　　　　　　　　　　　B．数据报
   C．广播　　　　　　　　　　　　D．点对点

130．在路由表中，ip route 192.168.5.0 255.255.255.0 192.168.10.1 代表什么路由？（　　）

  A．静态路由 B．动态路由 C．默认路由 D．RIP 路由

131．域名与下面哪个一一对应？（　　）

  A．物理地址 B．IP 地址 C．网络 D．以上都不是

132．在路由器设置了以下三条路由：

1）ip route 0.0.0.0 0.0.0.0 192.168.10.1

2）ip route 10.10.10.0 255.255.255.0 192.168.11.1

3）ip route 10.10.0.0 255.255.0.0 192.168.12.1

请问当这台路由器收到目的地址为 10.10.10.1 的数据包时，它应被转发给哪个下一跳地址？（　　）

  A．192.168.10.1   B．192.168.11.1

  C．192.168.12.1   D．路由设置错误，无法判断

133．某局域网用一台路由器互联 4 个子网。各子网的网络地址分别是 193.22.56.0/26、193.22.56.64/26、193.22.56.128/26 和 193.22.56.192/26。使用 RIPv1 路由协议配置参数与 RIP 协议的网络地址，其正确的配置是（　　）。

  A．network 193.22.56.0 255.255.255.192

  B．network 193.22.56.0 0.0.0.255

  C．network 193.22.56.0 255.255.255.192

    network 193.22.56.64 255.255.255.192

    network 193.22.56.128 255.255.255.192

    network 193.22.56.192 255.255.255.192

  D．network 193.22.56.0

134．在企业内部网与外部网之间，用来检查网络请求分组是否合法，保护网络资源不被非法使用的技术是（　　）。

  A．防病毒技术 B．防火墙技术 C．差错控制技术 D．流量控制技术

135．当 RIP 向相邻的路由器发送更新时，它使用（　　）秒为更新计时的时间值。

  A．30 B．20 C．15 D．25

136．路由器在两个网段之间转发数据包时，读取其中的（　　）地址来确定下一跳的转发路径。

  A．目标 IP B．MAC C．源 IP D．ARP

137．在 RIP 中跳数等于（　　）为不可达。

  A．8 B．10 C．15 D．16

138．下面所示的路由条目中，叙述不正确的是（　　）。

R 172.16.8.0 [120/4] via 172.16.7.9, 00:00:23, Serial0

  A．R 表示该路由条目的来源是 RIP

  B．172.16.8.0 表示源网段或子网

  C．172.16.7.9 表示该路由条目的下一跳地址

  D．00:00:23 表示该路由条目的老化时间

139．在计算机网络中，所有计算机均连接到一条通信传输线路上，在线路两端连有防止信号反射的装置。这种连接结构被称为（　　）。
　　A．总线型结构　　　　　　　　　B．环型结构
　　C．星型结构　　　　　　　　　　D．网状型结构
140．以下关于OSPF协议的描述中，最准确的是（　　）。
　　A．OSPF协议根据链路状态法计算最佳路由
　　B．OSPF协议用于自治系统之间的外部网关协议
　　C．OSPF协议不能根据网络通信情况动态地改变路由
　　D．OSPF协议只能用于小型网络
141．IP电话使用的数据交换技术是（　　）。
　　A．电路交换　　　B．报文交换　　　C．分组交换　　　D．包交换
142．最常见的外部网关协议是（　　）。
　　A．RIP　　　　　B．BGP　　　　　C．OSPF　　　　D．以上都不是
143．激活OSPF路由协议的配置命令是（　　）。
　　A．router(config)#router ospf 65536　　B．router(config)#router ospf
　　C．router(config-router)#router ospf 100　D．router(config)#router ospf 100
144．如果想知道路由器配置了哪种路由协议，应当使用的命令是（　　）。
　　A．Router>show router protocol　　　B．Router(config)>show ip protocol
　　C．router(config)#show router protocol　D．router#show ip protocol
145．标准访问控制列表的序列规则范围是（　　）。
　　A．1～10　　　　　　　　　　　　B．0～100
　　C．1～99　　　　　　　　　　　　D．100～199
146．扩展IP访问列表的号码范围是（　　）。
　　A．1～99　　　　　　　　　　　　B．100～199
　　C．800～899　　　　　　　　　　D．900～999
147．通过路由器的访问控制列表可以（　　）。
　　A．进行域名解析　　　　　　　　　B．提高网络的利用率
　　C．检测网络病毒　　　　　　　　　D．进行路由过滤
148．下列条件中，能用作标准访问控制列表决定报文是转发还是丢弃的匹配条件有（　　）。
　　A．源主机IP　　　　　　　　　　　B．目标主机IP
　　C．协议类型　　　　　　　　　　　D．协议端口号
149．如果已创建IP访问列表test，下列哪条语句是对的？（　　）
　　A．Switch(config)#ip Access-group test in
　　B．Switch(config-line)#ip Access-group test in
　　C．Switch#ip Access-group test in
　　D．Switch(config-if)#ip Access-group test in
150．在网络中，为保证192.168.10.0/24网络中WWW服务器的安全，我们只允许访问Web服务，现在采用访问控制列表来实现，正确的是（　　）。
　　A．Access-list 100 permit tcp any 192.168.10.0 0.0.0.255 eq www

B．Access-list 10 deny tcp any 192.168.10.9 eq www

C．Access-list 100 permit 192.168.10.0 0.0.0.255 eq www

D．Access-list 110 permit ip any 192.168.10.0 0.0.0.255

151．你刚创建了一个扩展访问列表101，现在想把它应用到接口上，通过以下哪条命令可以把它应用到接口上（　　）。

A．permit Access-group 101 out

B．ip Access-group 101 out

C．Access group 101 out

D．apply Access-group 101 out

152．在无线局域网802.11标准体系中，802.11n能够达到的最大理论值为（　　）。

A．11Mbps B．54Mbps

C．2Mbps D．600Mbps

153．在一般情况下，交换机默认的VLAN是（　　）。

A．VLAN1 B．VLAN10

C．VLAN100 D．VLAN1024

154．通常路由器不进行转发的网络地址是（　　）。

A．101.1.32.7 B．192.178.32.2

C．172.16.32.1 D．172.35.32.244

155．通过电话网接入Internet是指用户计算机使用（　　），通过电话网与ISP相连接，再通过ISP的线路接入Internet。

A．集线器 B．交换机

C．调制解调器 D．路由器

156．出于安全方面的考虑，管理员希望阻止由外网进入的PING嗅探，那么管理员需要阻止哪一类协议（　　）。

A．TCP B．NAT

C．DHCP D．ICMP

157．静态NAT是指（　　）。

A．内部本地地址和内部全局地址一对一的永久映射

B．内部本地地址和内部全局地址的临时对应关系

C．把内部地址映射到外部网络的一个IP地址的不同端口上

D．临时的一对一"IP+端口"映射关系

158．设置宽带路由器参数时，如果上网方式为网络服务商提供的固定IP地址，WAN口连接类型应是（　　）。

A．PPPoE B．不用设置 C．动态IP D．静态IP

159．地址转换NAT有3种类型，不包括（　　）。

A．PAT B．虚拟NAT C．动态NAT D．静态NAT

160．目前交换机中使用最广泛的局域网交换技术是（　　）。

A．ATM交换 B．信元交换 C．端口交换 D．帧交换

161．在 NAT（网络地址转换）技术中，连接内网的接口是（　　）。
   A．inside　　　　B．outside　　　　C．serial　　　　D．dmz
162．在如图 21 所示的网络配置中，总共（　　）个广播域，（　　）个冲突域。

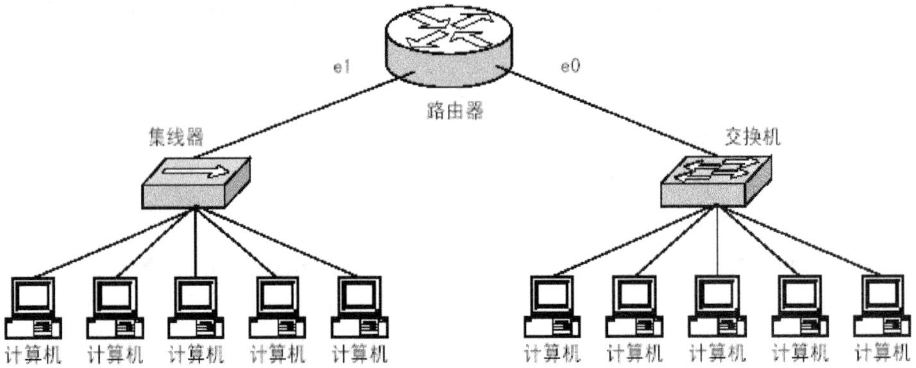

图 21

   A．2　　　　B．3　　　　C．5　　　　D．6
163．在拓扑结构中，下列关于环型的叙述正确的是（　　）。
   A．环中的数据沿着环的两个方向绕环传输
   B．环型拓扑中各结点首尾相连形成一个永不闭合的环
   C．环型拓扑的抗故障性能好
   D．网络中的任意一个结点或一条传输介质出现故障都不会导致整个网络故障
164．匿名 FTP 访问通常使用（　　）作为用户名。
   A．guest　　　　　　　　　　　B．Email 地址
   C．anonymous　　　　　　　　D．anyone
165．标准以太网的带宽是（　　）。
   A．10000Mbps　　B．1000Mbps　　C．100Mbps　　D．10Mbps
166．域名中的后缀 us 代表（　　）。
   A．法国　　　　B．中国　　　　C．日本　　　　D．美国
167．下面（　　）不是 NAT 的优点。
   A．保护内部网络　　　　　　　B．节约 IP 地址
   C．实现包过滤　　　　　　　　D．无法端到端 IP 追踪
168．天网防火墙的安全级别一般要设置为（　　）。
   A．低级　　　　B．中级　　　　C．高级　　　　D．自定义
169．下列关于 IP 地址的说法中，错误的是（　　）。
   A．一个 IP 地址只能标识网络中唯一的一台计算机
   B．IP 地址一般用点分十进制表示
   C．地址 205.106.286.36 是一个合法的 IP 地址
   D．同一个网络中两台计算机的 IP 地址不能相同
170．以下哪个参数代表了硬件防火墙接口最高的安全级别（　　）。
   A．security 0　　　　　　　　B．security 100
   C．security A　　　　　　　　D．security Z

171．以下（　　）不是黑客常利用的进行端口扫描的工具。
　　A．QckPing　　　　　　　　　B．Scanlook
　　C．SuperScan　　　　　　　　D．Serv-U
172．（　　）可以更有效地利用杀毒软件杀毒。
　　A．更新软件界面　　　　　　　B．每天查病毒
　　C．升级病毒库　　　　　　　　D．经常更换杀毒软件
173．如果要彻底退出路由器或交换机的配置模式，则输入的命令是（　　）。
　　A．exit　　　　　　　　　　　B．no config-mode
　　C．Ctrl+c　　　　　　　　　　D．Ctrl+z
174．OSPF 协议使用（　　）分组来保持与其邻居的连接。
　　A．Hello　　　　　　　　　　 B．Keepalive
　　C．SPF　　　　　　　　　　　 D．LSU
175．所谓网络安全漏洞是指（　　）。
　　A．用户的误操作引起的系统故障
　　B．系统软件或应用软件在逻辑设计上的缺陷
　　C．网络硬件性能下降产生的缺陷
　　D．网络协议运行中出现的错误
176．下面关于漏洞扫描系统的说法中，错误的是（　　）。
　　A．漏洞扫描系统是一种自动检测目标主机安全弱点的程序
　　B．黑客利用漏洞扫描系统可以发现目标主机的安全漏洞
　　C．漏洞扫描系统可以用于发现网络入侵者
　　D．漏洞扫描系统的实现依赖于系统漏洞库的完善
177．计算机病毒是（　　）。
　　A．编制有错误的计算机程序
　　B．以危害系统为目的的特殊的计算机程序
　　C．已被破坏的计算机程序
　　D．设计不完善的计算机程序
178．网络后门的功能是（　　）。
　　A．保持对目标主机长久控制　　B．防止管理员密码丢失
　　C．为了定期维护主机　　　　　D．为了防止主机被非法入侵
179．下列不属于系统安全的技术是（　　）。
　　A．防火墙　　B．加密狗　　C．认证　　D．防病毒
180．以下不是网络管理对象的是（　　）。
　　A．交换机　　B．防火墙　　C．光纤　　D．路由器
181．在以下四个WWW网址中，哪一个网址不符合WWW网址书写规则（　　）。
　　A．www.163.com　　　　　　　B．www.nk.cn.edu
　　C．www.863.org.cn　　　　　 D．www.tj.net.jp
182．对网络运行状况进行监控的软件是（　　）。
　　A．网络操作系统　　　　　　　B．网络通信协议
　　C．网络管理软件　　　　　　　D．网络安全软件

183．ISO 定义的网络管理 5 大功能是（ ）。

　　A．故障管理、配置管理、计费管理、系统管理和安全管理

　　B．故障管理、用户管理、计费管理、性能管理和安全管理

　　C．故障管理、配置管理、计费管理、性能管理和安全管理

　　D．故障管理、文件管理、计费管理、性能管理和安全管理

184．（ ）不是性能管理的方面。

　　A．网络连接链路的带宽使用情况

　　B．网络设备端口通信情况

　　C．网络连接设备和服务器的 CPU 利用率

　　D．网络设备和服务器的配置情况

185．在 TCP/IP 网络管理中，MIB 数据库中的信息是由（ ）来收集的。

　　A．管理站（Manager）　　　　　　B．代理

　　C．Web 服务器（Web Server）　　D．浏览器（Browser）

186．在 SNMP 管理模型中，管理代理需要运行在（ ）中。

　　A．被管设备　　B．管理工作站　　C．网络设备　　D．网管服务器

187．在虚电路服务中分组的顺序（ ）。

　　A．总是按发送顺序到达目的站　　B．总是与发送顺序相反到达目的站

　　C．到达目的站时可能不按发送顺序　D．到达顺序是任意的

188．结构化布线系统与传统的布线系统的最大区别在于（ ）。

　　A．与设备位置无关　　　　　　B．成本低

　　C．美观　　　　　　　　　　　D．安全性高

189．下列哪种连接方式采用上、下行不对称的高速数据调制技术（ ）。

　　A．ISDN　　　　　　　　　　　B．Cable Modem

　　C．ADSL　　　　　　　　　　　D．UML

190．双绞线成对线的扭绞旨在（ ）。

　　A．易辨认

　　B．使电磁辐射和外部电磁干扰减到最小

　　C．加快数据传输速度

　　D．便于与网络设备连接

191．在以下人为的恶意攻击行为中，属于主动攻击的是（ ）。

　　A．数据篡改及破坏　　　　　　B．数据窃听

　　C．数据流分析　　　　　　　　D．非法访问

192．设有 2 条路由 21.1.193.0/24 和 21.1.194.0/24，如果进行路由汇聚，则覆盖这 2 条路由的地址是（ ）。

　　A．21.1.200.0/22　　　　　　　B．21.1.192.0/23

　　C．21.1.192.0/21　　　　　　　D．21.1.224.0/20

193．双绞线布线长度最长不能超过（ ）。

　　A．1000 m　　　　　　　　　　B．500 m

　　C．200 m　　　　　　　　　　 D．100 m

194．配置路由器端口，应该在（　　）提示符下进行。
　　A．R1(config)# 　　　　　　　　　B．R1(config-in)#
　　C．R1(config-intf)# 　　　　　　　D．R1(config-if)#
195．在网络综合布线中，工作区子系统的主要传输介质是（　　）。
　　A．单模光纤 　　　　　　　　　　B．5类UTP
　　C．同轴电缆 　　　　　　　　　　D．多模光纤
196．在设计水平布线子系统时，双绞线长度一般不超过（　　）。
　　A．80m 　　　　　　　　　　　　B．90m
　　C．100m 　　　　　　　　　　　　D．110m
197．层次化网络设计方案中，（　　）是核心层的主要任务。
　　A．高速数据转发 　　　　　　　　B．接入Internet
　　C．工作站接入网络 　　　　　　　D．实现网络的访问策略控制
198．下列（　　）不属于管理子系统的组成部件或设备。
　　A．配线架 　　　　　　　　　　　B．网络设备
　　C．水平跳线连线 　　　　　　　　D．管理标识
199．在网络综合布线中，垂直布线子系统也被称为（　　）。
　　A．工作区子系统 　　　　　　　　B．干线系统
　　C．管理间子系统 　　　　　　　　D．设备间子系统
200．综合布线系统由6个子系统组成，其中用于连接各层配线室，并连接主配线室的子系统为（　　）。
　　A．工作区子系统 　　　　　　　　B．水平布线子系统
　　C．垂直布线子系统 　　　　　　　D．管理间子系统
201．在网络综合布线中，建筑群子系统之间最常用的传输介质是（　　）。
　　A．光纤 　　　　　　　　　　　　B．5类UTP
　　C．同轴电缆 　　　　　　　　　　D．STP
202．TCP协议提供的服务特征不包括（　　）。
　　A．面向连接的传输 　　　　　　　B．支持广播方式通信
　　C．全双工传输方式 　　　　　　　D．用字节流方式传输
203．在中等规模的网络中，（　　）交换机要求的性能是最高的。
　　A．核心层 　　　　　　　　　　　B．汇聚层
　　C．网络层 　　　　　　　　　　　D．接入层
204．Cisco PacketTracer是一种（　　）。
　　A．黑客软件 　　　　　　　　　　B．防火墙软件
　　C．网络模拟软件 　　　　　　　　D．杀毒软件
205．下列哪一个不是虚拟机VMware Workstation的网络连接类型（　　）。
　　A．使用桥接网络 　　　　　　　　B．使用星型网络
　　C．使用NAT网络 　　　　　　　　D．使用主机网络

四、名词解释

1. DNS
2. 通信子网
3. 资源子网
4. 局域网
5. 网络拓扑结构
6. 广域网
7. 网状型拓扑结构
8. OSI/RM
9. 网络协议
10. TCP/IP 体系结构
11. ICMP
12. DHCP
13. TCP 协议
14. UDP 协议
15. 对等（Peer to Peer）网络
16. 集线器
17. NAT
18. 扩展访问控制列表
19. 以太网
20. 文件传输协议
21. 路由选择
22. VLSM
23. 默认路由
24. 动态路由
25. VLAN
26. RIP
27. OSPF
28. 防火墙
29. 广播域
30. 表示层
31. 链路状态路由协议
32. ADSL
33. NAPT
34. 三层交换机
35. 统一资源定位符
36. 子网掩码
37. 端口地址转换

五、简答题

1．简述计算机网络的应用领域有哪些？

2．组建一个小型对等局域网的物理连接过程中，需要哪些硬件？用 5 类 UTP 制作直通线和交叉线时，连线顺序有什么不同？这种线各有什么用处？

3．在计算机上，可以使用 ipconfig 命令得到网卡的 IP 参数，简述各参数的功能。

4．常见的网络拓扑结构有哪些？

5．简述共享式集线器（HUB）与交换机（SWITCH）的异同点。

6．TCP/IP 参考模型共有几层？从下往上分别是什么？

7．数据链路层要解决哪三个基本问题？为什么？

8．简述公有 A 类、B 类、C 类 IP 地址的范围及其子网掩码？

9．专用 IP 地址也称私用地址，A 类、B 类、C 类的私用地址分别是多少？

10．简述网络操作系统的主要功能。

11．什么是域？域中的计算机分为哪三种？

12．简述 VLAN 的划分方法有哪些？

13．简述网关的概念。

14．试说明 IP 地址与物理地址的区别。为什么要使用这两种不同的地址？

15．某网络上连接的所有主机，都得到"Request time out"的显示输出，检查本地主机配置和 IP 地址：202.117.34.35，子网掩码为 255.255.0.0，默认网关为 202.117.34.1，请问问题可能出在哪里？

16．什么是 ADSL？ADSL 与 DSL 有哪些区别？

17．简述网络体系结构的概念？

18．简述设置防火墙的目的是什么？

19．简述以太网交换机的工作原理。

20．简述使用"拨号网络"连接 Internet 所需进行的准备工作。

21．TCP/IP 的核心思想（理念）是什么？

22．网络协议的三个要素是什么？各有什么含义？

23．简述网络管理的功能有哪些？

24．TCP 协议与 UDP 协议的区别。

25．简述结构化布线系统的组成。

六、综合题

1．某学院有 6 大系，路桥系最大，有 55 台主机，商贸旅游系最小，只有 18 台主机，其他各系都有 28 台主机，现申请到一个 C 类地址段：192.168.1.0/24，请按要求划分子网，使每个系都满足要求，且又留有一定余量，并将每个子网的网络号、广播地址及有效主机范围写出来。

2．在 Internet 中，某计算机的 IP 地址是 11001010.01100000.00101100.01011000，请回答下列问题。

（1）用十进制数表示上述 IP 地址？

（2）该 IP 地址是属于 A 类、B 类，还是 C 类地址？

（3）写出该 IP 地址在没有划分子网时的子网掩码？

（4）写出该 IP 地址在没有划分子网时计算机的主机号？

（5）将该 IP 地址划分为四个子网（包括全 0 和全 1 的子网），写出子网掩码，并写出四个子网的 IP 地址区间（如 192.168.1.1～192.168.1.254）。

3．某一网络地址块 192.168.75.0 中有 5 台主机 A、B、C、D 和 E，它们的 IP 地址及子网掩码见表 1。

表 1 主机 IP 地址及子网掩码表

主 机	IP 地 址	子 网 掩 码
A	192.168.75.18	255.255.255.240
B	192.168.75.146	255.255.255.240
C	192.168.75.158	255.255.255.240
D	192.168.75.161	255.255.255.240
E	192.168.75.173	255.255.255.240

（1）5 台主机 A、B、C、D、E 分属几个网段？哪些主机位于同一网段？

（2）主机 D 的网络地址为多少？

（3）若要加入第六台主机 F，使它能与主机 A 属于同一网段，其 IP 地址范围是多少？

（4）若在网络中另加入一台主机，其 IP 地址设为 192.168.75.164，它的广播地址是多少？哪些主机能够收到？

（5）若在该网络地址块中采用 VLAN 技术划分子网，何种设备能实现 VLAN 之间的数据转发？

4．某服务器既是 Web 站点又是 FTP 服务器，Web 站点的域名为 www.test.com，Web 站点的部分配置信息如图 22 所示，FTP 服务器的域名为 ftp.test.com。

图 22

在 DNS 服务器中为 Web 站点配置域名时，新建区域名称如图 23 所示。

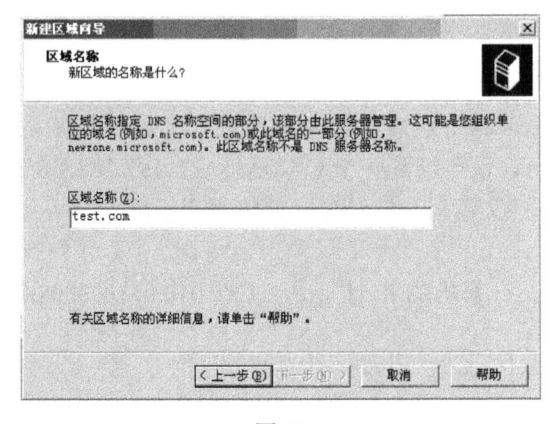

图 23

（1）区域文件窗口如图 24 所示，在默认情况下，区域文件名为_____。

  A．test.com.dns B．test.com.www C．test.com.ftp D．test.com

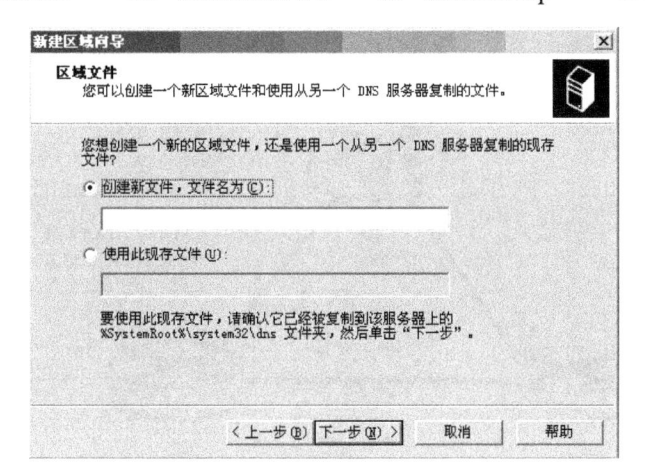

图 24

（2）区域建成后，右键单击区域名称，在如图 25 所示的下拉菜单中选择"新建主机"选项，在图 26 中为 www.test.com 建立正向搜索区域记录，名称栏应填入_____，IP 地址栏应填入_____。

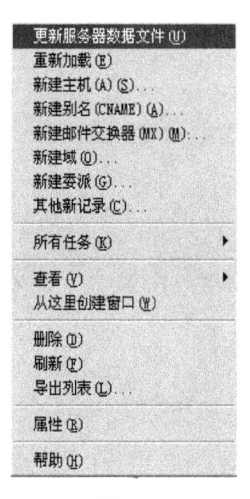

图 25 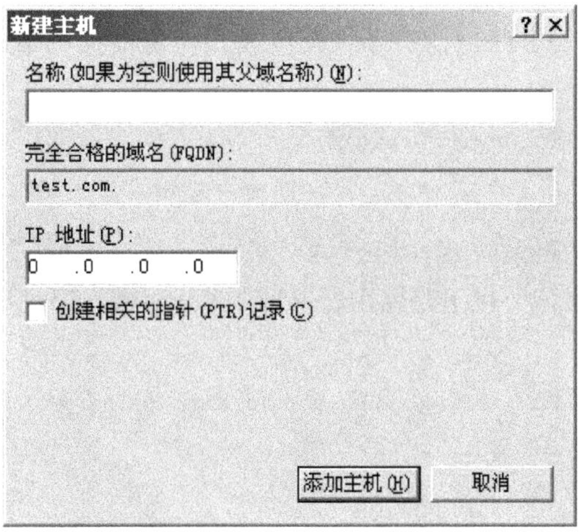   图 26

（3）在如图 25 所示的下拉菜单中选择_____，可为 ftp.test.com 建立正向搜索区域记录。

  A．新建邮件交换器 B．新建域 C．新建别名

（4）在浏览器的地址栏中输入_____可以访问该 Web 服务器的默认 Web 站点。

  A．http://www.test.com   B．http://www.test.net

  C．http://www.test.com:8080 D．http://www.test.net:80

（5）在客户端可以通过_____来测试 DNS 是否配置成功。

  A．ping www.test.com   B．ping 110.20.30.24

  C．ping test.com   D．ping 110.20.30.54

5. 某单位内部网络拓扑结构如图 27 所示，在该网络中采用 RIP 路由协议。

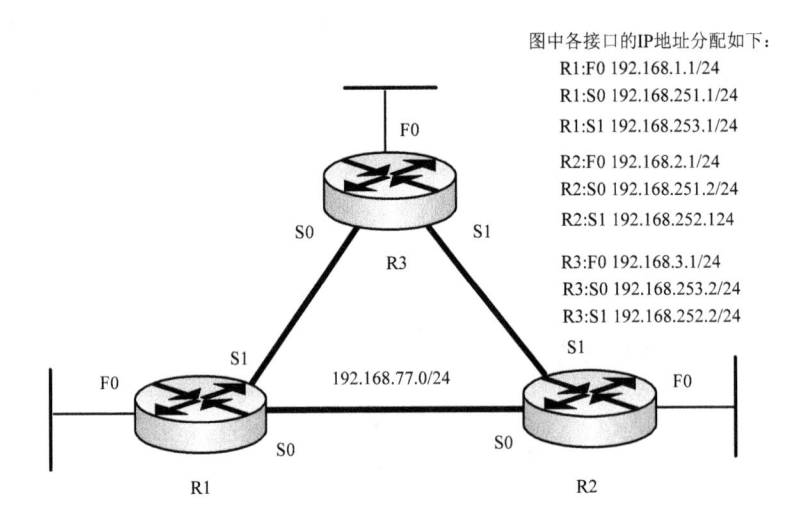

图中各接口的IP地址分配如下：
R1:F0 192.168.1.1/24
R1:S0 192.168.251.1/24
R1:S1 192.168.253.1/24
R2:F0 192.168.2.1/24
R2:S0 192.168.251.2/24
R2:S1 192.168.252.124
R3:F0 192.168.3.1/24
R3:S0 192.168.253.2/24
R3:S1 192.168.252.2/24

图 27　单位内部网络拓扑结构图

（1）请根据网络知识回答以下问题。

1）路由器第一次设置时，必须通过 Console 口连接运行终端仿真软件的微机进行配置，此时终端仿真程序的波特率应为___①___bps。

2）路由器有多种配置模式，请根据以下命令提示状态，判断路由器处于何种配置模式下。

```
Router(Config)#              ②
Router>                       ③
Router#                       ④
Router(Config-if)#            ⑤
```

（2）以下是路由器 R1 的部分配置，请完成其配置，或解释配置命令含义。

```
R1(Config)#interface fastethernet0
R1(Config-if)#ip address  ⑥    ⑦
R1(Config-if)#  ⑧                         !（开启端口）
R1(Config) #interface serial 0
R1(Config-if)#ip address  ⑨    ⑩
R1(Config) # ip routing
R1(Config) #router rip                    ! ⑪
R1(Config-router) #version 2              ! ⑫
R1(Config-router)#  ⑬                     !（声明网络）
R1(Config-router)#  ⑭                     !（声明网络）
R1(Config-router)#  ⑮                     !（声明网络）
```

第三部分

综合训练题

河南省普通高等学校对口招收中等职业学校毕业生考试

计算机类专业课模拟卷（A 卷）

一、选择题（数据库应用基础——Access 2003 1-25 题；计算机网络技术 26-50 题。每小题 2 分，共 100 分。每小题中只有一个选项是正确的）

1. Access 2003 是（　　）。
   A．数据库   B．数据库系统
   C．数据库管理系统   D．数据模型

2. 在 SQL 中查询满足条件的记录时，如果要去掉重复执行，则使用的关键字是（　　）。
   A．WHERE   B．FOR
   C．DISTINCT   D．FROM

3. 在 Access 2003 中，表的字段类型中不包括（　　）。
   A．窗口型   B．数字型
   C．日期/时间型   D．OLE 对象

4. 数据管理系统常用的数据模型不包括（　　）。
   A．层次模型   B．网状模型
   C．关系模型   D．树状模型

5. 数据表由（　　）两部分组成。
   A．表的结构与表的内容   B．字段名称与数据类型
   C．字段大小与数据类型   D．字段类型与数据类型

6. 在创建查询时，如果想要根据"员工信息"表中的"出生日期"字段，计算查询出

"年龄"字段，那么计算表达式为（　　）。
  A．Year(Date( ))- Year(Date[出生日期])
  B．Month(Date( ))- Year([员工信息]![出生日期])
  C．Year(Date( ))- Year([员工信息]![出生日期])
  D．Year(Date( ))- [出生日期]
7．数字型字段大小默认为（　　）。
  A．字节型   B．整型
  C．长整型   D．单精度型
8．（　　）用于限制此字段输入值范围的表达式。
  A．输入掩码   B．有效性规则
  C．有效性文本   D．必填字段
9．不能在（　　）类型的字段上创建主键。
  A．文本型   B．数字型
  C．日期/时间   D．OLE 对象
10．Access 2003 中的窗体是（　　）。
  A．用户和操作系统接口   B．应用程序和用户接口
  C．操作系统和数据库接口   D．人和计算机接口
11．操作查询不包含（　　）。
  A．生成表查询   B．追加查询
  C．删除查询   D．交叉表查询
12．（　　）是指不仅可以进行查询，还可以对该查询所基于的表中的多条记录进行添加、编辑和删除等修改操作。
  A．选择查询   B．参数查询
  C．交叉表查询   D．操作查询
13．在 Access 2003 中，下列不属于"任务窗格"功能的是（　　）。
  A．删除数据库   B．建立空数据库
  C．以向导建立数据库   D．打开旧文件
14．数据导出时，如果是文本形式，则分隔符是（　　）。
  A．-   B．：
  C．，   D．"
15．函数 Mid("计算机网络技术", 4, 2)的返回值是（　　）。
  A．计算   B．网络
  C．网络技术   D．技术
16．在一个表中，主关键字可以有（　　）。
  A．任意个   B．1 个
  C．2 个   D．4 个
17．Sum(字段名)用于（　　）。
  A．对指定字段计算平均值   B．对指定字段累计求和
  C．计算该字段的记录个数   D．求指定字段的最大值

18. 查找书名中含有"Access"的记录时，正确的条件表达式是（   ）。
    A．Like "*Access*"   B．="*Access"
    C．in"*Access*"   D．Like"Access"
19. 查询性别为"女"且成绩不大于 90 的记录，正确的条件表达式是（   ）。
    A．性别='女'and 成绩<=90   B．性别='女'or 成绩<=90
    C．性别='女'and 成绩<90   D．性别='女'or 成绩<90
20. 表与表之间的连接类型包括（   ）。
    A．外连接、内连接、左连接   B．内连接、左连接、右连接
    C．右连接、左连接、嵌套连接   D．外连接、左连接、插入连接
21. 在"查找和替换"对话框中，"查找范围"列表框用来确定在哪个字段中查找数据，"匹配"列表框用来确定匹配方式，不是匹配方式的是（   ）。
    A．整个字段   B．字段的任何部分
    C．字段开头   D．字段结尾
22. 运算级别最高的运算符是（   ）。
    A．逻辑   B．关系
    C．算术   D．字符
23. 在关系数据模型中，术语"域"的含义是（   ）。
    A．表中的字段   B．表中的记录
    C．字段的属性   D．属性的取值范围
24. 文本型数据"24"、"6"、"28"、"810"，按降序排列的结果是（   ）。
    A．"6"、"24"、"28"、"810"   B．"810"、"28"、"6"、"24"
    C．"810"、"6"、"28"、"24"   D．"810"、"28"、"24"、"6"
25. 在 SELECT 语句中使用 ORDER BY 是为了指定（   ）。
    A．查询的表   B．查询的字段
    C．查询的条件   D．查询结果的顺序
26. 计算机网络是计算机技术与（   ）相结合的产物。
    A．电话   B．线路
    C．各种协议   D．通信技术
27. 以下不属于通信子网的是（   ）。
    A．集线器   B．交换机
    C．路由器   D．服务器
28. LAN 是（   ）的英文缩写。
    A．局域网   B．城域网
    C．广域网   D．以太网
29. 目前在局域网中采用最多的网络拓扑结构是（   ）。
    A．星型   B．树型
    C．总线型   D．环型
30. 非屏蔽双绞线（UTP）的最大传输距离是（   ）。
    A．100 米   B．185 米
    C．500 米   D．2000 米

31. 作为接入层设备，连接计算机等终端设备的网络互连设备是（   ）。
   A．交换机   B．路由器
   C．防火墙   D．服务器
32. OSI 体系结构的第四层是（   ）。
   A．应用层   B．数据链路层
   C．网络层   D．传输层
33. 路由器工作在 OSI 体系结构的（   ）。
   A．应用层   B．数据链路层
   C．网络层   D．传输层
34. FTP 是（   ）的英文缩写。
   A．文件传输协议   B．超文本传输协议
   C．远程登陆协议   D．简单网络管理协议
35. IPv4 地址采用（   ）位二进制进行编址。
   A．32   B．64
   C．128   D．256
36. 192.168.1.1 属于（   ）类 IP 地址。
   A．A   B．B
   C．C   D．D
37. TCP 协议属于 OSI 参考模型（   ）协议。
   A．数据链路层   B．网络层
   C．传输层   D．应用层
38. IPv4 地址中，B 类地址的默认子网掩码是（   ）。
   A．255.0.0.0   B．255.255.0.0
   C．255.255.255.0   D．255.255.255.255
39. 网络 129.168.10.0/24 中最多可用的主机地址是（   ）。
   A．255   B．256
   C．254   D．252
40. TIA/EIA568B 标准规定的线序是（   ）。
   A．白橙、橙、白绿、蓝、白蓝、绿、白棕、棕
   B．白橙、橙、白蓝、蓝、白绿、绿、白棕、棕
   C．白绿、绿、白蓝、蓝、白橙、橙、白棕、棕
   D．白绿、绿、白橙、蓝、白蓝、橙、白棕、棕
41. 动态主机配置协议是（   ）。
   A．DNS   B．DHCP
   C．FTP   D．WWW
42. 在 Windows 操作环境中，采用（   ）命令来查看本机 IP 地址及网卡 MAC 地址。
   A．ping   B．tracert
   C．ipconfig   D．nslookup

43．DNS 的作用是（   ）。
   A．将 MAC 地址转换为 IP 地址
   B．将 IP 地址转换为 MAC 地址
   C．将域名转换为 IP 地址
   D．将域名转换为 MAC 地址
44．在通过控制端口连接配置交换机时，使用（   ）。
   A．同轴线
   B．直连线
   C．交叉线
   D．反转线
45．以下配置默认路由的命令正确的是（   ）。
   A．ip route 0.0.0.0 0.0.0.0 172.16.2.1
   B．ip route 0.0.0.0 255.255.255.255 172.16.2.1
   C．ip router 0.0.0.0 0.0.0.0 172.16.2.1
   D．ip router 0.0.0.0 0.0.0.0 172.16.2.1
46．Cisco 交换机从用户模式进入特权模式的命令是（   ）。
   A．Router>enable
   B．Router>login
   C．Switch> enable
   D．Switch>login
47．在路由表中 ip route 0.0.0.0 0.0.0.0 192.168.1.1 代表（   ）。
   A．静态路由
   B．默认路由
   C．动态路由
   D．RIP 路由
48．利用交换机可以把网络划分为多个虚拟局域网。在一般情况下，交换机默认的 VLAN 是（   ）。
   A．VLAN 0
   B．VLAN 1
   C．VLAN 10
   D．VLAN 1024
49．RIP 协议支持的最大跳数为（   ）。
   A．14
   B．15
   C．16
   D．17
50．在网络综合布线中，建筑群子系统之间最常用的传输介质是（   ）。
   A．光纤
   B．同轴电缆
   C．超 5 类 UTP
   D．STP

二、**判断题**（数据库应用基础——Access 2003 51-60；计算机网络技术 61-70。每小题 1 分，共 20 分。每小题 1 分，共 20 分。在括号内正确的打"√"，错误的打"×"）

51．查询建立后，要通过运行查询来获得查询结果。　　　　　　　　　　（   ）
52．二维表中的每一行称为一个字段。　　　　　　　　　　　　　　　　（   ）
53．数据元素是关系数据库中最基本的数据单位。　　　　　　　　　　　（   ）
54．排序时英文字母按照 26 个字母的顺序排序，大小写视为相同。　　　（   ）
55．表达式 5\2 的结果是 2。　　　　　　　　　　　　　　　　　　　　 （   ）
56．函数 Len("数据库技术")的返回值是 6。　　　　　　　　　　　　　 （   ）
57．一个班级有多个学生，每个学生只属于一个班级，班级与学生之间是一对多的关系。　　　　　　　　　　　　　　　　　　　　　　　　　　　　　（   ）
58．Access 2003 中的窗体共有 5 种视图。　　　　　　　　　　　　　　 （   ）

59. 一个报表可以有多个节，也可以有多个报表页眉和报表页脚。（　　）
60. 在算术表达式中，"∧"表示"与"运算。（　　）
61. 172.32.1.1 是一个私用地址，只能在内网中使用。（　　）
62. NVRAM 中的内容在系统断电时不会丢失。（　　）
63. 如要将 138.10.0.0 网络分为 6 个子网，则子网掩码应设为 255.255.192.0。（　　）
64. IP 协议是一个面向连接的协议。（　　）
65. 网卡工作在 OSI 参考模型数据链路层。（　　）
66. IP 地址 127.0.0.1 作为一个保留地址，称为"回环地址"。（　　）
67. Telnet 默认端口号是 21。（　　）
68. VWware 可以用来模拟交换机、路由器等网络设备环境。（　　）
69. 水平布线系统的信道，最大距离为 90 米。（　　）
70. 以太网是指 10Mbit/s 的局域网。（　　）

数据库应用基础——Access 2003（40 分）

三、实训题（每小题 8 分，共 16 分）

71. 在"教师信息管理"数据库中，已经建立的"教师"表结构如下。
教师（工号、姓名、性别、年龄、学历、职称、联系方式、所属部门）。
请在 Access 2003 下，查询教师姓名、职称、联系方式，按下述要求写出详细的操作步骤。
（1）利用"设计视图"创建查询。
（2）查询标题为"教师职称信息查询"。

72. 在"商品进销存管理"系统中，已经建立"员工信息"表和"商品信息"表，表结构如下：
员工信息（员工号、姓名、性别、职务、出生日期、联系电话、简历）。
商品信息（商品编号、供应商、商品名称、类别、生产日期、生产商、规格型号、单价、数量、商品描述）。
请在 Access 2003 下，按照下述要求写出详细步骤。
（1）对"员工信息"按"出生日期"进行降序排列。
（2）查询"商品信息"表中数量小于 5 的商品，并显示其商品编号、商品名称、商品类别。

四、简答题（每小题 5 分，共 10 分）

73. 简述操作查询与选择查询、交叉表查询及参数查询的异同。
74. 简述报表的概念及其功能。

五、综合题（14 分）

75. "学生"表有 7 个字段：学号（文本型）、姓名（文本型）、性别（文本型）、年龄（数字型）、专业（文本型）、联系方式（文本型）、家庭住址（文本型），其中学号为主键。
"成绩"表有 4 个字段：学号（文本型）、课程名称（文本型）、成绩（数字型）、学分

（数字型），其中学号和课程名称为主键。

使用 SQL 语句完成以下操作：

（1）查询性别为"男"的学生的学号、姓名、专业、联系方式。

（2）查询各专业的人数。

（3）查询成绩在 80 分（含 80 分）以上的学生的姓名、专业、课程名称、成绩。

（4）在成绩表中，将学号为"1001"学生的计算机网络技术成绩加 10 分。

计算机网络技术（40 分）

六、名词解释题（每小题 3 分，共 12 分）

76．网络拓扑。

77．FTP。

78．ADSL。

79．SNMP。

七、简答题（4 小题，共 16 分）

80．计算机网络的主要功能是什么？（4 分）

81．网线制作中 TIA/EIA568B 线序是什么？（4 分）

82．简述网络管理的功能。（5 分）

83．简述结构化布线系统的组成。（3 分）

八、综合题（12 分）

84．已知一个 C 类的网络地址 192.168.10.0，需要划分 4 个大小相同的子网。试求：

（1）每一个子网的子网掩码。（2 分）

（2）每一个子网中有多少个有效主机地址。（2 分）

（3）每一个子网的网络地址。（4 分）

（4）每一个子网的广播地址。（4 分）

河南省普通高等学校对口招收中等职业学校毕业生考试

计算机类专业课模拟卷（B 卷）

一、选择题（数据库应用基础——Access 2003 1-25 题；计算机网络技术 26-50 题。每小题 2 分，共 100 分。每小题中只有一个选项是正确的）

1. 用二维表来表示各实体及其联系的数据模型为（   ）。
   A．层次模型   B．网状模型
   C．关系模型   D．链状模型

2. Access 2003 数据库对象不包含（   ）。
   A．表   B．报表
   C．窗体   D．关键字

3. 字段名称不能以（   ）开头。
   A．空格   B．汉字
   C．字母   D．下画线

4. （   ）是数据库中一个或多个操作命令组成的集合。
   A．窗体   B．报表
   C．页   D．宏

5. 文本型数据默认存储（   ）个字符。
   A．50   B．100
   C．150   D．200

6. 在 Select 语句中，如果希望检索到表中所有字段信息，可以使用（   ）号来代替字段列表。
   A．*   B．#   C．?   D．!

7. Access 2003 数据库系统中，不能建立索引的数据类型是（   ）。
   A．文本型   B．是/否型   C．备注型   D．日期/时间型

8. Access 2003 表中的"是/否"类型字段的默认值不能是（   ）。
   A．0   B．1   C．yes   D．是

9. Access 2003 中只有（   ）四种数据类型拥有"输入掩码"属性。
   A．文本、数字、日期/时间、货币
   B．文本、数字、备注、货币
   C．文本、数字、自动编号、货币
   D．文本、数字、是/否、货币

10．Access 2003 中数据类型为（　　）的字段不能进行排序。
   A．文本型　　　　　　　　　　B．超链接型
   C．数字型　　　　　　　　　　D．日期时间型

11．数据库中有 A 和 B 两个表，均有相同的字段 C，且在两表中 C 字段都为主键，则两个表通过 C 字段建立的关系称为（　　）。
   A．一对多　　　　　　　　　　B．多对多
   C．一对一　　　　　　　　　　D．关联

12．（　　）才能执行宏操作。
   A．创建宏组　　　　　　　　　B．编辑宏
   C．创建宏　　　　　　　　　　D．运行宏或宏组

13．下列关于关系数据库中数据表的描述，正确的是（　　）。
   A．数据表相互之间存在联系，用独立的文件名保存
   B．数据表相互之间存在联系，用表名表示相互间的联系
   C．数据表相互之间不存在联系，完全独立
   D．数据表既相对独立，又相互联系

14．SQL 语言中（　　）命令可以删除表 student。
   A．drop student　　　　　　　 B．delete table student
   C．drop table student　　　　 D．delete student

15．如果报表中要分班级打印学生信息，则一定会用到报表的（　　）功能。
   A．筛选　　　　　　　　　　　B．分组
   C．排序　　　　　　　　　　　D．统计

16．报表不具有（　　）功能。
   A．数据输入　　　　　　　　　B．格式化输出数据
   C．数据分组　　　　　　　　　D．数据汇总

17．可作为报表记录源的是（　　）。
   A．表　　　　　　　　　　　　B．查询
   C．Select 语句　　　　　　　　 D．以上都可以

18．（　　）报表以列的方式显示数据记录。
   A．纵栏式　　　　　　　　　　B．表格式
   C．图表式　　　　　　　　　　D．标签式

19．特殊运算符"Is Null"用于判定一个字段是否为（　　）。
   A．空值　　　　　　　　　　　B．非空值
   C．特殊值　　　　　　　　　　D．空字符串

20．如果要将数据库中的数据分类后以图形的方式表示，则应创建（　　）类型的报表。
   A．纵栏式　　　　　　　　　　B．表格式
   C．图表式　　　　　　　　　　D．标签式

21．Access 2003 数据库文件，其扩展名为（　　）。
   A．.doc　　　　　　　　　　　 B．.mde
   C．.dbf　　　　　　　　　　　 D．.mdb

22. Access 2003 中，表的字段数据类型不包括（   ）。
    A．文本型   B．窗体型
    C．数字型   D．货币型

23. 在窗体设计视图中，窗体由上而下被分成（   ）节。
    A．3   B．4
    C．5   D．6

24. 在设计报表时，计算"数学"字段的最高分，应将控件的"控件来源"属性设置为（   ）。
    A．=Max[数学]   B．=Max([数学])
    C．Max(数学)   D．=Max(数学)

25. SQL 语言中 having 子句通常与（   ）子句一起使用。
    A．group by   B．order by
    C．create   D．alter

26. 计算机网络中可以共享的资源包括（   ）。
    A．硬件、软件、数据   B．主机、外设、软件
    C．硬件、程序、数据   D．主机、程序、数据

27. 以通信子网为中心的计算机网络称为（   ）。
    A．第一代计算机网络   B．第二代计算机网络
    C．第三代计算机网络   D．第四代计算机网络

28. Internet 的网络拓扑结构是一种（   ）结构。
    A．星型   B．树型
    C．网型   D．总线型

29. Internet 的网络层含有四个重要的协议，分别为（   ）。
    A．IP、UDP、ARP、RARP   B．IP、UDP、TCP、RARP
    C．IP、ICMP、ARP、RARP   D．IP、TCP、ARP、ICMP

30. PPP 协议是（   ）的协议。
    A．物理层   B．数据链路层
    C．网络层   D．高层

31. 物理层的主要功能是利用物理传输介质为数据链路层提供物理连接，以便透明地传送（   ）。
    A．比特流   B．帧序列
    C．分组序列   D．包序列

32. 下列对常见网络服务对应端口描述正确的是（   ）。
    A．HTTP：80   B．Telnet：20
    C．RIP：21   D．SMTP：110

33. Ipv6 将 32 位地址空间扩展到（   ）位。
    A．64   B．128
    C．256   D．1024

34．IP、Telnet、UDP 分别是 OSI 参考模型的（　　）层协议。
　　A．1、2、3　　　　　　　　　　B．3、4、5
　　C．4、5、6　　　　　　　　　　D．3、7、4

35．在给网络中的一台主机配置 IP 地址时，以下可以使用的是（　　）。
　　A．129.110.1.125　　　　　　　B．127.0.1.15
　　C．192.168.1.255　　　　　　　D．210.10.25.0

36．某公司的网络地址为 192.168.1.0，要划分成 5 个子网，每个子网最多有 20 台主机，则适用的子网掩码是（　　）。
　　A．255.255.255.192　　　　　　B．255.255.255.240
　　C．255.255.255.224　　　　　　D．255.255.255.248

37．下面的 IP 地址中，属于 C 类地址的是（　　）。
　　A．127.19.0.23　　　　　　　　B．193.0.25.37
　　C．225.21.0.11　　　　　　　　D．170.23.0.1

38．VLAN 的划分不包括以下（　　）方法。
　　A．基于端口　　　　　　　　　　B．基于 MAC 地址
　　C．基于协议　　　　　　　　　　D．基于物理位置

39．配置以太网交换机时把 PC 的串行口与交换机的（　　）用控制台电缆相连。
　　A．RJ-45 端口　　　　　　　　　B．同步串行口
　　C．Console 端口　　　　　　　　D．AUX 端口

40．路由器上经过保存的配置文件存储在（　　）组件中。
　　A．Flash　　　　　　　　　　　　B．RAM
　　C．NVRAM　　　　　　　　　　　D．ROM

41．当 RIP 向相邻的路由器发送更新时，它使用（　　）秒为更新计时的时间值。
　　A．30　　　　　　　　　　　　　B．20
　　C．15　　　　　　　　　　　　　D．25

42．标准访问控制列表的序列规则范围是（　　）。
　　A．1～10　　　　　　　　　　　 B．0～100
　　C．1～99　　　　　　　　　　　 D．100～199

43．在 NAT（网络地址转换）技术中，连接内网的接口是（　　）。
　　A．inside　　　　　　　　　　　 B．outside
　　C．serial　　　　　　　　　　　 D．Dmz

44．标准以太网的带宽是（　　）。
　　A．10000Mbps　　　　　　　　　 B．1000Mbps
　　C．100Mbps　　　　　　　　　　 D．10Mbps

45．以下哪个参数代表了硬件防火墙接口最高的安全级别（　　）。
　　A．security 0　　　　　　　　　 B．security 100
　　C．security A　　　　　　　　　 D．security Z

46．网络后门的功能是（　　）。
　　A．保持对目标主机长久控制　　　　B．防止管理员密码丢失
　　C．为了定期维护主机　　　　　　　D．为了防止主机被非法入侵

47．在 TCP/IP 网络管理中，MIB 数据库中的信息是由（　　）来收集的。
　　A．管理站（Manager）　　　　　　B．代理（Agent）
　　C．Web 服务器（Web Server）　　D．浏览器（Browser）
48．在网络综合布线中，工作区子系统的主要传输介质是（　　）。
　　A．单模光纤　　　　　　　　　　　B．双绞线
　　C．同轴电缆　　　　　　　　　　　D．多模光纤
49．计算机病毒是（　　）。
　　A．编制有错误的计算机程序
　　B．以危害系统为目的的特殊的计算机程序
　　C．已被破坏的计算机程序
　　D．设计不完善的计算机程序
50．对在下面所示的路由条目中叙述不正确的是（　　）。
R 172.16.8.0　[120/4]　via 172.16.7.9,　00:00:23,　Serial0
　　A．R 表示该路由条目的来源是 RIP
　　B．172.16.8.0 表示源网段或子网
　　C．172.16.7.9 表示该路由条目的下一跳地址
　　D．00:00:23 表示该路由条目的老化时间

二、判断题（数据库应用基础——Access 2003 51-60；计算机网络技术 61-70。每小题 1 分，共 20 分。每小题 1 分，共 20 分。在括号内正确的打"√"，错误的打"×"）

51．一个关系中主关键字的取值允许为 NULL 值。　　　　　　　　　　　　（　　）
52．Access 2003 数据库表的关键字只能由一个字段组成。　　　　　　　　（　　）
53．在输入字段名称时，空格能作为第一个字符。　　　　　　　　　　　（　　）
54．参数查询是一种交互式的查询方式。　　　　　　　　　　　　　　　（　　）
55．Date 函数用于返回系统时钟的日期和时间值。　　　　　　　　　　　（　　）
56．在创建主/子窗体时，两个表之间必须建立多对多的关系。　　　　　（　　）
57．OLE 对象字段使用"插入对象"命令来输入。　　　　　　　　　　　（　　）
58．函数 Left("计算机网络第六版",3)的返回值是"计算机"。　　　　　　（　　）
59．窗体中只能显示文字内容，不能显示图片。　　　　　　　　　　　　（　　）
60．筛选只能改变图中显示的数据，并不能改变数据表中的数据。　　　（　　）
61．网络中实现资源共享功能的设备及其软件的集合称为通信子网。　　（　　）
62．广域网的优点是距离短、延迟小、数据传输速率高和传输可靠。　　（　　）
63．同轴电缆传输距离长，传输率高，可达每秒数千兆比特，抗干扰性强。（　　）
64．在 8 根 4 对的双绞线中，实际上只有 4 根 2 对线用于传输数据。　　（　　）
65．IP 是一个面向连接的协议。　　　　　　　　　　　　　　　　　　　（　　）
66．DHCP 用于实现主机名与 IP 地址之间的映射。　　　　　　　　　　　（　　）
67．集线器工作在全双工模式下。　　　　　　　　　　　　　　　　　　（　　）
68．干道链路通常用于交换机和 PC 之间的互连。　　　　　　　　　　　（　　）
69．静态路由是指由网络管理员手工配置的路由信息。　　　　　　　　　（　　）

70．水平布线子系统是从工作区的信息插座开始到管理间子系统的配线架，结构一般为总线结构。（　　）

数据库应用基础——Access 2003（40分）

三、实训题（每小题8分，共16分）

71．在"进销存管理"数据库中，已经建立的"供应商"表结构如下：供应商（供应商编号、供应商名称、联系人姓名、联系人电话、E-mail、地址、备注）。

请在 Access 2003 下，使用窗体向导完成窗体的设计，要求如下。

（1）窗体标题为：供应商基本信息。

（2）窗体显示内容包括：供应商名称、联系人姓名、联系人电话、E-mail。

（3）窗体布局为：两端对齐。

（4）窗体样式为：宣纸。

依据上述要求，写出窗体设计的详细步骤。

72．在"进销存管理"数据库中，已经建立的"供应商"表结构如下：供应商（供应商编号、供应商名称、联系人姓名、联系人电话、E-mail、地址、备注）。"商品"表的结构如下：商品表（商品名称、商品单价、供应商编号、数量）。

请在 Access 2003 下，完成查询的设计，要求如下：

查询每个供应商的名称和所供商品的价格信息。显示"供应商"表中"供应商名称""联系人姓名"2个字段，"商品"表中"商品名称""商品单价"2个字段，查询名为"供应商所供商品的价格信息"。

四、简答题（每小题5分，共10分）

73．简述 Access 2003 提供的筛选方式。

74．简述选择查询的概念。

五、综合题（14分）

75．"学生信息"表中有9个字段：学号（文本型）、姓名（文本型）、专业编号（文本型）、性别（文本型）、出生日期（日期/时间型）、入学时间（日期/时间型）、入学成绩（数字型）、团员（是/否型）、简历（备注型），其中学号为主键。

"学生选课"表中有5个字段：学号（文本型）、课程名称（文本型）、开课时间（日期/时间型）、平时成绩（数字型）、考试成绩（数字型），其中学号和课程名称为主键。

（1）在学生信息表中查询出学号为201504004007、201504004012学生的学号、姓名及入学成绩。（3分）

（2）在学生信息表中统计出各专业人数大于3个人的专业编号及相应的人数。（4分）

（3）在学生信息表中查询出学号前4个字符是"2014"的学生的学号、姓名及出生日期。（4分）

（4）在学生信息表和学生选课表中查询出考试成绩在60分（含60分）以上的学生的学号、姓名、课程名称及考试成绩。（3分）

计算机网络技术（40分）

六、名词解释题（每小题3分，共12分）

76. 局域网。
77. VLAN。
78. RIP。
79. 子网掩码。

七、简答题（4小题，共16分）

80. 常见的网络拓扑结构有哪些？（5分）
81. OSI参考模型共有几层？从下往上分别是什么？（4分）
82. 简述VLAN的划分方法有哪些？（3分）
83. 简述设置防火墙的目的是什么？（4分）

八、综合题（12分）

84. 在Internet中，某计算机的IP地址是11001010.01100000.00101100.01011000，请回答下列问题。

（1）用点分十进制表示上述IP地址。（2分）

（2）该IP地址是属于A类、B类，还是C类地址？（2分）

（3）该IP地址在没有划分子网时的子网掩码是多少。（2分）

（4）将该IP地址划分为四个子网（包括全0和全1的子网），写出子网掩码，并写出四个子网的子网地址。（6分）

参考答案

目 录

数据库应用技术——Access 2003 题型示例 1

计算机网络技术题型示例 15

计算机类专业课模拟卷（A 卷参考答案） 29

计算机类专业课模拟卷（B 卷参考答案） 32

数据库应用技术——Access 2003题型示例

一、选择题

1. A	2. D	3. D	4. A	5. A	6. A	7. D	8. C
9. B	10. B	11. B	12. B	13. B	14. A	15. A	16. C
17. C	18. C	19. A	20. A	21. D	22. C	23. C	24. B
25. B	26. A	27. D	28. B	29. B	30. D	31. C	32. B
33. D	34. D	35. C	36. B	37. A	38. D	39. B	40. C
41. A	42. D	43. C	44. B	45. D	46. D	47. B	48. B
49. C	50. B	51. A	52. B	53. D	54. C	55. B	56. C
57. A	58. A	59. A	60. B	61. A	62. D	63. B	64. C
65. D	66. B	67. D	68. A	69. A	70. B	71. C	72. B
73. B	74. A	75. A	76. D	77. D	78. C	79. A	80. D
81. B	82. C	83. C	84. A	85. A	86. A	87. A	88. B
89. D	90. C	91. A	92. C	93. B	94. A	95. C	96. A
97. B	98. B	99. B	100. B	101. D	102. D	103. A	104. B
105. C	106. C	107. D	108. D	109. B	110. B	111. D	112. C
113. C	114. B	115. A	116. D	117. B	118. D	119. C	120. A
121. D	122. C	123. B	124. D	125. C	126. B	127. D	128. D
129. B	130. A	131. B	132. A	133. A	134. D	135. A	136. C
137. B	138. B	139. B	140. A	141. C	142. D	143. B	144. C
145. D	146. C	147. A	148. D	149. A	150. A	151. A	152. D
153. B	154. B	155. A	156. A	157. B	158. B	159. A	160. A
161. D	162. C	163. A	164. B	165. C	166. A	167. D	168. C
169. C	170. B	171. C	172. D	173. B	174. A	175. C	176. B
177. B	178. D	179. B	180. A	181. C	182. C	183. A	184. C
185. D	186. B	187. A	188. A	189. C	190. B	191. B	192. B
193. B	194. A	195. D	196. C	197. C	198. B	199. D	200. D

二、填空题

1. 计算机硬件系统　数据库　数据库管理系统及相关软件　数据库管理员

2. 关系

3. Alt+F4

4. 数据元素　表　属性　记录

5. 层次模型　网状模型　关系模型

6. 数据库管理系统

7. 表结构　表内容
8. 设计
9. 文本型
10. 没有任何数据库对象的数据库
11. 默认值
12. 一对一　一对多　多对多　级联更新相关字段
13. 投影　选择　连接
14. 自动编号主键　单字段主键　多字段主键
15. 条件
16. 一对多
17. 设计视图　数据表视图　设计视图　数据表视图
18. 字段名
19. 身份证号
20. 整个字段　字段的任何部分　字段开头　向上　全部
21. 查找方向
22. 是/否型
23. OLE 对象　BMP
24. 以只读方式　以独占方式　以独占只读方式　独占方式
25. 自动编号　阿拉伯序列
26. 一对一　一对多
27. 表的结构　表的内容　表的结构　表的内容
28. 10　文本　255　数字　货币　是/否
29. 格式　输入掩码　有效性规则
30. 字段标题　字段名　字段标题
31. 1
32. 货币型
33. 文本型　日期型
34. 默认值
35. #
36. 格式　OLE 对象　文本　备注　超链接
37. 性别=" 男 " or 性别=" 女 "
38. 文本
39. 文本
40. 输入掩码
41. 高级筛选/排序
42. Between 16 and 18
43. [姓名] like "*" & a & "*"
44. "760"，"4"，"16"，"13"　760,16,13,4
45. 从前到后　从后到前
46. 取消筛选
47. 冻结　左列　隐藏　删除

48. TAB　TAB　ENTER

49. 超链接　查阅向导

50. 最小值

51. 参数查询

52. 字段　行标题　列标题　值　列标题　值　行标题

53. 主键

54. 身份证号

55. 选择查询　参数查询　交叉表查询　操作查询　SQL 查询　#

56. 字段验证规则　记录验证规则

57. 一个表达式的值作为新的字段

58. 联合查询　传递查询　数据定义查询　子查询

59. 1　4

60. 性别=" 女 " AND 工资额>=3000

61. 出生日期<#1990-1-1#

62. 生成　表

63. 追加查询　删除查询　更新查询　生成表查询

64. 商品单价　商品成本价

65. 相关表之间　实施参照完整性　级联删除相关记录

66. 数据表视图　设计视图　SQL 视图　数据表　设计视图　查询来源　查询条件　运行

67. 参数查询　删除查询

68. 算术　比较　逻辑值

69. 总计

70. 数据库

71. 信息

72. 2.5　2

73. -4

74. 2021

75. +　-　*　/　\　mod　^

76. Is null

77. 确定某个字符串是否为某个值列表中的成员

78. 6

79. * from 图书表

80. 数据定义　数据操纵　数据查询　数据控制

81. 数据操纵

82. 查询表中所有字段

83. 创建新列的名称　创建新表的名称

84. 排序　升序　降序

85. GROUP BY　分组　排序

86. WHERE　条件　IN　BETWEEN　LIKE　LIKE

87. Group by

88. COUNT()　SUM()　AVG()　DISTINCT

89. 全部

90. 字段值

91. 删除所有记录

92. NOT AND OR

93. 数据操纵语言

94. 主表 从表 拒绝

95. 窗体

96. 设计 窗体 数据表

97. 数据窗体 切换面板窗体 自定义对话框 数据窗体

98. 纵栏式窗体 表格式窗体 数据表窗体 主子窗体 图表窗体

99. 选择值 输入新值

100. 设计 打印预览 版面预览 页面页眉 页面页脚 主体

101. 新建窗体 自动窗体 一 导航

102. 交互式 行列合计 数据分析

103. 图形化方式

104. 选项卡

105. 链接 嵌入 链接

106. 滚动条

107. 命令按钮

108. 字段名

109. 窗体页眉 主体 窗体页脚

110. 格式 数据 事件 其他

111. 数据表

112. 与

113. >=100 And <=999

114. 命令

115. 控件来源

116. 绑定控件 未绑定控件 计算控件

117. 绑定

118. Ctrl Shift

119. 属性 工具栏

120. 页面页眉 页面页脚 窗体页眉 窗体页脚 主体 页面页眉 页面页脚

121. 报表 窗体

122. 自动创建报表 向导创建报表 设计视图创建报表

123. 打印 表 查询 SQL 查询 控件

124. 表格式报表 纵栏式报表 图表报表 标签报表

125. 设计视图 版面预览视图 打印预览视图

126. 分组页眉页脚节 类别及汇总计算信息

127. 按选定内容筛选 按窗体筛选 按筛选目标筛选 内容排除筛选 高级筛选

128. 列 列数

129. 4 10

130. 纵栏式　表格式

131. 五　节　主体节

132. 页面页脚

133. 标签式报表

134. 一对多　一　多　同时创建主窗体和子窗体　在主窗体中添加子窗体控件建立子窗体

135. 报表页眉　报表页脚　主体

136. 设计视图

137. =　数据

138. 表名　查询名　SELECT　子报表

139. 筛选　排序依据

140. OLE 对象　超级链接

141. 排序

142. 主体节

143. 分页符

144. SNP　高精度副本　嵌入

145. 子报表　主报表

146. Auto Exec　Shift

147. Opentable　openform　openquery

148. 宏操作和操作参数

149. Msgbox

150. 设计

151. submacro

152. 以独占方式打开

三、判断题

1. ×	2. √	3. √	4. √	5. ×	6. √	7. √	8. ×
9. √	10. ×	11. ×	12. ×	13. √	14. ×	15. √	16. √
17. √	18. ×	19. √	20. ×	21. ×	22. √	23. √	24. √
25. √	26. √	27. √	28. √	29. √	30. √	31. ×	32. √
33. ×	34. ×	35. ×	36. ×	37. √	38. √	39. √	40. √
41. √	42. √	43. ×	44. √	45. √	46. √	47. ×	48. √
49. ×	50. √	51. ×	52. √	53. √	54. √	55. √	56. ×
57. √	58. ×	59. √	60. ×	61. √	62. √	63. √	64. √
65. ×	66. √	67. √	68. √	69. √	70. ×	71. √	72. √
73. √	74. √	75. √	76. √	77. √	78. √	79. ×	80. √
81. √	82. √	83. √	84. ×	85. √	86. √	87. √	88. ×
89. √	90. √	91. ×	92. √	93. √	94. √	95. √	96. ×
97. √	98. ×	99. √	100. √	101. ×	102. √	103. √	104. √
105. ×	106. √	107. √	108. √	109. ×	110. ×	111. √	112. √
113. √	114. ×	115. √	116. √	117. √	118. √	119. √	120. ×
121. √	122. ×	123. ×	124. ×	125. √	126. ×	127. √	128. ×

129.	√	130.	√	131.	×	132.	√	133.	√	134.	√	135.	√	136.	√
137.	×	138.	×	139.	√	140.	×	141.	√	142.	√	143.	×	145.	√
146.	√	147.	√	148.	×	149.	√	150.	√	151.	×	152.	×	153.	×
154.	√	155.	√	156.	√	157.	×	158.	√	159.	√	160.	×	161.	√
162.	√	163.	×	164.	√	165.	√	166.	×	167.	×	168.	×	169.	√
170.	√

四、使用 SQL 语句完成以下操作

1. 答：

（1）select ISBN 编号 as ISBN, 图书名称 as bookname, 出版社 as publishinghouse from 图书信息

（2）select top 10 percent * from 图书信息

（3）select distinct 图书类型 from 图书信息

（4）select * from 图书信息 where 作者="陈欢"

（5）select * from 图书信息 where 出版日期< #2016-01-01#

（6）select * from 图书信息 where 价格>=30 order by 价格 asc

（7）select * from 图书信息 where 出版日期> #2016-12-31# order by 作者 desc

（8）select 出版社, avg(价格) as 平均价格,count(图书名称) as 图书数量 from 图书信息 group by 出版社

（9）select 出版社, avg(价格) as 平均价格,count(图书名称) as 图书数量 from 图书信息 group by 出版社 having avg(价格)>20 and count(图书名称)>=2 order by avg(价格)

（10）select 图书名称, 价格, 出版社,出版日期 from 图书信息 where 作者 like"李*"

2. 答：（仅提供参考答案，答案不唯一）

（1）insert into table student values ("S10106", "黎明", #1996-08-15#, 18, "中国河南", " 计算机系 ");

（2）update student set 年龄=年龄＋1 where 学生编号＝ " S10106 " ;

（3）delete from student where 姓名＝"刘敏";

（4）select 姓名 from student where year (出生日期) like "190*" and 籍贯＝"中国河南";

（5）select count (*) from student where 籍贯＝ " 中国安徽 "

五、简答题

1. 答：不允许有空值，字段值不允许有重复，能够唯一标识一条记录，可以是一个或个字段组成的组合。

2. 答：所谓数据库，是以一定的组织方式将相关的数据组织在一起，长期存放在计算机内，可为多个用户共享，与应用程序彼此独立，统一管理的数据集合。

数据库系统的组成在计算机系统的意义上来理解数据库系统，它一般由支持数据库的硬件环境、数据库软件支持环境（操作系统、数据库管理系统、应用开发工具软件、应用程序等)、数据库、开发、使用和管理数据库应用系统的人员组成。

3. 答：数据独立是指应用程序与数据库中的数据结构之间相互独立。在数据库系统中，因为采用了数据库的三级模式结构，保证了数据库中数据的独立性。在数据存储结构改变时，不影响数据的全局逻辑结构，这样保证了数据的物理独立性。在全局逻辑结构改变时，不影响用户的局部逻辑结构及应用程序，这样就保证了数据的逻辑独立性。

4. 答："有效性文本"是用来配合"有效性规则"使用的。当用户输入的数据违反了该字段的"有效

性规则"时，系统会用设置的"有效性文本"来提示出错信息。

5. 答：表是存储数据的地方，是数据库的核心和基础，其他数据库对象的操作都是在表的基础之上的，数据库是存放数据的仓库，数据在数据库中以表的形式组织和存放。数据库包含表，一个数据库中存放多张表。

6. 答：关系型数据库系统是用一个符合一定条件的二维表来描述事物及事物的关系的，二维表中的行称为记录，列称为字段。

7. 答：区别：选择查询是指从一个或多个表获取满足条件的数据，并且按指定顺序显示数据，查询运行不会影响到数据源的数据，操作查询则可以对数据源数据进行添加、更新、删除等修改操作。

联系：选择查询和操作查询都是查询的一种形式，都可以在查询设计器中进行设计。

8. 答：数据库管理系统（Database Management System，DBMS）。数据库管理系统是对数据库进行管理的系统软件，是用户和数据库之间的软件接口，是数据库系统的核心，其主要作用是统一管理、控制数据库的建立、使用和维护。常用的数据库管理系统有 SQL Server、Oracle、Access 等。数据库是管理数据的仓库，是存储在计算机内的有组织的，可共享的相关数据的集合。数据库是数据库管理系统的管理对象。有了数据库，用户才可以对数据库中的数据进行查询、修改、计算和数据输出的操作，才能为用户提供便捷的数据处理服务。

9. 答：相同点：

报表和窗体都是数据库的对象；报表和窗体的创建方法基本一致，都可以对数据库中的数据计算、汇总；数据来源都是表、查询和 SQL 语句。

不同点：

功能不同，报表用于打印，而窗体用于查看输入数据。窗体可以修改和删除原始数据，报表不可以；窗体可以转为报表格式，而报表不可以；窗体是用户和数据库交互的窗口，而报表只能打印。

10. 答：报表是数据库的主要对象之一，它是根据指定规则提供格式化和组织化数据信息的打印功能。报表的功能归纳起来主要有两点：一是可以进行数据的比较、排序、分组、汇总和统计，从而帮助用户进一步分析数据；二是可以将报表设计成格式美观的目录、表格、购货单、发票、标签和信封等，还可以在报表中嵌入图像或图片来丰富数据显示。

11. 答：操作查询是指仅在一个操作中更改许多记录的查询，它使用户不但可以利用查询对数据库中的数据进行简单的检索、显示及统计，而且可以根据需要对数据库进行一定的修改。

操作查询共有 4 种类型：删除查询，其作用是从现有表中删除记录；更新查询，其作用是替换现有数据；追加查询，其作用是在现有表中添加新记录；生成表查询，其作用是创建新表。

12. 答：选择查询只是根据要求从表中选择数据，并不对表中的数据进行修改；而操作查询除了从表中选择数据，还对表中的数据进行修改，而且在多数情况下，这种修改是不能恢复的，这就意味着操作查询具有破坏数据的能力。如果希望数据更安全一些，就应该先对相应的表进行备份，然后再进行操作查询。

13. 答：

（1）关系中的每一个字段都来自相同的域。

（2）关系中的任何两个记录的值不能完全相同。

（3）关系中的字段不可再分。

（4）每个关系中都有一个主关键字段唯一标识一条记录。

14. 答：子报表就是包含在其他报表中的报表，包含子报表的报表称为主报表。

有两种方法：在已经创建好的主报表中使用"子窗体""子报表"控件；

将已经存在的报表作为子报表直接添加到其他报表中，通过链接字段连接。

15．答：分组是将具有共同特征的若干条记录组成一个集合，进行汇总，统计。

五部分：组页眉，组页脚，分组形式，组间距，保持同页。

16．答：创建主表和相关表的关联关系，是为了将现实世界中事物与事物之间存在的联系体现在数据库中。

17．答：排序的作用是对表的记录按所需字段值的顺序显示；筛选的作用是挑选表中的记录；如果要取消筛选效果，则恢复被隐藏的记录。

Access 2003 提供了 5 种筛选方式：按选定内容筛选、按窗体筛选、按筛选目标筛选、内容排除筛选和高级筛选/排序。

18．答：窗体是一个为用户提供的可以输入和编辑数据的良好界面。其主要作用有：在数据库中输入和显示数据，利用切换面板来打开数据库中的其他窗体和报表，用自定义框来接受用户的输入及根据输入执行操作。

19．答：在窗体的"设计视图"模式下，窗体由上而下被分成 5 节，分别是窗体页眉、页面页眉、主体、页面页脚、窗体页脚。

20．答：

（1）打开数据库文件。

Access 2003 启动后，单击工具栏中的"打开"按钮，或执行"文件"→"打开"菜单命令，弹出"打开"对话框，在对话框中选择要打开的数据库文件的存放位置和文件名等。

（2）打开数据库的方式。

- "以只读方式打开"，打开的数据库只能浏览，不能编辑和修改。
- "以独占方式打开"，处于网络状态下时，此方式打开的数据库文件不能再被网络中的其他用户打开。
- "以独占只读方式打开"，此方式打开的数据库文件，不能编辑修改，也不能被网络中的其他用户打开。
- 若没有以上几种情况的限制，可直接单击"打开"按钮。

（3）数据库的关闭方法。

- 直接单击数据库窗口右上角的"关闭"按钮。
- 执行"文件"→"关闭"菜单命令。

21．答：

（1）数字按大小排序，升序时从小到大排序，降序时从大到小排序。

（2）英文字母按照 26 个字母的顺序排序（大小写视为相同），升序时按 A→Z 排序，降序时按 Z→A 排序。

（3）中文按照汉语拼音字母的顺序排序，升序时按 a→z 排序，降序时按 z→a 排序。

（4）日期和时间字段，是按日期值的顺序排序的，升序排序按日期时间值从小到大，降序排序按日期时间值由大到小。

（5）数据类型为备注、超链接或 OLE 对象的字段不能排序（Access 2003 版备注型可以排序）。

（6）在"文本"类型的字段中保存的数字将作为字符串而不是数值来排序的。因此，如果要以数值顺序来排序，必须在较短的数字前面加上零，使得全部的文本字符串具有相同的长度。例如，要以升序排序文本字符串："1"、"2"、"10"、"20"，其结果是："1"、"10"、"2"、"20"。必须在仅有一位数的字符串前面加上零或空格，才能得到正确的排序结果，如："01"、"02"、"10"、"20"。

（7）在以升序顺序排列时，任何含有空字段（包含 Null 值）的记录将列在列表中第一条。如果字段中同时包含 Null 值和空字符串，包含 Null 值的字段将在第一条显示，紧接着是空字符串。

22．答：查询是根据给定的条件从数据库的一个或多个表中找出符合条件的记录，有一个 Access 查询不是数据记录的集合，而是操作命令的集合。创建查询后，保存的是查询的操作，只有在运行查询时才会从查询数据源中抽取数据，并创建动态的记录集合，只要关闭查询，查询的动态数据集就会自动消失。所以，可以将查询的运行结果看作是一个临时表，成为动态的数据集。它在形式上很像一个表，但实质上是完全不同的，这个临时表并没有存储在数据库中。筛选是对表的一种操作，从表中挑选出满足某种条件的记录称为筛选，经过筛选后的表，只显示满足条件的记录，而那些不满足条件的记录将被隐藏起来。查询是一组操作命令的集合，查询运行后生成一个临时表。

23．答：Access 2003 的报表有 3 种视图方式，分别是"设计视图"、"打印预览视图"和"版面预览视图"。在报表设计视图中，单击报表设计工具栏上的"视图"按钮右侧的下拉按钮，则可以切换到"打印预览视图"和"版面预览视图"。

设计视图：可以创建新的报表或修改已有报表，与窗体的设计视图类似，在设计视图可以打开控件工具箱，利用工具箱向报表中添加各种控件。

打印预览视图：显示在设计视图中设计的报表的打印效果，预览效果中包含实际数据。

版面预览视图：在"版面预览视图"中，可以快速浏览报表的页面布局，该视图中只包含报表中的数据示例，而不显示报表的实际数据。

24．答：Access 2003 中的窗体共有 5 种视图：设计视图、窗体视图、数据表视图、数据透视表视图和数据透视图视图。以上 5 种视图可以使用工具栏上的"视图"按钮相互切换。5 种视图各自有不同的特点和应用。

① 设计视图：主要用于显示窗体的设计方案，在该视图中既可以创建新的窗体，又可以对现有窗体的设计进行修改。

② 窗体视图：用于查看窗体的设计效果。

③ 数据表视图：用于查看来自窗体的数据。在该视图中可以编辑字段、也可以添加、修改和删除记录。

④ 数据透视表视图：用于从数据源的选定字段中汇总信息。通过使用数据透视表视图，可以动态更改表的布局，以不同的方式查看和分析数据。

⑤ 数据透视图视图：以图形化方式显示和分析窗体中的数据。

普通窗体可以在设计视图、窗体视图和数据表视图之间切换。但切换到数据透视表视图或数据透视图视图则没有数据显示，除非设计的窗体就是数据透视表视图或数据透视图视图。

25．答：表间的关系有一对一、一对多、多对多。两个表之间建立关系的前提是有共有字段，其中主表必须是主键。

26．答：图片缩放模式用于指定如何缩放背景图片。可用的选项有"剪裁""拉伸""缩放"。在"剪裁"模式下，如果该图片比窗体大，则剪裁该图片使之适合窗体；如果图片比窗体小，则用窗体的背景色填充窗体。在"拉伸"模式下，在水平或者垂直方向上拉伸图片以匹配窗体的大小；拉伸选项允许图片失真。在"缩放"模式下，将会放大图片使之适合窗体的大小，图片不失真。

27．答：按照窗体的功能来分，窗体可以分为数据窗体、切换面板窗体和自定义对话框 3 种类型。数据窗体主要用来输入、显示和修改表或查询中的数据；切换面板窗体一般是数据库的主控窗体，用来接受和执行用户的操作请求、打开其他窗体或报表及操作和控制程序的运行；自定义对话框用于定义各种信息提示窗口，如警告、提示信息、要求用户回答等。

28．答：二者的主要区别是：组合框就如同把文本框与列表框合并在一起，组合框不仅可以在列表中选择数值，还可以在列表中输入符合某个值的文本。列表框可以从列表中选择值，但不能在其中输入新值，只能在限定的范围内对字段进行选择和查询。

29．答：标签是一种类似名片的短信息。在日常工作中，经常需要制作一些标签，如学校的学生证、听课证，公司的出入证、职工的胸卡，产品的价格标签等。使用 Access 提供的"标签向导"可以非常方便地创建各种各样的标签报表。

30．答：默认值就是在某字段未输入数据时，系统自动显示的数据。如果该字段的内容是固定的，或者很少有变化，那么就可以给该字段设置一个默认值，以减少用户的重复输入。

31．答：宏是一种特定的编码，是一个或多个操作命令的集合。宏以动作为基本单位，一个宏命令能够完成一个操作动作。每一个宏命令是由动作名和操作参数组成的。宏可以是包含一个或多个宏命令的宏集合。若是由多个宏命令组成的宏，其操作动作的执行是按宏命令的排列顺序依次完成的。

利用宏可以在窗体、报表和控件中添加功能，自动完成某项任务。

32．答：打开数据库文件时，单击"打开"按钮右边的下拉按钮，还可以看到打开数据库文件的三种方式：（1）以只读方式打开，此方式打开的数据库文件只能浏览，不能编辑和修改。（2）以独占方式打开，处于网络状态下，此方式打开的数据库文件不能再被网络中的其他用户打开。（3）以独占只读方式打开。

33．答：子窗体是指在一个窗体中的窗体，将多个窗体合并时，其中一个窗体成为主窗体，其余成为子窗体。子窗体实际上也是窗体，只不过它是被嵌入在一个窗体中的，用户可以轻松地在窗体中添加子窗体。其操作步骤如下：（1）在窗体"设计视图"中打开要向其中添加子窗体的窗体，单击"控件向导"按钮。（2）在"工具箱"工具栏中单击"子窗体/子报表"按钮。（3）在窗体中按住鼠标左键拖动，以确定放置子窗体的位置及窗体大小，释放鼠标后，一个子窗体就创建好了，可用此方法创建多个子窗体。

34．答：实体完整性：保证表的主关键字不出现重复值，构成主关键字的字段值无空值。

参照完整性：有关联的两表中的相关表中的外键值只允许为主表中的主键中已存在的值或空值。所以主表称为相关表的外键的参照表。

用户自定义完整性：数据要遵守的规则由用户自己定义，比如，字段的"有效性规则"和表的"有效性规则"。

35．答：导入数据就是将外部的数据复制到 Access 数据库中，以提高数据输入的效率，最常见的有三种类型：其他 Access 数据库中的数据、Excel 文件、符合格式的文本文件。

（1）导入 Access 数据库中的对象。

（2）导入 Excel 电子表格文件。

（3）导入文本文件。

导入文本文件是将符合格式要求的文本文件导入数据库中。

文本文件格式分为固定宽度和带分隔符。固定宽度是指文件中记录的每个字段的宽度是相同的。带分隔符的文件通常用逗号、分号、TAB 键或其他字符作为字段间的分隔符。使用带分隔符的文本文件在导入数据库的表中时，Access 会根据分隔符自动识别并分割字段。

36．答：分组是指报表设计时按选定的某个（或几个）字段值是否相等而将记录划分成组的过程。操作时，先要选定分组字段，将字段值相等的记录归为同一组，字段值不等的记录归为不同组。通过分组可以实现同组数据的汇总和输出，增强了报表的可读性。

37．答：数据库的设计一般流程是：（1）规划数据库中的表。（2）确定表中需要的字段。（3）确定表的主键。（4）确定表间关系。（5）优化设计。确定数据库的设计已达到了设计目的后，就可以在表中添加正式的数据，然后根据需要创建任何查询、窗体、报表、数据访问页、宏和模块等不同的对象，以满足数据管理的需要。

38．答：

（1）中文按拼音字母的顺序排序。

（2）英文按字符顺序 ASCII 码排序（不区分大小写）。

（3）数字按大小排序。

39．答：在 Access 中查询有 5 种视图：设计视图、数据表视图、SQL 视图、数据透视表视图和数据透视图视图。在"设计视图"中，既可以创建不带条件的查询，又可以创建带条件的查询，还可以对已建查询进行修改。

40．答：压缩数据库并不是压缩数据，而是通过清除未使用的空间来缩小数据库文件。

（1）手动压缩与修复。

手动压缩与修复可以采用以下两种方式进行。

① 先打开要压缩和修复的数据库，然后单击"工具"→"数据库实用工具"→"压缩和修复数据库"命令，对打开的数据库执行压缩和修复。

② 不打开数据库，直接单击"工具"→"数据库实用工具"→"压缩和修复数据库"命令，然后再选择要压缩和修复的数据库。

采用第二种方式时，会对压缩和修复的数据库生成一个副本文件。

（2）自动压缩与修复。

选择"工具"→"选项"命令，打开"选项"对话框，单击"常规"选项卡，选中"关闭时压缩"复选框，单击"确定"按钮。设置后，数据库在每次关闭时都会自动进行压缩。

41．答：实体完整性规则、参照完整性规则、用户自定义完整性规则。

42．答：报表设计视图由 7 部分组成，分别如下。

（1）报表页眉节；用于在报表的开头放置信息，一般用来显示报表的标题、打印日期、图形或其他主题标志。

（2）页面页眉节；用于在每一页的顶部显示列标题或其他所需信息，如标题、列标题、日期或页码等。

（3）组页眉节；用于在记录组的开头放置信息，如分组输出和分组统计等。

（4）主体节；用于包含报表的主要部分。

（5）组页脚节；用于在记录组的结尾放置信息，如组名称或组汇总计数等。

（6）页面页脚节；用于在每一页的底部放置信息，如显示日期、页码或本页的汇总说明等信息。

（7）报表页脚节；用于在页面的底部放置信息，用来显示整份报表的日期、汇总说明、总计等信息，在所有主体和组页脚被输出完后才打印在报表的末尾处。

43．答：文本框控件用于显示数据，或者让用户输入和编辑字段数据。文本框控件分为绑定型、非绑定型和计算型三种。

44．答：Access 2003 中的报表共有 4 种类型，分别是纵栏式报表、表格式报表、图表式报表和标签式报表。

（1）纵栏式报表中每条记录的各个字段从上到下依次排列，左边显示字段标题，右边显示字段数据值。

（2）表格式报表以行和列的格式显示和打印数据，一条记录的所有字段内容显示在同一行上，多条记录从上到下依次显示。

（3）图表式报表以图形的方式显示数据，它可以将库中的数据进行分类汇总后显示，使得统计更加直观，适合于汇总、比较及进一步分析数据。

（4）标签式报表可以用来在一页内建立多个大小和样式一致的卡片式方格区域，通常用来显示姓名、电话等较为简短的信息，一般用来制作名片、信封、产品标签等。

45．答：对数据库进行加密。

（1）以独占方式打开数据库。

（2）选择"工具"→"安全"→"设置数据库密码"命令，打开"设置数据库密码"对话框，在设置数据库密码对话框中，分别在"密码"文本框和"验证"文本框中输入密码，然后单击"确定"按钮，完成密码设置。

设置数据库密码的注意事项如下。
- 密码是区分大小写的。
- 密码可以包括字母、数字、空格和符号的任意组合，最长可以为 15 个字符。
- 如果忘记密码，则无法正常恢复，也无法打开数据库。
- 对数据库设置密码是要以独占的方式打开数据库。

（3）在以后打开这个数据库时，系统自动弹出"要求输入密码"对话框，只有输入正确的密码，才能打开这个数据库。

六、操作题。

1. 操作步骤如下。

步骤 1：打开"学生成绩管理系统"数据库，打开"学生"表的设计视图，选中"性别"字段。

步骤 2：在"常规"选项卡中的"默认值"行输入"男"。

步骤 3：在常规"选项卡的"有效性规则"行输入"'男'or '女'"，在"有效性文本"行输入"请输入男或者女"，按 Ctrl+S 组合键保存。

2. 操作步骤如下。

步骤 1：打开"学生成绩管理"数据库，单击主窗口工具栏的"关系"按钮，弹出"关系"设计的窗口。同时弹出"显示表"对话框，框内显示数据库中的所有表，将"学生""课程""成绩"表都添加到关系窗口中。

步骤 2：先建立"学生"表和"成绩"表之间的关系。选中"学生"表中的"学号"字段，将其拖至"成绩"表的"学号"字段上，弹出"编辑关系"对话框，选中"实施参照完整性"。

步骤 3：单击"创建"按钮，这时在"关系"窗口中可以看到"学生"表和"成绩"表之间出现一条连接线，并在"学生"表的一方显示"1"，在"成绩"表的一方显示"∞"，表示在"学生"表和"课程"表之间建立了一对多关系。

步骤 4：再建立"课程"表和"成绩"表的关系。选中"课程"表中的"课程编号"字段，将其拖至"成绩"表的"课程编号"字段上，弹出"编辑关系"对话框，选中"实施参照完整性"。

步骤 5：按 Ctrl+S 组合键保存。

3. 创建查询。

操作题 1。

步骤 1：打开"学生成绩管理系统"数据库，选择"查询"对象后，双击"在设计视图中创建查询"命令，打开查询"设计视图"，同时弹出"显示表"对话框，将"成绩"表添加到设计视图中。

步骤 2：将"学号""课程编号""成绩"3 个字段添加到设计网格中。

步骤 3：在"学号"字段的"条件"行中输入"[请输入学生学号：]"。

步骤 4：按 Ctrl+S 组合键保存为"根据学号查成绩"。

操作题 2。

步骤 1：打开"学生成绩管理系统"数据库，选择"查询"对象后，双击"在设计视图中创建查询"命令，打开查询"设计视图"。

步骤 2：打开"查询设计"视图的同时打开"显示表"对话框。在"显示表"对话框中，把"学生"表添加到设计视图中，把"学号""姓名""性别"添加到字段列表区内。

步骤 3：在新字段列表区输入"年龄: year(date)-year([出生日期])"，生成一个新的"年龄"字段。

步骤 4：在"性别"字段的条件行输入"女"。

步骤 5：按 Ctrl+S 组合键保存为"学生的年龄查询"。

操作题 3。

步骤 1：打开"学生成绩管理系统"数据库，选择"查询"对象后，双击"在设计视图中创建查询"命令，打开查询"设计视图"，同时弹出"显示表"对话框。

步骤 2：在"显示表"对话框中，选中"学生"表，单击"添加"，再选择"课程"表，单击"添加"，再选择"成绩"表，单击"添加"。把"学生"表和"课程"表和"成绩"表都添加到字段列表区内。

步骤 3：将"学生"表中的"学号""姓名"，"课程"表中的"课程名称"，"成绩"表中"成绩"4 个字段都添加到设计网格。

步骤 4：在"成绩"字段列的"条件"行中输入条件"<=60"。

步骤 5：按 Ctrl+S 组合键保存为"学生成绩查询"。

操作题 4。

步骤 1：打开"学生成绩管理系统"数据库，选择"查询"对象后，双击"在设计视图中创建查询"命令，打开查询"设计视图"，将"学生"表添加到"设计视图"的字段列表区。

步骤 2：将"学生"表中的每个字段均添加到设计网格区。

步骤 3：在"成绩"字段的"条件"行中输入条件"<60"。

步骤 4：单击工具栏上的"查询类型"按钮右侧的下拉按钮，从下拉列表中选择"生成表查询"选项，显示"生成表"对话框，在"表名称"后的文本框内输入"不及格学生成绩"。

步骤 5：按 Ctrl+S 组合键保存为"不及格学生成绩"。

4．操作步骤。

步骤 1：打开"学生成绩管理系统"数据库，选择"窗体"对象，双击"在设计视图中创建窗体"命令，打开窗体设计视图。

步骤 2：单击工具栏上的"属性"按钮，打开窗体属性对话框，在对话框中选择"数据"选项卡，从"记录源"下拉列表中选择"学生"表，"学生"表字段列表会自动打开。

步骤 3：在"学生"表字段列表上选"学号"字段，将其拖拽到窗体上，则在窗体上添加了带有标签的文本框，对"商品编号"标签及文本框进行大小和位置调整。

步骤 4：用同样的方法将"学生"表中的"姓名""性别""年龄""中考成绩""毕业学校""出生日期"等字段添加到窗体上，并调整大小和位置。

步骤 5：在窗体设计视图上右击，在弹出的快捷菜单中单击"窗体页眉/页脚"命令，此时在设计视图上添加"窗体页眉"节和"窗体页脚"节。

步骤 6：从工具箱中选择"标签"按钮，在"窗体页眉"节的中间位置拖出一个方框，在其中输入"学生的基本信息"，单击工具栏上的"属性"按钮，打开标签的"属性"对话框，选择"格式"选项卡，设置标签的字体为楷体、字号为 26，字体颜色设置为红色。

步骤 7：在"窗体页脚"节中，从工具箱中选择"命令按钮"控件按钮，在窗体"窗体页脚"空白处单击，在添加"命令按钮"控件的同时，弹出"命令按钮向导"对话框，在该对话框中，单击"类别"列表框中的"记录导航"选项，在"操作"列表框中选择"转至第一项记录"，单击"下一步"按钮。选择"文本"单选按钮，并输入"首记录"，单击"下一步"按钮，在文本框中输入"第一条记录"，单击"完成"按钮，完成了添加"首记录"命令按钮的操作。用同样的方法，分别添加"上一记录""下一记录""尾记录"。

步骤 8：用同样的方法添加 "添加记录""保存记录""删除记录"，在类别中选择"记录操作"，然后选择操作相关的命令。

步骤 9：在"窗体页脚"节中，单击"文本框"控件按钮，修改对应的标签控件为"总人数"，文本框控件为"=count(*)"。

步骤 10：按 Ctrl+S 组合键保存为"学生基本信息浏览窗体"。

5．操作步骤。

（1）步骤1：打开"学生成绩管理系统"数据库，选择"查询"对象后，双击"在设计视图中创建查询"命令，打开查询"设计视图"，同时弹出"显示表"对话框。

步骤2：在"显示表"对话框中，选中"学生"表，单击"添加"，再选择"课程"表，单击"添加"，再选择"成绩"表，单击"添加"。把"学生"表、"课程"表和"成绩"表都添加到字段列表区内。

步骤3：将"学生"表中的"学号""姓名"，"课程"表中的"课程名称""成绩"表中"成绩"4 个字段都添加到设计网格。使用 Ctrl+S 组合键，保存查询为"学生成绩多表查询"。

（2）步骤1：使用报表向导创建"学生成绩"报表，双击"使用向导创建报表"命令。

步骤2：在"报表向导"对话框中选择查询"学生成绩多表查询"，选择"学号""姓名""课程名称""成绩"。

步骤3：单击"完成"按钮，生成一个基本报表，把报表命名为"学生成绩报表"，按 Ctrl+S 组合键对报表进行保存。

步骤4：选择"学生成绩报表"，打开"学生成绩报表"的设计视图，右击报表设计视图空白处，选择"报表页眉/页脚"命令，在"报表页眉"节添加"标签"控件，输入"学生成绩"。

步骤5：选中"学生成绩"标签控件，设置标签的字体为宋体、字号为18。

（3）步骤1：在报表设计视图中，右击在快捷菜单中单击"排序与分组"命令，弹出"排序与分组"对话框。在"字段/表达式"选项中选择"学号"，排序次序选择为"升序"，在"组页眉"处选择"是"，在"组页脚"处选择"是"。

步骤2：将主体区域中的学号和姓名字段移动到"学号页眉"区。

步骤3：在"学号页脚"节中，单击"文本框"控件，在文本框控件中输入"=sum（成绩）"，计算出每人的总分。再次添加"文本框"控件，在"文本框"控件中输入"=avg（成绩）"，计算出每人的平均分。

步骤4：使用 Ctrl+S 组合键将报表保存为"学生成绩报表"。

6．操作步骤。

步骤1：选择"宏"对象，选择"新建"按钮，打开宏的设计视图。在设计视图中右击，选择"宏名"，将宏名显示在设计视图中，在设计视图中，设置第一行的宏名为"根据学号查询成绩"，操作选择"openquery"，对象选择"根据学号查成绩"。设置第二行的宏名为"学生年龄查询"，操作选择为"openquery"，对象选择"学生的年龄查询"。设置第三行的宏名为"学生成绩查询"，操作选择"openquery"，对象选择"学生成绩查询"。

设置第四行的宏名为"生成表查询"，操作选择"openquery"，对象选择查询"不及格学生成绩"。

步骤2：选择"宏"对象，单击"新建"按钮，打开宏的设计视图。在设计视图中操作选择"openform"，对象选择"学生基本信息浏览窗体"。

步骤3：选择"宏"对象，单击"新建"按钮，打开宏的设计视图，在设计视图中操作选择"openreport"，对象选择"学生成绩报表"。

步骤4：打开"学生成绩管理系统"数据库，选择"窗体"对象，双击"在设计视图中创建窗体"命令，打开窗体设计视图，添加标签控件"学生成绩管理系统"。字体设置为宋体，22 号，加粗。在窗体的设计视图中，分别添加命令按钮，弹出"命令按钮向导"对话框，在类别中选择"杂项"，操作选择"运行宏"，单击"下一步"按钮。选择要运行的对应的宏的名称，单击"下一步"按钮，选择"文本"选项，输入"对应的提示文本，单击"完成"按钮。这样就实现了在命令按钮上引用前面建立的宏来完成相应的操作目标，然后依次添加其他命令按钮，完成对应的命令。

计算机网络技术题型示例

一、填空题

1. ARPAnet
2. 数据通信　资源共享　提高系统的可靠性　分布式网络处理和负载均衡
3. 数据通信
4. 网络协议软件　网络通信软件
5. 城域网
6. 计算机—计算机网络
7. 数据链路层
8. HTTP
9. 透明
10. ISP
11. 公用网　专用网
12. 应用
13. 公共电话网（Public Switched Telephone Network，PSTN）　综合业务数字网（Integrated Service Digital Network，ISDN）　帧中继（Frame Relay，FR）　存储转发技术
14. TCP/IP
15. 广播　多点播送或组播　单播
16. LLC　MAC
17. 半双工　全双工
18. 4　2
19. 数字信号　模拟信号
20. 不间断地 ping 指定计算机，直到管理员中断
21. 基带传输　最大传输速率为 100Mbps　传输介质是双绞线
22. 50Ω　细缆以太网
23. 线路交换　报文交换　分组交换
24. 纤芯　反射层　塑料保护层
25. 分层解决问题
26. IEEE
27. 十六
28. 交换规则
29. 数据链路层
30. 面向连接的服务
31. 确定 IP 数据包访问目标所采取的路径
32. 直通方式　交叉方式

33．通信子网　资源

34．非屏蔽双绞线

35．RJ-45 连接器

36．网线钳

37．网线测试仪

38．白橙，橙，白绿，蓝，白蓝，绿，白棕，棕

39．已经畅通

40．光纤模块

41．光纤收发器

42．光纤跳线

43．网络接口　UDP　IGMP　RARP　用户数据报　因特网组管理　反向地址解析　FTP　21　HTTP　80　TELNET　23

44．碰撞（冲突）

45．物理层　数据链路层　网络层　传输层　会话层　表示层　应用层

46．100Mbps

47．上层通过接口向下层　下层通过接口向上层

48．4　7　1　3

49．telnet

50．RFC

51．接口　服务

52．分组交换

53．POP3　SMTP

54．报头　数据区

55．广播域

56．ICMP

57．防火墙

58．网络接口　网际　传输

59．寻址和路由　无连接的协议　端到端　源主机

60．网桥

61．链路

62．IP 到 MAC 的地址解析

63．1969

64．传输层

65．ARP

66．文件传输协议（FTP）　超文本传输协议（HTTP）　域名服务（DNS）　远程登录协议（Telnet）　简单邮件传输协议（SMTP）　简单网络管理协议（SNMP）　网络文件系统（NFS）

67．环形拓扑

68．超文本传输协议（HTTP）

69．应用

70．世界万维网

71．A

72．E

73．DHCP

74．A 类　B 类　C 类　D 类　E 类

75．IP 地址　32　地址类别号　网络号　主机号

76．体系结构

77．16

78．网桥

79．DNS

80．本地网络

81．统一资源定位器（URL）

82．平等的或对等的　服务器

83．私有网络（内部网络）　10.0.0.0～10.255.255.255　172.16.0.0～172.31.255.255　192.168.0.0～192.168.255.255

84．主机或路由器所连接到的网络　主机或路由器

85．外部网关协议

86．网络号

87．文件

88．MAC 地址　物理地址

89．64　48

90．MAC 子层　48　24

91．网络层

92．级联　堆叠

93．126

94．62

95．255.255.255.255

96．192.168.1.191

97．14

98．200.32.5.96

99．101.11.101.255

100．传输层

101．TCP/IP　ARPANET

102．255.0.0.0　255.255.0.0　255.255.255.0

103．虚拟局域网

104．24

105．for

106．广播　单播

107．调制

108．电话线　电话机　电源

109．10.254.255.0

110．192.168.1.255

111．255.255.255.248

112. 10.10.11.255

113. 唯一的

114. 10.10.20.4

115. 端口号

116. 8   30

117. PDU

118. 1   2   3   6

119. 0.0.0.255

120. 172.16.12.0/22

121. 网络

122. 10.0.0.0～10.255.255.255   172.16.0.0～172.31.255.255   192.168.0.0～192.168.255.255

123. 255.255.255.240

124. 255.255.255.224

125. 255

126. 32

127. 数据报

128. TCP   UDP

129. 126

130. 规则   标准   .

131. 体系结构   TCP/IP

132. 无差错   检错   纠错

133. 网络地址   网络连接

134. 2046

135. 255.255.255.224

136. 96.2.32.0

137. 级联   堆叠

138. 192.168.1.64

139. 菊花链

140. 计算机名称和工作组

141. 共享文件夹

142. 介质访问控制方法

143. 主机 W253 上共享文件夹 2 的访问

144. 曼彻斯特编码

145. 选择的分区进行格式化

146. 角色

147. FAT32 和 NTFS   NTFS

148. 正向区域   反向区域

149. Guest   administrator

150. 网络应用环境

151. 对等网络

152. 物理   长度

153. 通信控制处理机　网卡

154. 分层　主机名　二级域名　顶级域名

155. 用户模式　特权模式　全局配置模式

156. 发现阶段　提供阶段　选择阶段　确认阶段

157. Switch>enable　Switch#exit 或"Ctrl+C"组合键

158. 综合业务数字网　高速数字接入设备　同轴电缆宽调制解调器　局域网　无线接入

159. Switch#configure terminal　Switch（config）#exit

160. Switch（config）#interface FastEthernet 0/1　Switch（config-if）#exit　Switch（config-if）#end

161. 机械特性　电气特性　功能特性　规程特性

162. SwitchA(config)#interface vlan 1

SwitchA (config-if)#ip address 192.168.0.1　255.255.255.0

SwitchA(config-if)#no shutdown

163. Switch(config)#line vty 0 15　Switch(config-line)#login　Switch(config-line)#password cisco

164. SwitchA(config)#enable secret rg

165. SwitchA#copy running-config，startup-config 或 Write

166. 显示当前运行的配置信息

167. 接入层交换机　汇聚层交换机　核心层交换机

168. 封装　解封及转发帧　MAC 地址　始发者和接收者

169. 交换机　200Mbps

170. 802.1Q

171. 单 MAC　单 IP　IP+MAC

172. 数据链路　帧

173. 全双工

174. SwitchA(config)#interface fastethernet 0/12　SwitchA(config-if)#switchport mode trunk

175. 虚拟网（VLAN）技术

176. Access　Trunk

177. 各个 VLAN 的流量实际上已经在物理上隔离开来　三层路由

178. 光纤

179. 连接路由器或交换机的控制线

180. V.35

181. 中央处理器（CPU）　只读存储器（ROM）　接口　Flash　DRAM　NVRAM　操作系统

182. DTE

183. 静态路由　动态路由

184. 默认

185. ip route <0.0.0.0> <0.0.0.0> <相邻路由器相邻端口地址或者本地物理端口号>

186. DCE

187. show controllers serial

188. 静态路由　动态路由　默认路由

189. www

190. 广播 UDP　30　一个包到达目标所必须经过的路由器的数目

191. 15　15　不可达

192．无类域间路由　可变长子网掩码和不连续子网　组播地址

193．120s

194．network <网段地址>

195．内部网关协议　外部网关协议

196．show ip route

197．电缆 DCE 端　链路不通　show controllers serial

198．内部网关协议　自治系统　链路状态

199．链路状态数据库　最短路径树　路由表

200．内部网关协议

201．network <本路由器直连的 IP 子网号> <通配符> area <区域号>

202．距离矢量路由协议（也称距离向量路由协议）

203．数据链路

204．动态路由

205．路由协议

206．源地址

207．外部网关协议

208．访问控制列表（ACL）

209．IP 标准访问控制列表（Stand IP ACL）　IP 扩展访问控制列表（Extended IP ACL）　允许（Permit）　拒绝（Deny）　入栈（In）应用　出栈（out）

210．全局配置　IP 地址

211．目的地

212．1～99

213．Access-list 1 Permit any

214．源地址和目的地址　协议类型和 TCP 或 UDP 的端口号

215．允许 204.211.19.0 网段的数据

216．100～199

217．拒绝所有　反掩码

218．基于端口

219．非归零编码　曼彻斯特编码　差分曼彻斯特编码

220．网络地址转换（NAT）技术

221．外部本地地址　外部全局地址

222．包过滤

223．9600

224．实现相同的 VLAN 间通信

225．表示

226．信号分离器

227．电源　电话线连接故障　ADSL 与计算机连接线故障　有数据流

228．数字用户线技术（DSL）

229．非对称数字用户线路　向下流比向上流　8Mbps　1Mbps

230．数据链路层　网络层　应用层

231．静态 NAT　动态 NAT　PAT

232. 一对一的永久映射

233. 内部本地地址和内部全局地址

234. MAC 地址

235. 广域网

236. 动态 NAT

237. DNS

238. 基于蜘蛛程序的机器人搜索引擎、目录式搜索引擎和 Meta 元搜索引擎

239. BBS（Bulletin Board Service，公告牌服务）

240. 生成树

241. POP3 服务　简单邮件传输 SMTP 服务　电子邮件客户端

242. Show vlan

243. 存储转发　B/S

244. 查毒　杀毒　防毒　数据恢复　单机版　网络版

245. 管理信息库

246. 网络漏洞扫描系统

247. 将域名翻译为 IP 地址

248. 管理站

249. 主机、路由器、打印机、集线器、网桥或调制解调器

250. TCP/IP 协议簇　监视网络性能　监测分析网络差错　配置网络设备

251. 网络管理代理程序

252. 配置管理　性能管理　故障管理　Open View　Net View　SunNet

253. 线路故障

254. 建立连接　数据传输

255. 直连线

256. OSPF　RIP

257. 数字信号　模拟信号

258. 应用

259. 星型　10Mbps　双绞线　基带

260. 网络管理代理程序　网管协议

261. 环型　总线型

262. 统计　配置　测试

263. 广播域

264. 电路交换　分组交换

265. 核心层　汇聚层　接入层

266. 邮件网关

二、判断题

1. ×	2. ×	3. √	4. √	5. √	6. √	7. ×	8. √
9. ×	10. √	11. ×	12. √	13. ×	14. ×	15. ×	16. √
17. ×	18. √	19. √	20. ×	21. ×	22. ×	23. √	24. √
25. √	26. √	27. ×	28. √	29. ×	30. ×	31. ×	32. √

33. √　　34. √　　35. ×　　36. √　　37. ×　　38. ×　　39. ×　　40. ×
41. ×　　42. √　　43. √　　44. ×　　45. √　　46. √　　47. √　　48. √
49. √　　50. √　　51. √　　52. √　　53. √　　54. √　　55. √　　56. √
57. √　　58. √　　59. ×　　60. √　　61. √　　62. √　　63. √　　64. √
65. √　　66. ×　　67. ×　　68. √　　69. √　　70. ×　　71. √　　72. √
73. √　　74. √　　75. √

三、选择题

1. D　　2. A　　3. B　　4. A　　5. B　　6. A　　7. C　　8. B
9. B　　10. C　　11. C　　12. C　　13. D　　14. C　　15. B　　16. D
17. B　　18. A　　19. A　　20. C　　21. A　　22. B　　23. C　　24. D
25. B　　26. C　　27. B　　28. C　　29. B　　30. C　　31. B　　32. A
33. C　　34. C　　35. D　　36. B　　37. C　　38. C　　39. C　　40. A
41. B　　42. A　　43. B　　44. D　　45. C　　46. C　　47. B　　48. B
49. C　　50. B　　51. A　　52. C　　53. D　　54. C　　55. C　　56. D
57. A　　58. A　　59. D　　60. B　　61. B　　62. D　　63. C　　64. B
65. C　　66. C　　67. C　　68. C　　69. C　　70. C　　71. C　　72. C
73. D　　74. A　　75. D　　76. B　　77. B　　78. A　　79. B　　80. D
81. D　　82. B　　83. B　　84. B　　85. C　　86. C　　87. B　　88. B
89. A　　90. A　　91. A　　92. D　　93. C　　94. B　　95. B　　96. C
97. C　　98. C　　99. A　　100. D　　101. C　　102. AD　　103. D　　104. D
105. B　　106. D　　107. B　　108. A　　109. B　　110. B　　111. D　　112. A
113. B　　114. B　　115. B　　116. D　　117. B　　118. D　　119. C　　120. D
121. B　　122. C　　123. B　　124. B　　125. A　　126. C　　127. B　　128. A
129. B　　130. A　　131. B　　132. B　　133. C　　134. B　　135. A　　136. D
137. D　　138. B　　139. A　　140. A　　141. C　　142. B　　143. D　　144. D
145. C　　146. B　　147. D　　148. B　　149. D　　150. A　　151. B　　152. D
153. A　　154. C　　155. C　　156. C　　157. A　　158. C　　159. B　　160. D
161. A　　162. AD　　163. C　　164. C　　165. D　　166. D　　167. D　　168. B
169. C　　170. A　　171. C　　172. C　　173. D　　174. A　　175. B　　176. C
177. B　　178. B　　179. B　　180. B　　181. B　　182. C　　183. C　　184. D
185. B　　186. A　　187. A　　188. A　　189. C　　190. B　　191. A　　192. B
193. D　　194. D　　195. B　　196. B　　197. A　　198. C　　199. B　　200. C
201. A　　202. C　　203. A　　204. C　　205. B

四、名词解释

1. DNS（Domain Name System，域名系统），它是一种组织成域层次结构的计算机和网络服务命名系统。在访问某个网站的时候，通常不会直接使用其 IP 地址，而是使用其域名来访问。但是，TCP/IP 协议的通信是基于 IP 地址的，也就是说，要访问网站，必须将其域名转化为 IP 地址，这个工作是由 DNS 域名系统解析完成的。

2. 通信子网是计算机网络中实现网络通信功能的设备及其软件的集合，负责计算机间的数据通信，也就是信息的传输。其中包括：传输信息的物理媒体、转发器、变换机等通信设备。

3. 资源子网是指实现资源共享功能的设备及其软件的集合。资源包括：硬件、软件、数据及早期的主机和终端。

4. 局域网（Local Area Network，LAN）是在一个局部的地理范围内（如一个学校、工厂和机关内），一般是方圆几千米以内，将各种计算机、外部设备和数据库等互相连接起来组成的计算机通信网。

5. 网络拓扑就是用拓扑学的方法研究计算机之间如何连接构成网络，拓扑结构基本上可以分成两大类，一类是有规则的拓扑，如星型、树型、总线型和环型；另一类是无规则的拓扑，如网状型。

6. 广域网是将分布在各地的局域网连接起来的网络，其地理范围非常大，从数百公里至数千公里，甚至上万公里，可以跨越国界、洲界，甚至到达全球范围，其目的是让分布较远的不同网络互联。

7. 网状型拓扑结构主要指各节点通过传输线互连起来，并且每一个节点至少与其他两个节点相连，网状拓扑结构具有较高的可靠性，但其结构复杂，实现起来费用较高，不易管理和维护，不常用于局域网。

8. OSI/RM 的结构模型共分 7 层，从下往上分别是：物理层、数据链路层、网络层、传输层、会话层、表示层和应用层，每一层都具有清晰的功能。总体来说，第七层至第四层用来处理数据源和数据目的地之间的端到端通信，而第三层至第一层用来处理网络设备间的通信。层与层之间的联系是通过各层之间的接口来进行的，上层通过接口向下层提出服务请求，而下层通过接口向上层提供服务。

9. 网络协议是为网络数据交换而制定的规则、约定与标准。

10. TCP/IP 体系结构：TCP/IP（Transmission Control Protocol/Internet Protocol）是指传输控制协议/网际协议。它是目前普遍使用的 Internet 的协议。TCP/IP 体系结构在 OSI 参考模型之前就开发了，因此 TCP/IP 体系结构的层次无法准确地和 OSI 参考模型对应起来。TCP/IP 体系结构是一个四层的体系结构，它包括网络接口层、网络层、传输层和应用层。

11. ICMP（Internet Control Message Protocol）是 Internet 控制报文协议。它是 TCP/IP 协议簇的一个子协议，用于在 IP 主机、路由器之间传递控制消息。控制消息是指网络通不通、主机是否可达、路由是否可用等网络本身的消息。虽然这些控制消息并不传输用户数据，但是对于用户数据的传递起着重要的作用。

12. 主机动态配置协议（Dynamic Host Configuration Protocol，DHCP）。DHCP 是一种简化主机 IP 地址分配管理的 TCP/IP 标准协议，它能够动态地向网络中每台设备分配唯一的 IP 地址，并提供安全、可靠、简单的 TCP/IP 网络配置。

13. 传输控制协议（Transmission Control Protocol，TCP）向高层提供了面向连接的可靠报文段的传输服务。

14. 用户数据报协议 UDP（User Datagram Protocol）是一种无连接的传输服务，在 IP 数据报的基础上增加了端口的功能，以便在数据传输时识别端点。

15. 对等（Peer to Peer）网络是指网络上，每个计算机都把其他计算机看作平等的或对等的。在对等网络中，没有专用的服务器，计算机之间也没有层次的差别，所有计算机地位都相同，因而称为对等网络。在对等网络中，每台计算机既可以充当客户机，又可以用作服务器。没有负责整个网络的管理员，而是由每台计算机的用户决定该计算机上的哪些资源可以放在网络上供其他用户使用。

16. 集线器（Hub）是中继器的一种形式，二者的区别在于集线器能够提供多端口服务，也称为多口中继器。

17. NAT 英文全称是"Network Address Translation"，中文意思是"网络地址转换"，它是一个 IETF（Internet Engineering Task Force，Internet 工程任务组）标准，允许一个整体机构以一个公用 IP 地址出现在 Internet 上。顾名思义，它是一种把内部私有网络地址（IP 地址）翻译成合法网络 IP 地址的技术，在一定程度上，NAT 能够有效地解决公网地址不足的问题。

18. 扩展访问控制列表既可检查分组的源地址和目的地址，又可检查协议类型和 TCP 或 UDP 的端口号。通过在设备上配置命名的扩展 IP 访问控制列表，可以实现网段间互相访问的安全控制。

19．以太网是在 20 世纪 70 年代研制开发的一种基带局域网技术，使用同轴电缆作为网络媒体，采用载波多路访问和冲突检测（CSMA/CD）机制，数据传输速率达到 10MBPS。但是如今以太网更多被用作各种采用 CSMA/CD 技术的局域网。以太网具有简单方便、价格低、速度高等优点。

20．文件传输协议 FTP（File Transfer Protocol）是因特网上使用最广泛的文件传送协议，主要用于在计算机之间实现文件的上传与下载，其中一台计算机作为 FTP 的客户端，另一台作为 FTP 的服务器端。

21．通信子网为网络源节点和目的节点的数据传达提供了多条运输路径的可能性。网络节点在收到一个分组后，要确定向下一节点传送的路径，这就是路由选择。

22．VLSM（Variable Length Subnet Mask）即可变长子网掩码，VLSM 规定了如何在一个进行了子网划分的网络中的不同部分使用不同的子网掩码。这对网络内部不同网段需要不同大小子网的情形来说很有效。

23．在通信网络中，默认路由（Default Route）是路由表中一种特殊的静态路由，当网络中报文的路由无法匹配到当前路由表中的路由记录时，默认路由用来指示路由器或网络主机将该报文发往指定的位置。

24．动态路由是指路由器能够自动建立自己的路由表，并且能够根据实际情况的变化适时地进行调整。动态路由机制的运作依赖路由器的两个基本功能：对路由表的维护，路由器之间适时地进行路由信息交换。路由器之间的路由信息交换是基于路由协议实现的。

25．虚拟局域网（VLAN）是一组逻辑上的设备和用户，这些设备和用户并不受物理位置的限制，可以根据功能、部门及应用等因素将它们组织起来，相互之间的通信就好像在同一个网段中一样，由此得名虚拟局域网。

26．RIP（Routing Information Protocol）是应用较早、使用较普遍的内部网关协议（Interior Gateway Protocol，IGP），其适用于小型同类网络，是典型的距离矢量路由选择协议。

27．OSPF（Open Shortest Path First）是一个内部网关协议，用于单一自治系统内决策路由，是链路状态路由协议。

28．防火墙（Firewall）是在两个网络之间实现访问控制的一个或一组软件或硬件系统。其主要功能是：对流经它的网络通信进行扫描，过滤危险的数据或访问请求，以免在目标计算机上被执行。多数防火墙通过设置的访问规则来检查内外网的通信数据，防止非法访问等，这些规则可以通过人工设置或防火墙自动学习来完成。

29．广播是一种信息的传播方式，指网络中的某一设备同时向网络中的其他设备发送数据，这个数据所能广播到的范围即为广播域（Broadcast Domain）。广播域就是指网络中所有能接收到同样广播消息的设备的集合。

30．表示层位于 OSI 分层结构的第六层，它的主要作用之一是为异种机通信提供一种公共语言，以便进行互操作。之所以需要这种类型的服务，是因为不同的计算机体系结构使用的数据表示法不同。与第五层提供透明的数据运输不同，表示层是处理所有与数据表示及运输有关的问题，包括转换、加密和压缩。每台计算机可能有自己的表示数据的内部方法，例如，ASCII 码与 EBCDIC 码，所以需要表示层协定来保证不同的计算机可以彼此理解。

31．链路状态路由协议为路由计算重新生成整个网络准备拓扑，如 OSPF 等。与距离向量路由选择相比，链路状态路由选择需要更强的处理能力，它可以对路由选择过程提供更多的控制且对变化响应更快。路由选择可以基于避开拥塞区、线路的速度、线路的费用或各种优先级别。

32．ADSL（Asymmetric Digital Subscriber Line）称为非对称数字用户线路。这是因为 ADSL 被设计成向下流（下行，即从中心局到用户侧）比向上流（上行，即从用户侧到中心局）传送的带宽要宽，其下行速率最高为 8Mbps，而上行速率最高为 1Mbps。

33．NAPT（Network Address Port Translation）能够把内部地址映射到外部网络的一个 IP 地址的不同端口上。网络地址端口转换 NAPT 是人们比较熟悉的一种转换方式。

34．三层交换机就是具有部分路由器功能的交换机，工作在 OSI 参考模型的第三层：网络层。三层交换机的最重要目的是加快大型局域网内部的数据交换，所具有的路由功能也是为这个目的服务的，能够做到一次路由，多次转发。

35．统一资源定位符，又叫 URL（Uniform Resource Locator），是专为标识 Internet 网上资源位置而设置的一种编址方式，我们平时所说的网址指的就是 URL。

36．子网掩码（subnet mask）又叫网络掩码、地址掩码、子网络遮罩，它是一种用来指明一个 IP 地址的哪些位标识的是主机所在的子网，以及哪些位标识的是主机的位掩码。子网掩码不能单独存在，它必须结合 IP 地址一起使用。子网掩码只有一个作用，就是将某个 IP 地址划分成网络地址和主机地址。子网掩码是一个 32 位的地址，用于屏蔽 IP 地址的一部分，以区别网络标识和主机标识，并说明该 IP 地址是在局域网上，还是在广域网上。

37．端口地址转换是把内部多个本地地址映射到外部网络的一个 IP 地址的不同端口上。

五、简答题

1．答：科学计算、数据处理、计算机辅助技术、实时控制、人工智能、网络应用。

2．答：计算机，带有 RJ-45 接口的网卡，5 类 UTP，RJ-45 水晶头，压线钳，通断测试仪，集线器或交换机。直通线两头接线顺序都用 568B 标准：橙白、橙、绿白、蓝、蓝白、绿、棕白、棕。交叉线两头一边 568A 标准，另一边 568B 标准，12 和 36 有交叉。直通线用于计算机与集线器或交换机相连，而交叉线用于集线器与集线器或集线器与交换机相连。

3．答：使用 ipconfig 命令得到的计算机网卡的 IP 参数如下。

（1）IP 地址：具有在网络上实现唯一寻址的功能。

（2）子网掩码：与 IP 地址进行与运算得到网络地址，实现网络划分。

（3）默认网关：该地址是本网络的出口，它一般为连接到本网络路由器接口的 IP 地址。如果一个数据要发送到其他网络，则首先要发送到默认网关，然后由其进行路由转发。

4．答：星型、树型、总线型、环型、网状型。

5．答：（1）在 OSI 参考模型中工作的层次不同：共享式集线器一般工作在物理层，交换机工作在数据链路层或网络层。

（2）数据传输方式不同：共享式集线器的所有设备在同一冲突域和同一广播域，采用的数据传输方式是广播方式，容易产生广播风暴；交换机的数据传输是有目的的，数据在发送方与接受方之间进行点对点传送，数据传输效率提高，不会出现广播风暴，在安全性方面也不会出现其他节点侦听的现象。

（3）带宽占用方式不同：共享式集线器的所有端口共享总带宽，而交换机的每个端口都有自己的带宽。

（4）传输模式不同：共享式集线器只能采用半双工方式进行传输，交换机既可采用半双工方式又可采用全双工方式进行传输。

6．答：TCP/IP 参考模型共有 4 层。从下往上分别是网络接口层、网际层、传输层、应用层。

7．答：数据链路层的三个基本问题：封装成帧、透明传输、差错检测。

原因：

（1）封装成帧就是在一段数据前后分别添加首部和尾部。接收端以便从收到的比特流中识别帧的开始与结束，帧定界是分组交换的必然要求。

（2）透明传输避免消息符号与帧定界符号相混淆。

（3）差错检测防止差错的无效数据帧，浪费网络资源。

8．答：A 类地址的有效范围是 1.0.0.1～126.255.255.254，子网掩码：255.0.0.0；B 类地址的有效范围是 128.0.0.1～191.255.255.254，子网掩码：255.255.0.0；C 类地址的有效范围是 192.0.0.1～223.255.255.254，子网掩码：255.255.255.0。

9．答：A 类：10.0.0.0～10.255.255.255；

　　　　B 类：172.16.0.0～172.31.255.255；

　　　　C 类：192.168.0.0～192.168.255.255。

10．答：网络操作系统的基本任务是用同一方法管理各主机之间的通信和资源共享。网络操作系统除了具有单机操作系统的各项功能，还应具有以下功能。

（1）网络通信：提供双方之间无差别的、透明的数据传输服务。

（2）共享资源管理：采用有效的方法统一管理网络中的共享资源（硬件和软件），协调各用户对共享资源的使用。

（3）网络管理：最主要的是安全管理，如访问控制、数据备份与恢复等；此外，还包括对网络设备故障检测、日志管理等。

（4）网络服务：直接面向用户提供多种服务，如文件服务、数据库服务等。

11．答：域是一种管理边界，用于一组计算机共享公共的安全数据库。

域中的计算机分为：域控制器、成员服务器和工作站。

12．答：（1）基于端口的 VLAN 划分。

　　　　（2）基于 MAC 地址的 VLAN 划分。

　　　　（3）基于协议的 VLAN 划分。

13．答：网关（Gateway）又称网间连接器、协议转换器。网关在网络层以上实现网络互连，是十分复杂的网络互连设备，仅用于两个高层协议不同的网络互连。网关既可以用于广域网互连，又可以用于局域网互联。网关是一种充当转换重任的计算机系统或设备，使用在不同的通信协议、数据格式或语言，甚至体系结构完全不同的两种系统之间。网关是一个翻译器。与网桥相比，网关只是简单地传达信息不同，网关对收到的信息要重新打包，以适应目的系统的需求。

14．答：IP 地址（Internet Protocol Address）用于确定 Internet 上的每台主机，它是每台主机唯一性的标识。物理地址用于标识联网设备，例如网卡地址。

TCP/IP 用 IP 地址来标识源地址和目标地址，但源和目标主机却位于某个网络中，故源地址和目标地址都由网络号和主机号组成，这种标号只是一种逻辑编号，而不是路由器和计算机网卡的物理地址。对于一台计算机而言，IP 地址是可变的，而物理地址是固定的。

15．答：由 IP 地址 202.117.34.35 得知网络是 C 类网络，子网掩码应为 255.255.255.0。按原配置，本地主机会被网关认为不在同一子网中，这样网关将不会转发任何发送给本地主机的信息。

16．答：ADSL 属于 DSL 技术的一种，全称是 Asymmetric Digital Subscriber Line（非对称数字用户线路），亦可称为非对称数字用户环路。ADSL 是一种新的数据传输方式。ADSL 技术提供的上行和下行带宽不对称，因此称为非对称数字用户线路。ADSL 与 DSL 的区别主要有，ADSL 是非对称的，一般下行带宽比上行带宽大。

17．答：网络体系结构是计算机之间相互通信的层次，以及各层中的协议和层次之间接口的集合。

18．答：保护内部网络资源不被外部非授权用户使用，防止内部网络资源受到外部非法用户的攻击。

19．答：以太网交换机是数据链路层的机器，其工作原理为：当有一个帧到来时，交换机会检查其目的地址并对应自己的 MAC 地址表，如果存在目的地址，则转发；如果不存在目的地址，则广播；如果广播后没有主机的 MAC 地址与帧的目的 MAC 地址相同，则丢弃；如果广播后有主机的 MAC 地址与帧的目的 MAC 地址相同，则会将主机的 MAC 地址自动添加到其 MAC 地址表中。

20．答：（1）选择合适的 ISP，通过 ISP 获取 Internet 账号。（2）准备一个调制解调器和一条能拨通

ISP 的电话线。(3) 安装"拨号网络"。(4) 安装 TCP/IP 协议并将其绑定到"拨号网络适配器"。(5) 输入 TCP/IP 相关信息。(6) 用"拨号网络"建立与 ISP 的连接。

21．答：TCP/IP 的核心思想就是"网络互联"，将使用不同低层协议的异构网络，在传输层、网络层建立一个统一的虚拟逻辑网络，以此来屏蔽所有物理网络的硬件差异，从而实现网络的互联。

22．答：网络协议是为进行网络中的数据交换而建立的规则、标准或约定。网络协议由以下三个要素组成。

（1）语法：即数据与控制信息的结构或格式。

（2）语义：即需要发出何种控制信息，完成何种动作及做出何种响应。

（3）同步：即事件实现顺序的详细说明。

23．答：(1) 配置管理。(2) 故障管理。(3) 性能管理。(4) 安全管理。(5) 计费管理。

24．答：UDP 协议建立在 IP 协议的基础上，提供了与 IP 协议相同的不可靠、无连接的服务。UDP 协议不使用确认信息对报文的到达进行确认，它不能保证报文到达的顺序，也不能向源端反馈信息来进行流量控制，因而会出现报文丢失等现象。

TCP 协议是 TCP/IP 协议簇中最重要的协议之一，它提供了面向连接的数据流传输服务。TCP 肯定将数据传送出去，并且在目的主机上的应用程序能以正确的顺序接收数据。相反 UDP 却不能保证数据的可靠性传送，也不能保证数据以正确的顺序到达目的地。

25．答：结构化布线系统通常由 6 个子系统组成：工作区子系统、水平布线子系统、管理间子系统、垂直布线子系统、设备间子系统、建筑群子系统。

六、综合题

1．为了保证路桥系 55 台主机，首先取第四字节两个比特位划分子网，可以划分四个子网。

子网一：192.168.1.0/26

子网二：192.168.1.128/26

子网三：192.168.1.64/26

子网四：192.168.1.192/26

子网四的 IP 地址范围：192.168.1.193/26～192.168.1.254/26，网络地址：192.168.1.192/26，广播地址 192.168.1.255/26。有效主机数量 62 台。满足路桥系的要求，分给路桥系。

剩下三个子网，还有五个系。把每个子网再划分成两个子网，共划分出六个子网，分给剩余五个系，还剩一个子网。

下面以子网一：192.168.1.0/26 为例，在第四字节再取 1 位比特位划分子网，可以将子网一划分成两个子网：

子网 1-1:192.168.1.0/27　网络地址：192.168.1.0/27；广播地址：192.168.1.31/27；

　　　　　　　　　　　　有效取值范围：192.168.1.1/27～192.168.1.30/27。

子网 1-2:192.168.1.32/27　网络地址：192.168.1.32/27；广播地址：192.168.1.63/27；

　　　　　　　　　　　　有效取值范围：192.168.1.33/27～192.168.1.62/27。

把划分好的子网 1-1 和子网 1-2 分给两个系；

剩余子网二、子网三的方法类似。

2．

（1）202.96.44.88。

（2）属于 C 类 IP 地址。

（3）255.255.255.0。

（4）88。

（5）子网一：202.96.44.0/26　　202.96.44.1/26—202.96.44.62/26
　　　子网二：202.96.44.64/26　　202.96.44.65/26—202.96.44.126/26
　　　子网三：202.96.44.128/26　202.96.44.129/26—202.96.44.190/26
　　　子网四：202.96.44.192/26　202.96.44.193/26—202.96.44.254/26

3.
（1）主机A、B、C、D、E分属3个网段，主机A位于192.168.75.16网段；主机B、C位于192.168.75.144网段；主机D、E位于192.168.75.160网段。

（2）主机D的网络地址为192.168.75.160。

（3）与主机A属于同一网段，其IP地址范围是192.168.75.17～30，其中不包括192.168.75.18。

（4）它的广播地址是192.168.75.175，主机D、E能够收到。

（5）三层交换机。

4.（1）A。
　　（2）www　　111.20.30.24。
　　（3）C。
　　（4）C。
　　（5）A。

5.（1）1）① 9600
　　　　2）② 全局配置模式　　③ 用户模式　　④ 特权模式
　　　　　　⑤ 接口配置模式（或局部配置模式、端口配置模式）
　（2）⑥ 192.168.1.1　　⑦ 255.255.255.0　　⑧ no shutdown
　　　　⑨ 192.168.251.1　⑩ 255.255.255.0
　　　　⑪ 进入RIP配置模式或使用RIP路由协议
　　　　⑫ 定义RIP的版本为2
　　　　⑬ network 192.168.1.0
　　　　⑭ network 192.168.251.0
　　　　⑮ network 192.168.253.0

注释：⑬、⑭和⑮可以互换。

河南省普通高等学校对口招收中等职业学校毕业生考试

计算机类专业课模拟卷（A卷参考答案）

一、选择题

1. C	2. C	3. A	4. D	5. A	6. C	7. C	8. B
9. D	10. B	11. D	12. D	13. A	14. C	15. B	16. B
17. B	18. A	19. A	20. B	21. D	22. C	23. D	24. C
25. D	26. D	27. D	28. A	29. A	30. A	31. A	32. D
33. C	34. A	35. A	36. C	37. C	38. B	39. C	40. A
41. B	42. C	43. C	44. D	45. A	46. C	47. B	48. B
49. B	50. A						

二、判断题

51. √	52. ×	53. ×	54. ×	55. ×	56. ×	58. √	59. ×
60. ×	61. ×	62. √	63. ×	64. ×	65. ×	66. √	67. ×
68. ×	69. ×	70. √					

三、实训题

71. 操作步骤如下。

步骤1：打开"教师信息管理"数据库，选择"查询"选项，然后单击"新建"按钮；

步骤2：在"新建查询"对话框中，选择"设计视图"选项，然后单击"确定"按钮；

步骤3：在"显示表"对话框中，选择"教师"表，单击"添加"按钮，关闭"显示表"对话框；

步骤4：在"教师"表中，依次把"姓名""职称""联系方式"字段添加到该对话框下方的字段中；

步骤5：单击工具栏上的"保存"按钮，打开"另存为"对话框，输入查询名称"教师职称信息查询"，单击确定按钮；

步骤6：单击工具栏上的"运行"按钮，或者选择"视图"菜单的"数据表视图"显示查询结果。

72.（1）操作步骤如下。

步骤1：在"商品进销存管理"数据中，选择"表"对象，双击"员工信息"表，在数据表视图中打开。

步骤2：将光标定位到"出生日期"字段栏，单击工具栏中的"升序排序"按钮，排序完成。

（2）操作步骤如下。

步骤1：单击"查询"对象，然后单击"新建"按钮，再单击"设计视图"选项，单击"确定"按钮，打开查询"设计视图"，将"商品"表添加到字段列表区。

步骤2：分别双击"商品编号""商品名称""生产日期""数量"字段，或者直接将这4个字段拖至设计网格中。

步骤3：勾选"数量"复选框。

步骤4：在"数量"字段列的"条件"行中输入条件"<5"。

步骤5：单击"保存"按钮，打开"另存为"对话框，在"查询名称"文本框中输入"库存量小于5的商品"，单击"确定"按钮。

步骤6：切换到"数据表视图"。

四、简答题

73. 每一种查询都是从一张表或多张表中查找到需要的数据。操作查询可以用来复制或更改表中的数据。操作查询包含追加查询、删除查询、更新查询、生成表查询。交叉表查询显示来源于表或查询中某个字段总计值（如合计、平均、计数等），并将它们分成两组，一组列在数据表的左侧，称为行标题；另一组列在数据表的上部，成为列标题。交叉表查询增加了数据的可视性，便于数据的统计与查看。参数查询是一种交互式查询，是在查询运行过程中输入查询信息，然后根据用户输入的查询条件来检索记录。选择查询根据指定的查询条件，从一个或多个表中获取满足条件的数据，并且按指定顺序显示数据。选择查询还可以将记录进行分组，并计算总和、计数、平均值及不同类型的总计。

74. 报表是数据库的重要对象之一，它根据指定的规则将数据操作结果以特定的格式打印输出。

报表的功能主要有两点：（1）进行数据的比较、排序、分组、汇总和统计，从而帮助用户进一步分析数据；（2）将数据库中表、查询的数据信息进行格式化布局。

五、综合题

75. 答案：

（1）select 学生.学号,学生.姓名,学生.专业,学生.联系方式（1分）
from 学生（1分）
where 性别='男';（1分）

（2）select count(*) AS 人数,专业（1分）
from 学生（1分）
group by 专业;（2分）

（3）select 学生.姓名, 学生.专业, 成绩.课程名称, 成绩.成绩（1分）
from 学生 inner join 成绩 on 学生.学号=成绩.学号（2分）
where 成绩.成绩>=80;（1分）

（4）update 成绩 set 成绩 = 成绩+10（1分）
where 课程名称="计算机网络技术" and 学号="1001";（2分）

六、名词解释题

76. 在拓扑学中，事物被抽象成节点，把事物间的关系抽象成连线组成的图形称为拓扑。在网络中，节点就是计算机，连线就是通信介质，所以网络拓扑就是用拓扑学的方法研究计算机之间如何连接构成网络。

77. 文件传输协议FTP是Internet上使用十分广泛的文件传送协议，其主要用于在计算机之间实现文件的上传与下载，其中一台计算机作为FTP的客户端，另一台计算机作为FTP的服务器端。

78. ADSL 称为非对称数字用户线路，ADSL被设计成向下流比向上流传送的带宽要宽，其下行速率最高为8Mbps，而上行速率最高1Mbps。

79. 简单网络管理协议（SNMP）是基于 TCP/IP 协议簇的网络管理标准。它的基本功能包括监视网络性能，监测分析网络差错，配置网络设备等。

七、简答题

80．（1）数据通信。（2）资源共享。（3）提高系统的可靠性。（4）分布式网络处理和负载均衡。

81．白橙、橙、白绿、蓝、白蓝、绿、白棕、棕。

82．配置管理、性能管理、故障管理、安全管理和计费管理。

83．结构化布线系统通常由6个子系统组成：工作区子系统、水平布线子系统、管理间子系统、垂直布线子系统、设备间子系统、建筑群子系统。

八、综合题

84．

（1）取2个主机位划分子网，网络地址位26位，子网掩码：255.255.255.192。

（2）剩余主机位6位，去掉全0全1主机地址，有效主机地址62个。

（3）子网一网络地址：192.168.10.00000000=192.68.10.0

　　子网二网络地址：192.168.10.01000000=192.68.10.64

　　子网三网络地址：192.168.10.10000000=192.68.10.128

　　子网四网络地址：192.168.10.11000000=192.68.10.192

（4）网络位不变，主机位全为1的广播地址。

　　子网一广播地址：192.168.10.00111111=192.68.1063

　　子网二广播地址：192.168.10.01111111=192.68.10.127

　　子网三广播地址：192.168.10.10111111=192.68.10.191

　　子网四广播地址：192.168.10.11111111=192.68.10.255

河南省普通高等学校对口招收中等职业学校毕业生考试

计算机类专业课模拟卷（B卷参考答案）

一、选择题

1. C	2. D	3. A	4. D	5. A	6. A	7. C	8. D
9. A	10. B	11. C	12. D	13. D	14. C	15. B	16. A
17. D	18. A	19. A	20. C	21. D	22. B	23. C	24. B
25. A	26. A	27. B	28. C	29. C	30. B	31. A	32. A
33. B	34. D	35. A	36. C	37. B	38. D	39. C	40. C
41. A	42. C	43. A	44. D	45. A	46. A	47. B	48. B
49. B	50. B						

二、判断题

51. ×	52. ×	53. √	54. √	55. ×	56. ×	57. √	58. √
59. ×	60. √	61. ×	62. ×	63. ×	64. √	65. ×	66. ×
67. ×	68. ×	69. √	70. ×				

三、实训题

71.（1）启动 Access 2003，打开"进销存管理"数据库；

（2）选择"对象"→"窗体"→"使用向导创建窗体"选项，双击打开；

（3）在"表/查询"中选择"表：客户"；在"可选字段"中将供应商名称、联系人姓名、联系人电话、E-mail 右移到"选定的字段"；

（4）单击"下一步"按钮选择"两端对齐"选项；

（5）单击"下一步"按钮选择"宣纸"选项；

（6）单击"下一步"按钮，在"请为窗体制定标题"中输入"供应商基本信息"。

72.（1）在"进销存管理"数据库中选择"查询"对象，单击"新建"按钮，打开"简单查询向导"对话框。

（2）在"表/查询"列表中先选择"供应商"表，并在"可用字段"列表框中双击"供应商名称""联系人姓名"字段，再在"表/查询"列表中选择"商品"表，并在"可用字段"列表框中双击"商品名称""商品单价"字段。单击"下一步"按钮。

（3）在弹出的对话框中输入查询标题"供应商所供商品的价格信息"，选择"打开查询查看信息"选项，单击"完成"按钮。这时会以"数据表"的形式显示查询结果，并将该查询自动保存在数据库中。

四、简答题

73. Access 2003 提供了 5 种筛选方式：按选定内容筛选、按窗体筛选、按筛选目标筛选、内容排除筛选和高级筛选/排序。

① 按选定内容筛选是以数据表中的某个字段值为筛选条件，将满足条件的值筛选出来。

② 按窗体筛选可以为多个字段设置筛选条件。用户通过单击相关的字段列表框选取某个字段值作为筛选的条件。对于多个筛选条件的选取，可以单击窗体底部的"或"标签确定字段之间的关系。

③ 按筛选目标筛选是通过在窗体或数据表中输入筛选条件（值或条件表达式）来筛选满足条件（包含该值或满足该条件表达式）的所有记录。

④ 内容排除筛选是指在数据表中将满足条件的记录隐藏，而显示那些不满足条件的记录。

⑤ 高级筛选/排序功能适合于较为复杂的筛选需求。用户可以为筛选指定多个筛选条件和准则，同时还可以将筛选出来的结果排序。

74．选择查询是根据指定的查询条件，从一个或多个表获取满足条件的数据，并且按指定顺序显示数据。选择查询还可以将记录进行分组，并计算总和、计数、平均值及不同类型的总计。

五、综合题

75．（1）select 学生信息.学号，学生信息.姓名，学生信息.入学成绩（1分）
from 学生信息（1分）
where 学号 in ('201504004007','201504004012');（1分）
（2）select 专业编号，count(*) as 人数（1分）
from 学生信息（1分）
group by 专业编号（1分）
having count(*)>3;（1分）
（3）select 学生信息.学号,学生信息.姓名,学生信息.出生日期（1分）
from 学生信息（1分）
where left(学号,4)='2014';（或 where 学号 like '2014*'）（2分）
（4）select 学生信息.学号,学生信息.姓名,学生选课.课程名称,学生选课.考试成绩（1分）
from 学生信息 inner join 学生选课 on 学生信息.学号=学生选课.学号（1分）
where 学生选课.考试成绩>=60;（1分）

六、名词解释题

76．局域网（Local Area Network，LAN）是在一个局部的地理范围内（如一个学校、工厂和机关内），一般是方圆几千米以内，将各种计算机、外部设备和数据库等互相连接起来组成的计算机通信网。

77．虚拟局域网（VLAN）是一组逻辑上的设备和用户，这些设备和用户并不受物理位置的限制，可以根据功能、部门及应用等因素将它们组织起来，相互之间的通信就好像它们在同一个网段中一样，由此得名虚拟局域网。

78．路由信息协议 RIP 是应用较早、使用较普遍的内部网关协议（IGP），适用于小型同类网络，是典型的距离矢量路由选择协议。

79．子网掩码是一种用来指明一个 IP 地址的哪些位标识的是主机所在的子网，以及哪些位标识的是主机的位掩码。子网掩码不能单独存在，它必须结合 IP 地址一起使用。子网掩码只有一个作用，就是将某个 IP 地址划分成网络地址和主机地址。

七、简答题

80．星型、树型、总线型、环型、网状型。

81．OSI 体系结构共有 7 层，从下往上分别是：物理层、数据链路层、网络层、传输层、会话层、表示层和应用层。

82．（1）基于端口的 VLAN 划分；

（2）基于 MAC 地址的 VLAN 划分；

（3）基于协议的 VLAN 划分。

83．保护内部网络资源不被外部非授权用户使用，防止内部受到外部非法用户的攻击。

八、综合题

84．（1）202.96.44.88。

（2）属于 C 类 IP 地址。

（3）255.255.255.0。

（4）划分 4 个子网，需要从主机位取 2 位作为子网位，网络位 26 位，子网掩码：255.255.255.11000000=255.255.255.192。

子网一网络地址：202.96.44.00000000=202.96.44.0

子网二网络地址：202.96.44.01000000=202.96.44.64

子网三网络地址：202.96.44.10000000=202.96.44.128

子网四网络地址：202.96.44.11000000=202.96.44.192

河南省中等职业学校对口升学考试复习指导

责任编辑：罗美娜
封面设计：张 昱

中等职业学校
对口升学考试复习指导
要点精讲

ISBN 978-7-121-40737-6

定价：39.00 元